·中等职业教育最新财会系列教材·

基础会计

（第四版）

丁元霖／主编

U0958296

立信会计出版社
LIXIN ACCOUNTING PUBLISHING HOUSE

图书在版编目(CIP)数据

基础会计/丁元霖主编. —4 版. —上海:立信会计出版社,2021. 1

ISBN 978 - 7 - 5429 - 6737 - 4

Ⅰ. ①基… Ⅱ. ①丁… Ⅲ. ①会计学 Ⅳ. ①F230

中国版本图书馆 CIP 数据核字(2021)第 012496 号

策划编辑 蔡莉萍

责任编辑 蔡莉萍

基础会计(第四版)

Jichu Kuaiji

出版发行	立信会计出版社		
地　　址	上海市中山西路 2230 号	邮政编码	200235
电　　话	(021)64411389	传　　真	(021)64411325
网　　址	www. lixinaph. com	电子邮箱	lixinaph2019@126. com
网上书店	http://lixin. jd. com		http://lxkjcbs. tmall. com
经　　销	各地新华书店		

印　　刷	常熟市华顺印刷有限公司		
开　　本	710 毫米×960 毫米	1/16	
印　　张	18		
字　　数	333 千字		
版　　次	2021 年 1 月第 4 版		
印　　次	2021 年 1 月第 1 次		
印　　数	1—3100		
书　　号	ISBN 978 - 7 - 5429 - 6737 - 4/F		
定　　价	37. 00 元		

如有印订差错,请与本社联系调换

中等职业教育最新财会
系列教材编写说明

为了满足中等专业学校和中等职业学校财经专业和商贸专业的教学需要，在立信会计出版社的大力支持下，我们将根据中等职业教育的特点，陆续编写出版中等职业教育类的最新财会系列教材。该套教材包括《基础会计》《财务会计》《成本会计》《财务管理》和《税务会计》共五本。与教材配套的习题与解答将同步出版。

目前，《基础会计》一书已出了第四版，《财务会计》一书已出了第四版，《成本会计》一书已出了第三版，《财务管理》一书也已出了第二版。总之，这套教材销量不错，已得到广大师生认可。并取得了一定的市场效益和社会效益。

该套教材的特点是：理论联系实际，深入浅出，通俗易懂；遵循循序渐进的原则，合理安排各门学科的教学内容，详略得当；教材之间既衔接紧密，又保持相对独立。该套教材由长期从事会计教学工作，具有丰富教学经验的教学专家编写。我们欢迎选用本教材的教师就教材中存在的问题及时与我们沟通、探讨，以利于教材质量的提高。

编　者

2020年秋

第四版前言

本书第三版自2015年3月修改出版以来，承蒙广大读者的厚爱，已印了3次，印数达9 300册。

本书第三版面世已4年有余，近年政府又加强了会计档案的管理，为了使本教材的内容不断地更新，以体现教材的先进性，编者对本书又进行了第3次修订，以更好地满足会计教学的需要。此外，与本书配套的《基础会计习题与解答》也将进行修订，且可提供配套的教学课件。

本书正文部分由丁元霖修订；思考题和练习题部分由刘芳源、石厚云、应红梅、刘骥、马洪照和孙伟桓修订，全书由丁元霖主编并定稿。参加本书编写的还有赵萍、蔡腾纶、赖秀云等。

因作者水平有限，疏漏之处在所难免，恳请广大读者通过电子信箱dingyuanlin@hotmail.com与编者联系。

编　者

2020年秋

初版前言

《基础会计》是以《中华人民共和国会计法》为指导，以财政部2006年2月15日新颁发的《企业会计准则》为依据，参照《企业会计制度》，根据中专、中职的教学需要，结合中专、中职学生的特点编写而成的，以满足中等专业学校和中等职业技术学校财经专业和商贸专业的教学需要。

本书是学习会计的入门教材，涉及的知识面较广。它主要介绍了会计的含义和职能、会计的对象、目标和方法、会计要素和等式、账户和复式记账、工业企业经济业务的核算、会计凭证、会计账簿、财产清查、账户分类、财务报表、会计核算程序、会计工作的组织、会计假设和会计信息质量要求等内容。简明扼要地阐述了会计的基本理论、基本方法和基本技能。本教材的各章后均附有简答题、名词解释题、是非题、单项选择题、多项选择题和练习题，以利于学生全面、准确地理解教材的主要内容，并培养学生的实际动手能力。

本书在编写过程中，采用抓住重点、详略适当的写作手法，对后续教材中不再涉及的内容进行详细阐述，而对后续教材中要详细阐述的内容，只略作铺垫，以避免不必要的重复。

本书由丁元霖任主编，郑伟任副主编。本书共分十二章，正文部分第一章至第十章由丁元霖编写，第十一章、第十二章由郑伟编写，思考题和习题部分由郑伟、刘芳源、丁辰、傅秋菊编写。附录由丁元霖书写。

本书集作者十多年会计实际工作和二十多年会计教学工作的经验而成。由于编者水平有限，如有缺点错误，恳请广大读者提出宝贵的批评和建议（电子信箱 dingyuanlin@hotmail.com）。同时，也欢迎选用本书作教材的教师与作者探讨基础会计教学过程中存在的问题，以利于共同提高教学质量。

编　者

2006年4月

目　录

第一章　总论……1
　第一节　会计的含义和职能……1
　第二节　会计的对象和目标……5
　第三节　会计的方法……8
　思考题……10

第二章　会计要素和会计等式……13
　第一节　会计要素……13
　第二节　会计等式……19
　思考题……23
　练习题……25

第三章　账户和复式记账……28
　第一节　会计科目……28
　第二节　账户……31
　第三节　复式记账……33
　思考题……39
　练习题……41

第四章　工业企业经济业务的核算……45
　第一节　资金进入企业的核算……45
　第二节　供应过程的核算……48
　第三节　生产过程的核算……53
　第四节　销售过程的核算……62

第五节　利润的核算 …… 65
第六节　资金退出企业的核算 …… 69
思考题 …… 71
练习题 …… 73

第五章　会计凭证 …… 81
第一节　会计凭证概述 …… 81
第二节　原始凭证 …… 82
第三节　记账凭证 …… 88
第四节　会计凭证的传递和保管 …… 95
思考题 …… 97
练习题 …… 101

第六章　会计账簿 …… 105
第一节　会计账簿概述 …… 105
第二节　会计账簿的设置与登记 …… 108
第三节　记账规则和更正错账的方法 …… 123
第四节　对账 …… 127
第五节　结账 …… 130
思考题 …… 137
练习题 …… 141

第七章　财产清查 …… 146
第一节　财产清查概述 …… 146
第二节　财产物资的盘存制度 …… 148
第三节　财产清查的方法 …… 150
第四节　财产清查结果的处理 …… 154
思考题 …… 157
练习题 …… 160

第八章　账户的分类 162
第一节　账户分类概述 162
第二节　账户按经济内容分类 163
第三节　账户按用途结构分类 166
思考题 177
练习题 179

第九章　财务报告 181
第一节　财务报告概述 181
第二节　资产负债表 184
第三节　利润表 188
第四节　现金流量表 190
第五节　所有者权益变动表 199
思考题 201
练习题 203

第十章　会计核算程序 207
第一节　会计核算程序概述 207
第二节　记账凭证核算程序 208
第三节　科目汇总表核算程序 227
第四节　多栏式日记账核算程序 235
思考题 243
练习题 244

第十一章　会计工作的组织 250
第一节　组织会计工作概述 250
第二节　会计机构和会计人员 251
第三节　会计法规 256
第四节　会计档案 258

思考题……261

第十二章　会计基本假设和会计信息质量要求……264
第一节　会计基本假设……264
第二节　会计信息质量要求……266
思考题……269

附录　钢笔字练习帖……271

第一章 总 论

第一节 会计的含义和职能

一、会计的含义

会计是指以货币作为主要计量单位，对一定单位的经济活动信息，经过收集、加工，提供以会计信息为主的经济信息，并为取得最佳经济效益，对经济活动进行控制、分析、预测和决策的一种经济管理活动。

会计作为一种经济管理活动，与社会生产的发展有着密切的联系。物质资料的生产是人类社会赖以生存和发展的基础。人类要生存就需要消费，无论是吃、穿、住、行都必须消耗物质资料，而要取得这些物质资料，就必须进行生产活动。人们在生产活动中，只有投入一定量的劳动，耗费一定量的物质资料，才能生产出新的物质资料。在任何社会状态下，人们在进行生产活动时，总是期望以最少的耗费，生产出尽可能多的物质资料。因此，在进行生产的同时，必须对生产所发生的耗费和所取得的成果进行观察、计量、计算和比较，于是会计就应运而生了。

会计的内涵在其漫长的发展过程中，随着社会经济的发展而不断地丰富和深化。马克思曾经指出："过程越是按社会的规模进行，越是失去纯粹个人的性质，作为对过程的控制和观念总结的簿记就越是必要，因此，簿记对资本主义生产比对手工业和农民的分散生产更为必要，对公有生产，比对资本主义生产更为必要。"①马克思在这里所说的"簿记"就是指会计。马克思在此向我们精辟地指出，生产愈发展，会计愈重要。为了适应生产方式的不断变革，会计的内涵也必然不断地丰富。

二、会计的产生和发展

人类从事会计工作的历史，可以追溯到社会发展的早期，我国上古时代，人们就使用了"刻木记数"、"结绳记事"的方法。国外古代社会，如埃及的刻石、巴比伦的泥板等，这些最原始的经济记录活动，就是会计的萌芽。由于在人类社会的早

① 《马克思恩格斯全集》第24卷，第152页。

期阶段，社会生产力水平极其低下，没有剩余产品，因此，那时会计的经济记录活动极其简单，仅作为“生产职能的附带部分”在“生产时间之外附带地把收支、支付日期等记载下来”①。

随着社会生产的不断发展，出现了剩余产品。生产过程中需要和记录的内容也逐渐地增加了。生产者已无暇兼顾会计的记录工作，会计就逐渐地“从生产职能中分离出来，成为特殊的、专门委托的当事人的独立的职能”②。据马克思考证，“在远古的印度公社中，已经有一个农业记账员。在那里，簿记已经独立成为一个公社官员的专职。”③原始公社记账员主要是记录公社内生产过程和生产成果及其分配，为原始公社利益服务的。

根据文字记载，我国早在西周时代就出现了“会计”一词，当时设有“司会”的官职，担任该职的官员是指掌管国家和地方财物赋税的官员。西汉时期，官府和民间都已有了会计账簿，中式簿记开始逐步发展完善。到了唐宋封建社会的鼎盛时期，农业、手工业和商业都空前繁荣，在会计核算上出现了“四柱清册”的结账方法，运用了“旧管＋新收－开除＝实在”的结账公式，与目前运用的结账公式“期初余额＋本期收入－本期发出＝期末余额”完全一致。这样既能检查日常记录的准确性，又能全面、系统、综合地反映经管钱物的期初、期末余额以及收入、发出的具体情况，这在记账方法上是一大飞跃。到了明末清初，采用了龙门账，将单式收付记账法改进为复式收付记账法，从而产生了我国最早的复式记账法。

欧洲的12～15世纪，在地中海沿岸的热那亚、威尼斯等城市商业已十分繁荣。活跃的商品经济及与其相互依存的借贷资本业，迫切要求通过会计核算以全面、系统地获取经济活动的信息。于是，产生了科学的复式借贷记账法。1494年意大利数学家卢卡·帕乔利(Luca Pacioli)在《算术、几何、比及比例概要》一书的第三篇《计算和记录的详论》(通称《簿记论》)中，全面系统地从理论上阐述了复式借贷记账法，这是会计发展史上第一个里程碑。这一先进科学的记账方法很快地在欧洲乃至全世界流传。卢卡·帕乔利被史学家尊称为“近代会计之父”。

18世纪末和19世纪初西欧开始的产业革命，使以工场手工业为主的生产组织形式向机器大工业过渡，生产迅速发展，生产的社会化程度越来越高。随着股份有限公司的出现，使得资本的所有权与企业的经营权相分离。外部股东及债权人为了保护自身的利益，就要求股份有限公司的会计报表必须经过审计，以检查公司

①、②、③ 《马克思恩格斯全集》第24卷，第151页。

经营管理者履行职责的情况，这就导致了职业会计师的出现。1853年，英国在苏格兰成立了世界上第一个注册会计师专业团体——“爱丁堡会计师协会”，该协会于1854年被授予皇家特许证，它的会计师被允许冠以“特许会计师”的标志。会计开始成为一种社会性专门职业和通用的商务语言，这是会计发展史上第二个里程碑。

20世纪50年代起，随着现代化大生产的发展，各种先进科学和技术被广泛用于管理，会计也开始全面地着眼于管理。传统的会计逐渐形成了为企业外部有关人士提供会计信息的财务会计和为企业内部管理人员进行决策提供信息的管理会计两个分支。管理会计的创立和日趋成熟，极大地丰富了会计的内容，这是会计发展史上第三个里程碑。

复式借贷记账法在清末才传入我国。中华人民共和国成立后，我国的会计得到了很大的发展。1985年1月，第六届全国人民代表大会常务委员会通过了《中华人民共和国会计法》(下称《会计法》)，将我国的会计工作纳入法治阶段。1992年11月，根据改革开放的深入和社会主义市场经济发展的需要，财政部颁发了《企业会计准则》及以后陆续颁发的各项具体会计准则，为我国会计向国际会计靠拢创造了有利的条件。1999年10月，第九届全国人民代表大会常务委员会第十二次会议对《会计法》进行了修订，修订后的《会计法》于2000年7月1日施行。2000年6月、2000年12月和2001年11月，财政部先后颁发了《企业会计报告条例》《企业会计制度》和《金融企业会计制度》，以进一步完善会计法律制度，规范会计行为，提高会计信息质量，保证会计职能作用的发挥。2006年2月，财政部发布了新修订的《企业会计准则》，同年10月，又在此基础上发布了《企业会计准则——应用指南》，以后财政部又多次对《企业会计准则》进行了修改以适应市场经济条件下对会计信息多元化的需要，使我国的会计事业在经济全球化的新形势下健康发展。

三、会计的职能

会计职能是指会计在经济管理工作中所具有的功能。会计刚产生时，仅有核算的职能，随着会计的发展，逐渐又具有了监督的职能和参与经济决策职能。因此会计的职能是随着会计的产生而产生的，并随着会计的发展而发展的。

(一) 会计核算职能

会计核算职能又称会计反映职能，是指运用货币形式，通过对经济活动进行确认、计量、记录、汇总和报告，将经济活动的内容转换成会计信息的功能。会计核算是会计最基本的职能，也是全部会计管理工作的基础。会计核算职能具有以下三个特点。

1. 会计核算以货币作为主要计量单位　在会计核算过程中，往往要运用货币计量单位、实物计量单位和劳动计量单位，从数量上来反映不同的经济活动的内容。但是在商品经济的条件下，实物计量单位缺乏综合反映的功能；劳动耗费也无法广泛地利用劳动计量单位进行计量；而货币是特殊的商品，具有价值尺度的功能，能综合反映经济活动的过程和结果。因此，会计核算是以货币作为主要计量单位，而实物计量单位和劳动计量单位仅能作为辅助计量单位。

2. 会计核算以真实、合法的原始凭证为依据　单位发生经济业务后，必须填制或取得原始凭证，会计核算时必须按照国家统一的会计制度的规定，对原始凭证进行审核，只有真实、合法的原始凭证才能进行会计核算，从而反映真实可靠的会计信息。

3. 会计核算具有连续性、系统性和完整性　会计核算的连续性是指对各种经济业务应按其发生的时间先后顺序，依次连续地进行记录，不能中断；会计核算的系统性是指对各项经济业务既要进行相互联系的记录，又要进行科学的分类，以提供各种管理所需的会计信息；会计核算的完整性是指对所有的经济业务都必须进行计量、记录，不能有所遗漏。只有连续、系统、完整地进行会计核算，才能系统、全面地反映各单位的经济活动情况。

（二）会计监督职能

会计监督职能又称会计控制职能，是指控制、规范单位经济活动的运行，使其达到预定目标的功能。会计监督是全部会计管理工作的核心，它与会计核算有着密切的联系，会计监督有监督经济活动的合法性与合理性两个方面。

1. 监督经济活动的合法性　会计要监督经济活动是否符合国家的财经政策和财经纪律；监督会计核算是否符合我国《会计法》和《企业会计准则》的规定；监督会计核算反映的会计信息是否真实、完整。监督经济活动的合法性具有强制性、严肃性和权威性，它监督人们遵守国家制定的法令和政策。

2. 监督经济活动的合理性　会计要监督企业经济活动是否按照事先确定的财务目标和编制的各项定额、预算运行，及时反馈脱离预算的偏差，并及时采取措施予以调整。要监督好经济活动的合理性，必须要预先制定先进的、切实可行的定额、预算，作为监督控制的标准，要有能及时、准确地反馈会计信息的方法和手段，还要有灵活地调节脱离定额、预算偏差的机制。

（三）参与经济决策职能

参与经济决策职能是指为未来经济活动的效果进行分析预测，提供经济决策所需要的数据，帮助企业领导正确进行经济决策的功能。

经济决策是指确定经营活动如何开展的一种行为。企业进行经济决策，首先，要收集有关的以会计信息为主的经济信息进行分析；其次，根据分析的结果拟订各种不同的经营方案进行预测，衡量各个经营方案的得失；最后，在各个经营方案中选择确定最优的经营方案。在经济决策中的一系列工作中，均由会计人员参与并发挥积极的作用。

会计核算和会计监督是会计的两大基本职能，参与经济决策职能是在两大基本职能的基础上发展而来的，会计的三个职能是相辅相成的。会计核算是进行会计监督和参与经济决策的基础，只有对经济活动进行正确的核算，会计监督和参与经济决策才能取得预期的效果。只有做好会计监督，才能使经济活动按预期的目的运行，以更好地发挥会计核算和参与经济决策的作用。参与经济决策是会计核算的延伸，为经济活动指明未来的发展方向。

第二节 会计的对象和目标

一、会计对象

（一）会计对象概述

会计对象是指会计所要反映和监督的内容。马克思关于会计是“对过程的控制和观念总结”的论述，明确指出“过程”是会计反映和监督的对象。这里的“过程”是指社会再生产过程。而社会再生产过程是在国家的指导下，由各个企业和行政事业单位共同进行的。各个企业和行政事业单位虽然工作的性质和任务各不相同，但是它们的经济活动却不同程度地与商品的生产、交换、分配和消费有着联系，都是社会再生产过程的组成部分。

无论是企业，还是行政事业单位，一切经济活动都离不开资金。为了开展经济活动，各单位必须拥有与其规模相当的资金。资金是指单位所有的各种财产物资的货币表现，包括货币本身。而会计的对象是指社会再生产过程中的资金及其运动。然而工业企业、商品流通企业和行政事业单位虽然都有一定数额的资金，但是资金运动的形式却有所不同，现分别予以阐述。

（二）工业企业的资金运动

工业企业是指组织进行产品生产和销售的经济实体。

工业企业要开展经济活动，必须要有资金，企业可以通过投资者投资及向债权人借款取得货币形态的资金，这种资金称为货币资金。货币资金的一部分用于购置厂房、机器设备等固定资产，形成固定资金；一部分用于购买原材料，从而形成储备资金。从货币资金转变为储备资金的过程称为供应过程。原材料从仓库进入车间投入生产，生产工人借助于机器设备对原材料进行生产加工，改变其原有的实物形态，使其成为产成品，形成成品资金。从储备资金转变为成品资金的过程称为生产过程，在这一过程中要消耗各种材料物资，机器设备要发生损耗，并要支付生产工人工资和其他各种生产费用。产成品销售以后，取得了产品销售收入，又收回了货币，成品资金又转变为货币资金。从成品资金转变为货币资金的这一过程称为销售过程，在这一过程中要发生产品销售费用、其他各种费用和销售税金等。通常，销售产品收入的货币资金要大于其生产所发生的成本和生产经营过程中所发生的费用，两者之间的差额是企业的利润。企业的利润一部分以所得税的形式上交国家，一部分以股利的形式分配给投资者作为其对企业投资的回报，这两部分资金从而退出企业。其余的利润作为留存收益，用于企业的自我积累和职工集体福利。

工业企业的资金在生产经营过程中，经过供应、生产、销售三个过程，其资金的占用形态从货币资金起，依次转换为储备资金、生产资金、成品资金，然后又转换为货币资金，从而形成了资金循环，企业资金周而复始不断地循环形成了资金周转。工业企业资金的取得，资金的循环周转和资金的退出构成了工业企业的资金运动，现将工业企业的资金运动列示如图表 1-1 所示。

（三）商品流通企业的资金运动

商品流通企业是指组织商品购销活动的经济实体。

商品流通企业的经营活动比工业企业的经营活动简单，只有购进和销售两个过程，没有生产过程。商品流通企业在经营活动中，以货币资金购买商品，形成了商品资金，从货币资金转变为商品资金的过程称为购进过程。商品通过销售以后，取得了商品销售收入，又收回了货币，从商品资金又转变为货币资金的过程称为销售过程。企业在购销商品过程中还会发生商品的采购费用、储存费用和销售费用，交纳销售税金等各种费用，这些费用均从商品销售收入中得到补偿，企业的商品销售收入补偿了商品采购成本和各种费用后的余额是企业的利润。以后的资金运动形式与工业企业相同，不再重述。

（四）行政、事业单位的资金运动

行政单位是指行使国家行政管理，组织经济建设和文化建设，维护社会公共秩

图表 1-1

工业企业的资金运动

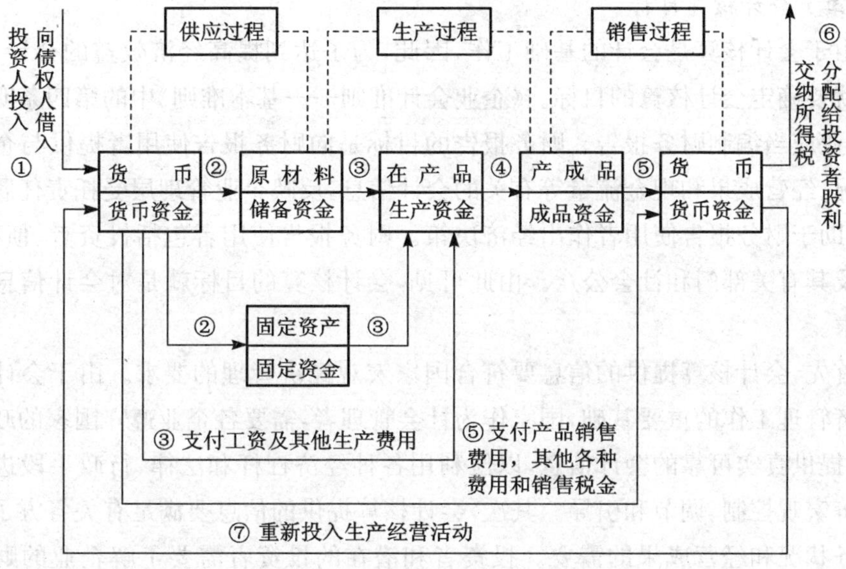

序的单位。例如,国家各级权力机关、行政机关、司法机关等。事业单位是指直接或间接地为生产建设和人民生活服务的单位。例如,水利、气象、教育、卫生、科研等单位。

行政、事业单位是非盈利单位,其职责是完成国家赋予的各项任务。各单位的资金基本上是由国家拨付的。国家每年根据各单位的预算,拨付一定数额的资金,形成预算拨款;各单位在完成任务的过程中以货币形式支付的各种费用,形成预算支出。因此,行政、事业单位的预算拨款的取得和预算支出的付出构成了其资金运动。

二、会计目标和会计核算目标

(一) 会计目标

会计目标是指在一定的客观环境和经济条件下,会计运行所期望达到的结果。它决定着整个会计活动过程的发展方向和方式,是会计运行的出发点和归结点。它也决定了会计应提供什么信息,以及所提供信息的具体数量和质量。

由于会计是经济管理的重要组成部分,因此会计目标要从属于经济管理的目标。在市场经济条件下,经济管理的目标是提高经济效益。事实上,会计的产生和发展就是基于对经济效益的追求,会计方法及技术的更新和发展也总是以提高经济效益的客观需要为动力的，因此会计目标就是为了提高经济效益，这与经济管理的目标是一致的。

（二）会计核算目标

由于会计核算是会计的基础工作，因此，为了达到提高经济效益的会计目标，首先就要确定会计核算的目标。《企业会计准则——基本准则》中的第四条明确指出：企业应当编制财务报告。财务报告的目标是向财务报告使用者提供与企业财务状况、经营成果和现金流量等有关的会计信息，反映企业管理层受托责任履行情况，有助于财务报告使用者作出经济决策。财务报告使用者包括投资者、债权人、政府及其有关部门和社会公众。由此可见，会计核算的目标就是对会计信息质量的要求。

首先，会计核算提供的信息要符合国家宏观经济管理的要求。由于会计工作是经济管理工作的重要基础，国家作为社会管理者，需要各企业遵守国家的政策和法规，提供真实可靠的会计信息，以便利用各种经济杠杆和法律、行政手段进行国民经济宏观控制、调节和引导。其次，会计核算提供的信息要满足有关各方了解企业财务状况和经营成果的需要。投资者和潜在的投资者需要了解企业的财务状况、盈利能力和现金流量及发展趋势的会计信息，以便预测投资报酬、投资风险，作出投资、继续投资或转让投资的决策；债权人需要了解企业的财务状况、盈利能力和资产变现程度，以便作出减少贷款或增加贷款的决策；税务部门需要了解企业的纳税情况，以便加强对企业税收的征管。再次，会计核算提供的信息要满足企业加强内部经营管理的需要。企业管理者需要了解企业财务状况、经营成果和成本水平的信息，以利于总结成绩、挖掘潜力，改善经营管理。

第三节　会计的方法

一、会计方法概述

会计方法是指用来核算和监督会计对象，执行会计职能，实现会计目标的手段。会计方法是人们在长期的会计工作实践中总结创立的，并随着生产发展、会计管理活动的复杂化而逐渐地完善和提高的。

会计的方法包括会计核算、会计监督、会计分析、会计预测和会计决策等五种具体方法。这些方法各有特点，有一定的独立性，但也相互配合，密切联系。在这些具体方法中，会计核算方法是最基本、最主要的方法。本节仅阐述会计核算方法，至于其他四种具体的会计方法将在后续的有关章节中阐述。

二、会计核算方法

会计核算方法是指用来核算和监督会计对象所采用的一系列专门方法。这些专门方法有设置账户、复式记账、填制和审核会计凭证、登记账簿、成本计算、财产清查和编制财务报告等七种。

（一）设置账户

设置账户是指对会计对象具体内容进行分类核算的专门方法。由于会计对象的具体内容是复杂多样的，因此，需要根据会计对象具体内容的不同特点和经济管理的要求，选择一定的标准进行科学的分类，并根据分类的结果，设置相应的账户，以便分类地、连续地记录各项经济业务，以及由此而引起的各种资金的增减变动情况和结果。

（二）复式记账

复式记账是指每一项经济业务都必须以相等的金额，同时在两个或两个以上的相互联系的账户中进行登记的专门方法。当发生一项经济业务时，一方面在有关账户中记录其来踪；另一方面在有关账户中记录其去迹，以反映经济业务的全貌。并且通过账户的平衡关系，也便于检查账户记录的正确性。

（三）填制和审核会计凭证

填制和审核会计凭证是指通过对会计凭证的填制和审核来核算和监督每一项经济业务的专门方法。会计凭证是记录经济业务、明确经济责任的书面证明，是登记账簿的依据。只有经过审核无误的会计凭证，才能作为登记账簿的依据，因此，填制和审核会计凭证是保证会计信息真实性和正确性的有效手段。

（四）登记账簿

登记账簿是指企业根据审核无误的会计凭证，在账簿上进行全面、连续、系统地登记的专门方法。账簿是由账户组成的、用来记录经济业务的簿籍。通过登记账簿，能将众多分散的会计凭证上的会计信息，加以分类、汇总，使其系统化，以适应经济管理的需要。账簿记录的各种会计资料是编制财务报告的重要依据。

（五）成本计算

成本计算是指按照成本计算对象归集生产经营过程中发生的各项费用，计算和确定各成本计算对象的总成本和单位成本的专门方法。在工业企业，通过成本计算可以确定供应过程的原材料采购成本、生产过程的产品生产成本和销售过程的产品销售成本；可以反映、监督和考核经济活动各个过程中发生的各种成本是节约，还是超支，以挖掘降低成本的潜力。

（六）财产清查

财产清查是指通过实物盘点和往来款项核对，以确定财产物资的实有数额的专门方法。在财产清查过程中，将实物盘点的结果与账存数相核对，将债权、债务与往来单位核对，发现账存数与实际数不符时，应立即调整账面记录，做到账实相符。并应及时查明原因，明确经济责任。财产清查是保护单位财产安全，保证账实相符的有效手段。

（七）编制财务报告

编制财务报告是指根据账簿记录，按照规定的表格形式，集中反映各单位在一定会计期间经济活动过程和结果的专门方法。通过编制财务报告，既能为企业的经营管理层及与企业有着经济利益关系的各方提供所需的会计信息，又能为国家利用会计信息进行国民经济综合平衡提供依据。

三、各种会计核算方法之间的关系

以上会计核算的七种专门方法是相互联系、密切配合的，构成了一个完整的方法体系。在这一方法体系中，设置账户是基础环节，复式记账是记账采用的方法，填制和审核会计凭证、登记账簿和编制财务报告是整个方法体系的主要环节，成本计算是中心环节，财产清查则是这个方法体系的必要补充。

在日常进行会计核算时，首先，根据会计对象的具体内容，在会计账簿中设置账户；其次，对日常发生的经济业务填制和审核会计凭证，再将审核无误的会计凭证运用复式记账的方法登入账簿，并根据账簿的记录对生产经营过程中发生的费用进行成本计算；再次，通过财产清查，做到账实相符；最后，在账实相符的基础上，根据账簿记录编制财务报告。

思考题

一、简答题

1. 什么是会计？它是怎样产生的？
2. 会计有哪些职能？分述各种职能的定义。
3. 试述工业企业的资金运动。
4. 会计核算有哪些目标？
5. 会计核算包括哪些专门方法？试述各种会计核算方法之间的关系。

二、名词解释题

1. 会计职能　　2. 资金

3. 资金循环　　4. 生产过程

5. 会计方法　　6. 会计核算方法

三、是非题

1. 会计的内涵在其漫长的发展过程中，随着社会经济的发展而不断地丰富和深化。（　）

2. 会计开始成为一种社会性专门职业和通用的商务语言是会计发展史上第二个里程碑。（　）

3. 以原始凭证为依据是会计核算职能的特征之一。（　）

4. 会计监督有监督经济活动的合法性和合理性两个方面，它是进行会计核算的基础。（　）

5. 工业企业的资金占用形态，从货币资金起，依次转换为储备资金、生产资金和成品资金，然后又转换为货币资金，从而形成了资金周转。（　）

6. 会计目标是指在一定的客观环境和经济条件下，会计运行所期望达到的结果。（　）

7. 会计方法有设置账户、复式记账、填制和审核凭证、登记账簿、成本计算、财产清查和编制财务报告等。（　）

四、单项选择题

1. 会计是一种________。

A. 经济活动　　B. 经济管理活动

C. 经济监督活动　　D. 经济核算和经济监督活动

2. “四柱清册”结账公式中的“实在”即为目前结账公式中的________。

A. 期初余额　　B. 期末余额　　C. 本期收入　　D. 本期发出

3. 会计核算以________作为主要计量单位。

A. 劳动计量单位　　B. 实物计量单位

C. 货币计量单位　　D. 其他计量单位

4. 会计的对象是指________。

A. 单位的经济活动

B. 企业的生产经营活动

C. 社会再生产过程中的资金及其运动

D. 社会再生产过程中的资金运动

5. ________是会计核算方法的基础环节。

A. 设置账户　　B. 填制和审核会计凭证

C. 登记账簿　　D. 复式记账

五、多项选择题

1. 会计核算职能是指运用货币形式，通过对经济活动进行记录、________和报告，将经济活动的内容转换成会计信息的功能。

A. 确认　　B. 审核　　C. 计量　　D. 汇总

2. 会计核算具有________，是会计核算职能的特点之一。

A. 连续性　　B. 系统性　　C. 真实性　　D. 完整性

3. ________是会计的职能。

A. 会计核算职能　　B. 会计监督职能

C. 参与经济预测职能　　D. 参与经济决策职能

4. ________是会计核算方法的主要环节。

A. 复式记账　　B. 登记账簿

C. 编制财务报告　　D. 填制和审核会计凭证

第二章　会计要素和会计等式

第一节　会　计　要　素

一、会计要素概述

会计要素又称财务报告要素，它是指为了实现会计目标，对会计对象按其经济内容的特征所作的基本分类，它是用于反映企业财务状况，确定经营成果的基本单位。

各企业会计核算的对象是反映企业生产经营活动情况的资金运动，资金运动的结果引起了企业财务状况的变化，产生了经营成果。财务状况是指某一时点的各种经济资源的占用和来源的情况。要表明企业的财务状况，就需要按照一定的标准对各种经济资源的占用进行分类，对各种经济资源的来源进行分类。经营成果是指某一时期的各种收入、费用和利润。要表明企业的经营成果，就需要按照一定标准对各种收入和费用进行分类。通过分类后，将其定期在财务报告中反映，因此会计要素是财务报告的基本构件。

二、会计要素的分类

会计要素基本上可分为资产、负债、所有者权益、收入、费用和利润六类。这六类会计要素可以划分为两大类：一类是反映财务状况的会计要素，包括资产、负债和所有者权益；另一类是反映经营成果的会计要素，包括收入、费用和利润。

（一）资产

资产是指企业过去的交易或者事项形成的、由企业拥有或者控制的、预期会给企业带来经济利益的资源。

1. 资产的特征　　资产具有以下三个特征。

(1) 资产预期会给企业带来经济利益　　预期会给企业带来经济利益是指直接或者间接导致现金和现金等价物流入企业的潜力。

(2) 资产应为企业拥有或者控制的资源　　由企业拥有或者控制的资源是指

企业享有某项资源的所有权，或者企业虽然不享有某项资源的所有权，但该资源能被企业所控制。

(3) 资产应为企业过去的交易或者事项形成的　企业过去的交易或者事项包括购买、生产、建造行为或其他交易或者事项。预期在未来发生的交易或者事项不形成资产。

2. 确认资产的条件　确认为企业的资产，必须同时具备以下两个条件。

(1) 与该资源有关的经济利益很可能流入企业　资产实质上是未来的经济利益，它包括各种财产、债权和其他权利。作为资产的资源，单独地或与其他资源结合在一起，具有直接或间接地为企业创造现金流入的能力。资产具有为企业服务的潜能或某些特定的权利，如货币资金可以作为购买力使用，应收账款有要求债务人付款的权利，原材料与固定资产结合起来可以生产产品，等等。

(2) 该资源的成本或者价值能够可靠地计量　货币计量是会计核算的前提，不能以货币计量的资源，会计核算就无法确认其为资产而加以处理。例如，国家划拨企业无偿使用的土地，由于其不能以货币来计量，因此就不能作为企业的资产处理。

3. 资产的分类　资产按其流动性的不同，可分为流动资产和非流动资产。

(1) 流动资产　它是指可以在 1 年或者超过 1 年的一个营业周期内变现、出售或耗用的资产。流动资产的主要项目有库存现金、银行存款、应收账款、预付账款、其他应收款、原材料、在产品、库存商品和待摊费用等。

A. 库存现金　它是指存放在出纳处的现金。

B. 银行存款　它是指企业存入银行或其他金融机构的各种款项。

C. 应收账款　它是指因销售产品或提供劳务而应向客户收取的款项。

D. 预付账款　它是指企业按照购货合同规定预付给供货方的款项。

E. 其他应收款　它是指企业除应收账款、预付账款以外的其他各种应收、暂付款项。

F. 原材料　它是指企业为生产产品而储存的各种材料。

G. 在产品　它是指企业正在生产加工中的产品。

H. 库存商品　它是指企业已生产完工验收入库的产成品。

原材料、在产品和库存商品均属于存货。存货是指企业在生产经营过程中为销售或耗用而储存的各种物品。

I. 待摊费用　　它是指企业本期支付的应由以后各期负担的费用。

(2) 非流动资产　　它是指在 1 年以上或者超过 1 年的一个营业周期以上变现或耗用的资产。非流动资产的主要项目有长期投资、固定资产、无形资产和无形资产。

A. 固定资产　　它是指使用年限长、单位价值高、用于生产经营活动的劳动资料。它主要有房屋、建筑物、机器设备、运输设备等。

B. 无形资产　　它是指可供企业长期使用的、不具有实物形态的资产。它主要有专利权、商标权、商誉等。

(二) 负债

负债是指企业过去的交易或者事项形成的、预期会导致经济利益流出企业的现时义务。

1. 负债的特征　　负债具有以下三个特征。

(1) 负债是由企业过去的交易或者事项形成的　　只有过去的交易或者事项才形成负债,企业将在未来发生的承诺、签订的合同等交易或者事项,不形成负债。

(2) 负债预期会导致经济利益流出企业　　企业在履行现时义务时,通过交付资产或者提供劳务来清偿负债,从而导致经济利益流出企业。

(3) 负债是企业承担的现时义务　　现时义务是指企业在现行条件下已承担的义务。未来发生的交易或者事项形成的义务,不属于现时义务,不形成负债。

2. 确认负债的条件　　确认为企业的负债,必须同时具备以下两个条件。

(1) 与该义务有关的经济利益很可能流出企业　　负债是由企业过去发生的交易或事项所产生的,并在未来的一定时期内偿付的经济义务,届时将有可能使经济利益流出企业。例如,企业赊购原材料,到期就负有偿付货款的义务,从而导致银行存款流出企业。

(2) 未来流出的经济利益的金额能够可靠地计量　　负债应有确切的或合理预计的偿付金额,因此其是能够用货币来计量的,如向银行借款的金额,是企业偿还借款本金的金额。而向银行借款的利息,虽然没有确切的金额,但可以根据借款金额、借款期限和借款利率合理地预计企业应偿付银行借款利息的金额。

3. 负债的分类　　负债按其流动性的不同,可分为流动负债和非流动负债。

(1) 流动负债　　它是指企业在 1 年或者超过 1 年的一个营业周期内必须偿

还的各种债务。流动负债的主要项目有短期借款、应付账款、预收账款、应付职工薪酬、应交税费、其他应付款等。

A. 短期借款　它是指企业向银行等金融机构借入的期限在一年以内的借款。

B. 应付账款　它是指因购买材料、物资和接受劳务供应等而应付给供货方的款项。

C. 预收账款　它是指按照合同规定向购货方预收的货款。

D. 应付职工薪酬　它是指企业应付给职工的工资和计提的职工福利费等。

E. 应交税费　它是指企业应交纳给税务部门的各种税金。

F. 应付利息　它是指企业应付的银行借款利息。

G. 其他应付款　它是指企业除应付账款、预收账款和应付利息以外的其他各种应付、暂收款项。

(2) 非流动负债　它是指偿还期在1年以上或长于1年的一个营业周期以上的债务。非流动负债的主要项目有长期借款和应付债券。

A. 长期借款　它是指企业向银行等金融机构借入期限在1年以上的借款。

B. 应付债券　它是指企业为筹集长期资金而发行的债券。

(三) 所有者权益

所有者权益是指企业资产扣除负债后由所有者享有的剩余权益。因此，所有者权益与负债是企业资产的两大来源。所有者权益的主要项目有实收资本、盈余公积和未分配利润。

1. 实收资本　它是指企业接受投资者投入的资本。

2. 资本公积　它是指企业收到投资者出资额超出其在注册资本中所占的份额。

3. 盈余公积　它是指企业从利润中提取的用于发展的积累资金。

4. 未分配利润　它是指企业留待以后会计年度分配的利润。

(四) 收入

收入是指企业在日常活动中形成的、会导致所有者权益增加的、与所有者投入资本无关的经济利益的总流入。收入只有在经济利益很可能流入从而导致企业资产增加或者负债减少，且经济利益的流入能够可靠计量时才能予以确认。收入是企业补偿生产经营活动中耗费的唯一源泉，也是企业获取利润的前提，因此企业应当合理确认收入，并将实现的收入及时入账。收入的主要项目有营业收入。

（五）费用

费用是指企业在日常活动中所发生的、会导致所有者权益减少的、与向所有者分配利润无关的经济利益的总流出。费用只有在经济利益很可能流出从而导致企业资产减少或者负债增加、且经济利益的流出能够可靠计量时才能予以确认。费用按与收入的密切程度不同，可分为生产费用或成本费用和期间费用。

1. 生产费用　它是指生产企业用于生产产品、应计入产品成本的费用。生产费用又可分为直接费用和间接费用。

(1) 直接费用　它是指能直接计入产品成本或劳务成本的费用。

(2) 间接费用　它是指通过分配后计入产品成本或劳务成本的费用。

2. 成本费用　它是指商品流通企业采购商品发生的成本。

3. 期间费用　它是指在会计期间为企业提供一定的生产经营条件，以保持产品产销能力或商品购销能力所发生的费用。期间费用的主要项目有管理费用、销售费用和财务费用。

(1) 销售费用　它是指企业在销售产品和提供劳务时发生的费用。

(2) 管理费用　它是指企业行政管理部门为组织和管理生产经营活动而发生的费用。

(3) 财务费用　它是指企业为筹集资金而发生的费用。

（六）利润

利润是指企业在一定会计期间的经营成果。它包括收入减去费用后的净额、直接计入当期利润的利得和损失等。利得是指由企业非日常活动所形成的、会导致所有者权益增加的、与所有者投入资本无关的经济利益的流入。损失是指由企业非日常活动所发生的、会导致所有者权益减少的、与向所有者分配利润无关的经济利益的流出。利润是企业生产经营的目标。利润的主要项目有营业利润、营业外收支净额和所得税费用。

1. 营业利润　它是指企业的营业收入减去营业成本和期间费用后的余额。

2. 营业外收支净额　它是指与企业生产经营活动没有直接关系的营业外收入减去营业外支出后的余额。

3. 所得税费用　它是指企业应计入当期损益的所得税费用。它是利润的抵减项目。

会计要素及其主要内容如图表 2-1 所示。

图表 2-1

会计要素及其主要内容表

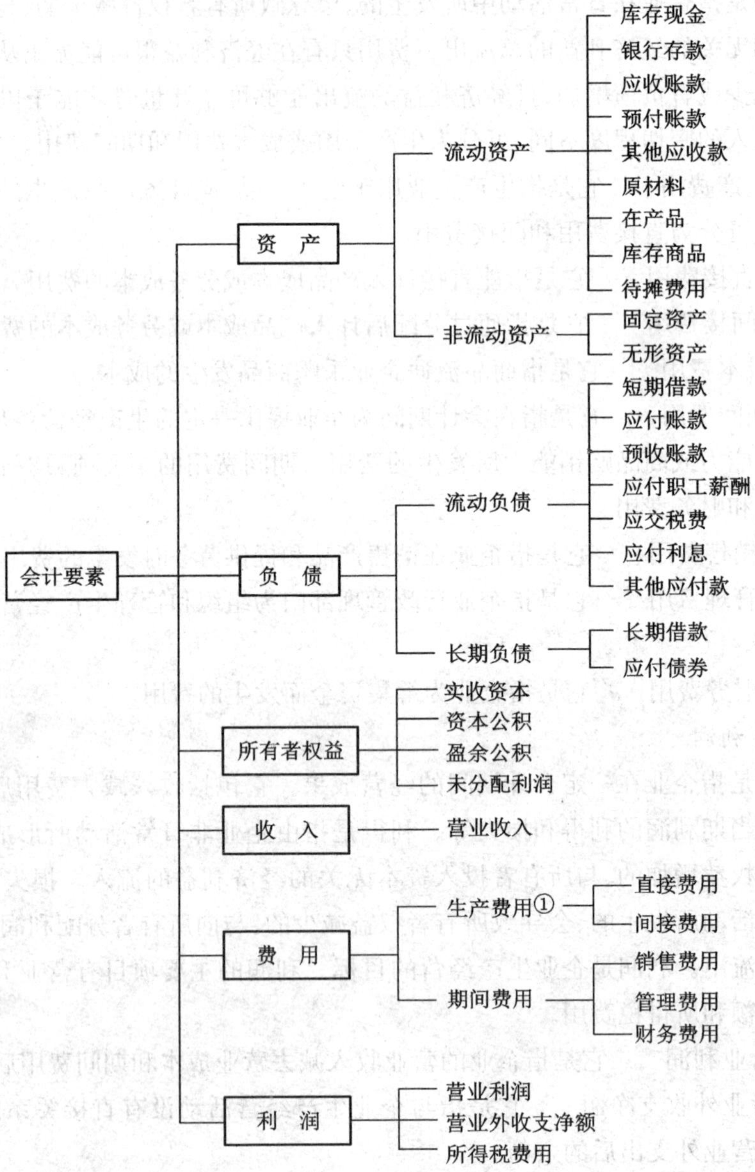

① 工业企业用,商品流通企业则为成本费用。

第二节　会 计 等 式

一、会计等式概述

会计等式又称会计方程式，是指用数学方式来表明各会计要素在数量上存在着内在的平衡关系。会计要素分为两组，形成了两个会计等式，现分别予以阐述。

（一）资产、负债和所有者权益之间的平衡关系

企业为了从事生产经营活动，必须拥有与其生产经营规模相当的资产。资产实质上是指资金在企业被运用分布的状态。企业所拥有的资产，必然有其来源，为企业提供资产者必然对企业的资产有求索权，这就形成了权益。权益是指资产的提供者对企业资产具有的求索权。权益实质上是企业取得资金的渠道。因此，资产和权益反映了同一资金的两个不同的侧面，资产反映了资金被运用分布的状态，权益反映了资金的来源，两者之间存在着相互依存、相互制约的关系。有一定量的资产，必然有与其相等的权益。两者之间的关系可用等式表示如下：

资产＝权益

由于企业的资金有向投资者筹集和向债权人筹集两个途径，向投资者筹集的资金形成了所有者权益，投资者有定期收取投资报酬的权利。向债权人筹集的资金形成了负债，债权人有到期收回本金和定期收取利息的权利。因此，资产、负债和所有者权益之间的关系可以用等式表示如下：

资产＝负债＋所有者权益

这是会计的基本等式，它反映了企业在某一时点资产与负债和所有者权益之间的平衡关系，它是复式记账和编制资产负债表的理论基础。

（二）收入、费用和利润之间的平衡关系

企业从事生产经营活动的目的是为了获取利润。企业的资产投入营运后，必然会取得收入，并将伴随着收入而发生相应的费用。将一定期间的收入与费用相比较，收入大于费用的差额是利润；反之，收入小于费用的差额则是负利润，被称为亏损。

因此，收入、费用与利润的关系可以用等式表示如下：

收入－费用＝利润

这一等式反映了企业某一时期收入、费用和利润的平衡关系，它是编制利润表的理论依据。

二、经济业务

经济业务又称会计事项，是指在经济活动中使会计要素发生增减变动的交易或者事项。经济业务按其发生的对象不同，可分为对外经济业务和对内经济业务两类。

对外经济业务是指企业与其他企业或单位发生交易行为而产生的经济事项。例如，向投资者筹集资金、向供货单位采购材料、向银行归还借款、向购货单位销售产品等。

对内经济业务是指企业内部成本、费用的耗用，以及因各会计要素之间的调整而产生的经济事项。例如，生产经营过程中耗用的材料、机器设备的折旧、工资的分配及收入与费用的结转等。

三、经济业务对会计基本等式的影响

企业在日常的经济活动中，会发生大量的各种各样的经济业务，随着经济业务的发生，企业的会计要素也相应地发生增减变动。但是这些变动并不会影响"资产＝负债＋所有者权益"这一会计等式的平衡关系。

【例】 新设立的沪光工厂7月份发生下列经济业务：

【经济业务一】 1日，收到静安公司投入资金250 000元，存入银行。

第一笔经济业务发生后，一方面使企业资产方的银行存款增加了250 000元；另一方面使负债和所有者权益方的实收资本也增加了250 000元，用会计等式表示如下：

$$\frac{\text{资产}}{\text{银行存款}}=\text{负债}+\frac{\text{所有者权益}}{\text{实收资本}}$$

$$250\,000=\quad 0\quad +250\,000$$

这笔经济业务使会计等式的两边同时发生了250 000元，双方的金额是相等的。

【经济业务二】 3日，从宝山机器厂购进机器设备1套，价款100 000元，机器设备已验收使用，价款以银行存款支付。

第二笔经济业务的发生，一方面使资产方的固定资产增加了100 000元；另一方面使资产方的银行存款减少了100 000元，根据这笔经济业务，编制会计要素增减变动表如图表2-2所示。

图表 2-2

会计要素增减变动表

单位：元

资产项目	增减前余额	增减金额	增减后余额	负债和所有者权益项目	增减前余额	增减金额	增减后余额
银行存款	250 000	－100 000	150 000	实收资本	250 000		250 000
固定资产		＋100 000	100 000				
合　计	250 000		250 000	合　计	250 000		250 000

这笔经济业务使资产方一个项目增加，另一个项目减少，等式双方的总额保持不变。

【经济业务三】 4 日，从长宁公司购进原材料 85 000 元，已验收入库，货款尚未支付。

第三笔经济业务的发生，一方面使企业资产方的原材料增加了85 000 元；另一方面使负债和所有者权益方的应付账款也增加了85 000 元，根据这笔经济业务编制会计要素增减变动表如图表 2-3 所示。

图表 2-3

会计要素增减变动表

单位：元

资产项目	增减前余额	增减金额	增减后余额	负债和所有者权益项目	增减前余额	增减金额	增减后余额
银行存款	150 000		150 000	应付账款		＋85 000	85 000
原 材 料		＋85 000	85 000	实收资本	250 000		250 000
固定资产	100 000		100 000				
合　计	250 000	＋85 000	335 000	合　计	250 000	＋85 000	335 000

这笔经济业务使资产方与负债和所有者权益方同时等额增加，等式双方的总额仍然保持平衡。

【经济业务四】 7 日，从银行取得了 60 000 元半年期的借款，归还前欠长宁公司部分原材料货款。

第四笔经济业务的发生，一方面使负债和所有者权益方的短期借款增加了60 000元；另一方面使负债和所有者权益方的应付账款减少了60 000 元，根据这笔经济业务，编制会计要素增减变动表如图表 2-4 所示。

图表 2-4

会计要素增减变动表

单位：元

资产项目	增减前余额	增减金额	增减后余额	负债和所有者权益项目	增减前余额	增减金额	增减后余额
银行存款	150 000		150 000	短期借款		＋60 000	60 000
原材料	85 000		85 000	应付账款	85 000	－60 000	25 000
固定资产	100 000		100 000	实收资本	250 000		250 000
合计	335 000		335 000	合计	335 000		335 000

这笔经济业务使负债和所有者权益方一个项目增加，另一个项目减少，等式双方的总额保持不变。

【经济业务五】 8 日，以银行存款 10 000 元归还前欠长宁公司部分原材料货款。

第五笔经济业务的发生，一方面使资产方的银行存款减少了10 000 元；另一方面使负债和所有者权益方的应付账款也减少了10 000 元，根据这笔经济业务，编制会计要素增减变动表如图表 2-5 所示。

图表 2-5

会计要素增减变动表

单位：元

资产项目	增减前余额	增减金额	增减后余额	负债和所有者权益项目	增减前余额	增减金额	增减后余额
银行存款	150 000	－10 000	140 000	短期借款	60 000		60 000
原材料	85 000		85 000	应付账款	25 000	－10 000	15 000
固定资产	100 000		100 000	实收资本	250 000		250 000
合计	335 000	－10 000	325 000	合计	335 000	－10 000	325 000

这笔经济业务使资产方与负债和所有者权益方同时等额减少，等式双方的总额仍然保持平衡。

上列五笔经济业务引起了资产方与负债和所有者权益方会计要素的增减变

动，归纳起来有下列四种类型：

第一种类型是经济业务的发生，引起资产方与负债和所有者权益方同时等额增加，双方保持平衡，见经济业务一、经济业务三。

第二种类型是经济业务的发生，引起资产方与负债和所有者权益方同时等额减少，双方保持平衡，见经济业务五。

第三种类型是经济业务的发生引起资产方一个项目增加，另一个项目减少，双方总额不变，仍保持平衡，见经济业务二。

第四种类型是经济业务的发生，引起负债和所有者权益方一个项目增加，另一个项目减少，双方总额不变，仍保持平衡，见经济业务四。

尽管企业的经济业务错综复杂，会引起会计要素不断地增减变动，但变动的种类不外乎上述的四种类型，这四种类型变动的结果均不会影响“资产＝负债＋所有者权益”这一会计等式的平衡关系。

思　考　题

一、简答题

1. 什么是会计要素？试述会计要素的基本分类。

2. 分述资产与负债的特征。

3. 分述资产与负债的分类。

4. 什么是会计等式？会计有哪两个等式？

5. 试述经济业务所引起的资产方与负债和所有者权益方会计要素增减变动的四种类型。

二、名词解释题

1. 财务状况　　2. 经营成果

3. 流动资产　　4. 负债

5. 收入　　6. 费用

7. 利润　　8. 经济业务

三、是非题

1. 会计要素可以划分为反映财务状况的会计要素和反映经营成果的会计要素两大类。（　　）

2. 资产是指企业过去的交易或者事项形成的、并由企业拥有或者控制的

资源。 （　　）

3. 所有者权益是指企业资产扣除负债后由所有者享有的剩余权益。

（　　）

4. 利润的主要项目有营业利润和营业外收支净额。 （　　）

5. 资产反映了资金被运用分布的状态，权益反映了资金的来源，两者之间存在着相互依存、相互制约的关系。 （　　）

6. 任何一笔经济业务的发生必然会引起资产方与负债和所有者权益方发生增减变动，但其结果均不会影响“资产＝负债＋所有者权益”这一会计等式的平衡关系。 （　　）

四、单项选择题

1. 下列项目中，反映财务状况的会计要素是________。

A. 利润　　B. 所有者权益　　C. 收入　　D. 费用

2. 流动资产是指在________内变现、出售或者耗用的资产。

A. 1年

B. 一个营业周期

C. 超过1年的营业周期

D. 1年或超过1年的一个营业周期

3. ________是指能直接计入产品成本或劳务成本的费用。

A. 生产费用　　B. 成本费用　　C. 直接费用　　D. 销售费用

4. ________等式是复式记账和编制资产负债表的理论基础。

A. 资产＝权益　　B. 资产＝负债＋所有者权益

C. 收入－费用＝利润　　D. 资产－负债＝所有者权益

5. ________是引起资产方与负债和所有者权益方同时等额增加的经济业务。

A. 借入短期借款，偿还前欠款

B. 购进机器设备，款项未付

C. 以银行存款偿还前欠款

D. 向银行提取现金

五、多项选择题

1. ________是资产的特征。

A. 资产应为企业过去的交易或者事项形成的

B. 资产的成本能够可靠地计量

C. 资产应为企业拥有或者控制的资源

D. 资产预期会给企业带来经济利益

2. 流动资产的主要项目有库存现金、银行存款、其他应收款、原材料、库存商品、________等。

A. 预收账款　　B. 预付账款　　C. 在产品　　D. 应收账款

3. ________是负债的特征。

A. 负债导致流出经济利益的金额能够可靠地计量

B. 负债预期会导致经济利益流出企业

C. 负债是由企业过去的交易或者事项形成的

D. 负债是企业承担的现时义务

4. 流动负债包括短期借款、应付账款、其他应付款、应付职工薪酬、________等。

A. 预收账款　　B. 预付账款　　C. 应付债券　　D. 应交税费

5. 期间费用的主要项目有________。

A. 间接费用　　B. 销售费用　　C. 管理费用　　D. 财务费用

6. 企业资金取得的途径有向________筹集。

A. 投资者　　B. 债务人　　C. 企业职工　　D. 债权人

练　习　题

习　题　一

一、目的　练习会计要素的分类。

二、资料　反映各会计要素的经济内容如图表 2-6 所示。

图表 2-6

各会计要素的经济内容

经　济　内　容	资产	负债	所有者权益	收入	费用	利润
1. 因销售产品而应向客户收取的款项						
2. 企业向银行借入期限在 1 年以内的借款						
3. 企业行政管理部门为组织生产经营活动而发生的费用						

（续表）

经济内容	资产	负债	所有者权益	收入	费用	利润
4. 企业存入银行的各种款项						
5. 因购买材料而应付给供货方的款项						
6. 企业为筹集资金而发生的费用						
7. 投资者投入企业的资本						
8. 销售产品而实现的收入						
9. 企业为生产产品而储存的各种材料						
10. 存放在出纳处的库存现金						
11. 企业已生产完工验收入库的产成品						
12. 应交纳给税务部门的各种税金						
13. 企业从利润中提取的用于发展的积累资金						
14. 企业在销售产品时发生的费用						
15. 企业的营业收入减去成本和期间费用后的余额						
16. 企业按购货合同规定预付给供货方的款项						
17. 企业应付给职工的工资						
18. 使用年限长、单位价值较高、用于生产经营活动的机器设备						

三、要求　根据上列经济内容确定其属于哪种会计要素的哪个具体项目，并将已确定的具体项目填入上列的空格内。

习　题　二

一、目的　练习会计等式的平衡关系。

二、资料

1. 2019年1月1日，东海工厂资产、负债和所有者权益各具体项目的有关资料如图表2-7所示。

图表 2-7

项目余额表

资产项目	金额	负债和所有者权益项目	金额
库存现金	500	短期借款	60 000
银行存款	89 100	应付账款	42 800
应收账款	37 000	实收资本	320 000
原材料	54 200		
库存商品	42 000		
固定资产	200 000		
合计	422 800	合计	422 800

2. 东海工厂 1 月上旬发生下列经济业务：

(1) 2 日，从泰安公司购进材料 40 000 元，已验收入库，货款尚未支付。

(2) 3 日，从银行借入半年期借款 40 000 元，直接归还前欠泰安公司货款。

(3) 4 日，从银行提取现金 1 000 元，备用。

(4) 5 日，以银行存款购入机器设备 1 台，价值 10 000 元，已验收使用。

(5) 6 日，收到光大公司付来上月所欠账款 27 500 元，存入银行。

(6) 7 日，以银行存款归还上月所欠的大华工厂材料款 42 800 元。

(7) 9 日，国家增加投资 40 000 元，用以直接归还短期借款。

(8) 10 日，以银行存款 15 000 元，归还短期借款。

三、要求　根据上列资料，将发生的每一笔经济业务编制一张会计要素增减变动表，并说明每笔经济业务属于哪一种变动类型。

第三章 账户和复式记账

第一节 会 计 科 目

一、设置会计科目的意义和原则

（一）设置会计科目的意义

会计科目是指为记录各种经济业务对会计要素按其经济内容进行分类的项目。

企业在经济活动中，各项资产、负债和所有者权益必然会发生增减变动，并会相应发生收入和费用，产生利润，这些均是会计核算和会计监督的内容。然而，资产、负债、所有者权益、收入、费用和利润这六类会计要素，各自包含着具体而丰富的内容；从资产来看，有现金和银行存款，在经营活动中起着支付手段的作用；有原材料，在生产中起着劳动对象的作用；还有固定资产，在生产中起着劳动工具的作用。各种不同的资产，分布在不同的形态上，发挥着各自的作用。从负债来看，有从银行取得的短期借款、长期借款，也有从供货方取得的应付账款；从所有者权益来看，有投资者投入的实收资本，也有企业内部积累形成的盈余公积。它们都来自不同的渠道，各种收入的来源和费用的用途也各不相同，从而形成利润的不同构成。为了全面、系统、分类地核算和监督各项经济活动，以及由此而引起的资金的增减变动情况，就必须结合经营管理的需要，通过设置会计科目，对会计要素的具体内容进行科学的分类。

（二）设置会计科目的原则

1. 设置会计科目要结合会计对象的特点　　各个单位会计对象是社会再生产过程中的资金及其运动，各个会计主体的经营特点不同，其资金分布形态也不同，资金运动的形式也各不相同，因此需要根据各自的特点来设置会计科目。比如，商品流通企业从事商品购销活动，其资金运动要依次经过购进过程和销售过程，其设置的会计科目必须能反映和监督商品购销全过程的资金运动。而工业企业从事产品生产经营活动，其资金运动要依次经过供应过程、生产过程和销售过程，其设置的会计科目除了要设置能反映和监督材料采购和产品销售活动的会计科目外，还要设置能反映和监督生产过程中发生的各种生产费用的会计科目，核算和监督产品的生产成本，以核算和监督工业企业生产经营全过程的资金运动。行政事业单位是完成国家赋予的各项任务，其资金运动是预算拨款的取得和预算支出的支付，其设置的会计科目必须能反映和监督预算资金的收入和预算资金的支出全过程的资金运动。

2. 设置会计科目应满足对外提供财务报告的需要　　政府要引用会计信息进行宏观经济控制；企业的投资者要了解企业资金的运用情况和盈利能力；债权人要了解企业的偿债能力；税务部门要了解企业的纳税情况；政府有关部门要了解行政、事业单位预算资金的使用情况。因此，设置的会计科目应满足对外提供财务报告的需要。

3. 设置会计科目应满足经济管理和经济决策的需要　　会计信息是各单位对经济活动的执行情况进行分析、考核的依据，也是各单位进行经营预测、决策和编制预算的依据。因此，设置的会计科目还应满足单位自身经济管理和经济决策的需要。

4. 设置会计科目要统一性与灵活性相结合　　各单位设置会计科目既要根据国家财政部制定的《企业会计准则——应用指南》中附录的有关规定，又要根据各单位自身经营特点和经营规模，在不违背企业会计准则的前提下，对统一规定的会计科目进行适当的增补或合并。比如，工业企业在生产车间较多时，可以将“生产成本”科目按生产车间的性质不同，划分成“基本生产成本”和“辅助生产成本”两个会计科目；在企业生产规模较小，材料品种不多时，也可以将“原材料”“包装物”两个会计科目简并为“原材料”一个会计科目。

5. 设置会计科目要保持相对稳定　　设置的会计科目在一定的时期内要保持相对的稳定，不能经常变更会计科目的名称和内容，以利于会计核算指标在不同时期进行对比分析，也有利于国家的综合汇总。

二、会计科目的分类

（一）会计科目按照其反映的经济内容分类

会计科目按照其反映的经济内容不同，可以划分为资产类、负债类、所有者权益类、成本类和损益类五个大类，损益类账户还可以划分为收入类和费用类两个小类。现结合教学的实际需要，将五类会计科目列示如图表 3-1 所示。

图表 3-1

会计科目表

顺序号	名　　称	顺序号	名　　称
	一、资产类	24	长期借款
1	库存现金	25	应付债券
2	银行存款		三、所有者权益类
3	应收账款	26	实收资本
4	预付账款	27	资本公积
5	其他应收款	28	盈余公积
6	在途物资	29	本年利润
7	原材料	30	利润分配
8	材料成本差异		四、成本类
9	库存商品	31	生产成本
10	待摊费用	32	制造费用
11	固定资产		五、损益类
12	累计折旧		（一）收入类
13	无形资产	33	营业收入
14	累计摊销	34	营业外收入
15	待处理财产损溢		（二）费用类
	二、负债类	35	营业成本
16	短期借款	36	税金及附加
17	应付账款	37	销售费用
18	预收账款	38	管理费用
19	应付职工薪酬	39	财务费用
20	应交税费	40	资产减值损失
21	应付利息	41	营业外支出
22	应付股利	42	所得税费用
23	其他应付款		

（二）会计科目按照所提供核算指标的详细程度分类

会计科目按照所提供核算指标的详细程度不同，可分为总分类科目和明细分类科目。

1. 总分类科目　　总分类科目又称一级科目，是指对会计要素的具体内容进行总括分类的项目。图表 3-1 所列会计科目名称均是指总分类科目，如通过“原材料”科目可以反映原材料的总括情况。

2. 明细分类科目　　明细分类科目是指根据核算与管理的需要对某些会计科目所作的进一步分类的项目。按照其分类的详细程度不同，它又可分为子目和细目。

（1）子目　　子目又称二级科目，是指对某些一级科目所作的进一步分类的项目。

（2）细目　　细目又称三级科目，是指对某些二级科目所作的进一步分类的项目。

目前我国会计核算采用的会计科目是由财政部制定的《企业会计准则——应用指南》中规定的。明细分类科目除部分由《企业会计准则——应用指南》规定外，其余部分均由企业根据核算与管理的需要自行设置，如可以对“原材料”一级科目分设“原料及主要材料”和“辅助材料”“燃料”等三个二级科目，以分别反映原料及主要材料、辅助材料和燃料的详细情况；还可以在“原料及主要材料”二级科目下，按各种材料的名称和规格分别设置“圆钢”“扁钢”等三级科目，以分别反映圆钢和扁钢的详细情况。

第二节　账　　户

一、设置账户的意义

账户是指具有一定结构，用以分类记录经济业务引起会计要素的增减变动及其结果的一种记账载体。账户的具体表现形式是一种具有一定格式和结构的表格。

设置会计科目仅仅是对会计要素的具体内容进行科学的分类。为了序时、连续、系统地核算由于资金运动而引起的各项具体会计要素的增减变动，提供各种会计信息，就必须在会计账簿中根据每个会计科目设置相应的账户。

按其核算和监督的经济内容不同，账户可分为资产类、负债类、所有者权益类、成本类和损益类等五类；按其所提供核算指标的详细程度不同，账户可分总分类账户和明细分类账户。

总分类账户是指对会计要素的具体内容进行总括核算的账户；而明细分类账户则是指对会计要素的具体内容进行详细核算的账户。

会计科目和账户是两个不同的概念，两者之间既有联系，又有区别。会计科目是账户的名称，账户是按照会计科目设置的，会计科目规定的经济内容也就是账户进行核算和记录的内容。然而，会计科目仅仅表明经济业务的内容，它只有名称，不存在具体的结构；而账户是按照会计科目所确定的经济内容来记录资产、负债、所有者权益、成本、收入和费用等具体增减变动情况及结果的，它有一定的结构形式，是企业记录和汇总各种会计信息的载体。

二、账户的基本结构

为了在账户中记录各项经济业务，每个账户既要有明确的经济内容，又要有便于记录的账户结构。账户的结构与记账方法有着密切的联系，不同的记账方法，账户的结构是不同的，即使采用同一种记账方法，账户的性质不同，其结构也是不同的。

然而，不论采用什么记账方法，也不论账户属于什么性质，因经济业务引起的会计要素的变动不外乎增加和减少两种情况，因此账户的基本结构也相应地划分为左、右两方。一方记录增加数，另一方记录减少数。账户的基本结构采用“T”字形，具体格式如图表 3-2 所示。

图表 3-2

账户的基本结构

左方	**账户名称**（会计科目）	右方

上列账户的左方和右方，究竟用哪一方登记增加数，哪一方登记减少数，这主要取决于账户的性质和所采用的记账方法。账户的左方和右方分别登记增加数和减少数，或者分别登记减少数和增加数，增减数额相抵后的差额，称为账户余额。账户余额按其在会计期间表现的日期不同，可分为期初余额和期末余额。通过账户记录的数额，可以提供期初余额、本期增加发生额、本期减少发生额和期末余额四个方面的核算资料。

期初余额是指账户在每一个会计期间初始日的余额；本期增加发生额是指账户在会计期间所登记的增加金额的合计数；本期减少发生额是指账户在会计期间所登记的减少金额的合计数；期末余额是指账户在每一个会计期间终止日的余额。会计期间通常以月份或年度为标准。本期增加发生额和本期减少发生额是动态指标，它们反映了会计要素在会计期间增减变动的情况。余额是静态指标，它反映了会计要素在某一时日增减变动的结果。期末余额的计算公式如下：

期末余额＝期初余额＋本期增加发生额－本期减少发生额

第三节　复式记账

一、记账方法概述

（一）单式记账法概述

从会计发展史来看，最初采用的是单式记账法。单式记账法是指对发生的每项经济业务一般只在一个账户中登记的记账方法。单式记账法除了对同时涉及现金收付和债权、债务增减的经济业务，同时在双方有关的账户中进行登记外，对其他经济业务只作单方面的记录，因此不能对所发生的经济业务作全面、系统的记录，无法全面提供管理上所需要的资料。于是，单式记账法被复式记账法所取代。

（二）复式记账法概述

复式记账法是指对每项经济业务都必须以相等的金额，同时在两个或两个以上相互联系的账户中进行登记的记账方法。

由于复式记账法是以资产等于负债加上所有者权益的会计等式作为理论基础，因此它与单式记账法相比较，具有以下三个特点。

第一，能够反映资金运动的全貌。由于复式记账法对每一项经济业务都要求其必须同时在两个相互联系的账户中进行登记，从而不仅反映了资金的来源去处，而且可以通过会计要素的增减变动，全面、系统地反映资金运动的过程和结果。

第二，有完整的账户体系。由于复式记账法要求对每一项经济业务都要求其必须同时在两个相互联系的账户中进行登记，从而使各有关账户之间形成了联系，组成了一个完整的、科学的账户体系。

第三，便于检查账户记录的正确性。由于复式记账法对每一项经济业务都要求其以相等的金额在两个账户中进行登记，根据会计等式理论，登记的结果都不会影响会计等式的平衡关系。因此可以利用会计等式的平衡关系来检查账户记录的正确性。

我国曾经采用过多种复式记账法。自1993年7月实施《企业会计准则》以来，全国统一采用了借贷记账法。

借贷记账法是指以“借”和“贷”作为记账符号，以记录经济业务的发生而引起会计要素增减变动情况的复式记账法。

二、借贷记账法的特点

借贷记账法有以下四个特点。

（一）以“借”“贷”作为记账符号

借贷记账法以“借”“贷”两个字作为它的记账符号，用以指明记入账户金额的方向。“借”字表示账户的“借方”；“贷”字表示账户的贷方。资产类、成本类和费用类账户的增加数记入账户的“借方”，减少数则记入账户的“贷方”；负债类、所有者权益类和收入类账户的增加数记入账户的“贷方”，减少数则记入账户的“借方”。

（二）以“有借必有贷，借贷必相等”作为记账规律

借贷记账法是按照复式记账的原理，对发生的每项经济业务均要求其同时在一个账户的借方和另一个账户的贷方进行登记；或者在一个账户的借方（或贷方）和几个账户的贷方（或借方）进行登记，并且记入借、贷双方的金额必须相等，从而形成了“有借必有贷，借贷必相等”的记账规律。

（三）以全部账户的借、贷双方总额相等作为试算平衡的依据

由于每一项经济业务均根据“有借必有贷，借贷必相等”的记账规律进行核算，以借、贷双方相对应的方式进行记账，就使每一项经济业务记入借方的金额与记入贷方的金额相等。因此，在一定期间内，全部账户的借、贷双方发生额的合计数必然相等，全部账户借、贷双方的期末余额合计数也必然相等，从而为进行试算平衡提供了依据。

（四）可以设置和运用共同性账户

借贷记账法除了可以设置资产类、负债类、所有者权益类、成本类、收入类和费用类账户外，为了便于核算，还可以设置和运用一些共同性的账户。例如，可以将属于负债类的“应付账款”和属于资产类的“预付账款”合并，设置一个“应付账款”账户。凡是发生的应付账款和预付账款都记在该账户内，这样“应付账款”就成为既具有负债类的性质，又具有资产类性质的共同性账户。期末，根据“应付账款”账户的期末余额来确定账户的性质，倘若期末余额在贷方，表示属于负债类性质的“应付账款”账户；倘若期末余额在借方，则表示属于资产类性质的“预付账款”账户。

三、账户对应关系和会计分录

账户对应关系是指在采用复式记账法时，因每项经济业务都必须在两个或两个以上相互联系的账户中进行登记，从而形成账户之间的相互依存关系。发生对应关系的账户，称作对应账户。

为了清晰地反映账户之间的对应关系，有利于记账工作的顺利进行，保证账户记录的正确性和便于事后检查，在经济业务发生以后，并不直接登记账户，而是先要编制会计分录。

会计分录是指对每项经济业务，指明应记账户的名称、应记方向及金额的一种记录。

采用借贷记账法编制会计分录，应按以下步骤进行。

首先，根据发生的经济业务的内容，确定其所涉及的、引起资金增减变动的账户名称，并确定涉及账户的变动是增加还是减少。

其次，根据经济业务所涉及的账户的增减变动及账户的性质，按照账户的结构，确定应记账户的方向是借方还是贷方。

最后，确定所涉及的账户应记入的金额，并按照借贷记账法的记账规律，检查借贷方的金额是否相等。

会计分录应采取先借后贷，左右错开的排列方式。

【例 1】 7 月 1 日，新设立的沪光工厂收到静安公司投入资金250 000 元，存入银行。

这笔经济业务的发生，一方面银行存款增加了 250 000 元，应记入“银行存款”（资产类）账户的借方，另一方面静安公司投入资金增加了 250 000 元，应记入“实收资本”（所有者权益类）账户的贷方。作分录如下：

借：银行存款　　250 000.00

　　贷：实收资本　　250 000.00

【例 2】 7 月 3 日，从宝山机器厂购进机器设备一套，价值 100 000 元，已验收使用，款项以银行存款支付。

这笔经济业务的发生，一方面固定资产增加了 100 000 元，应记入固定资产（资产类）账户的借方，另一方面银行存款却减少了 100 000 元，应记入“银行存款”（资产类）账户的贷方。作分录如下：

借：固定资产　　100 000.00

　　贷：银行存款　　100 000.00

【例 3】 7 月 4 日，从长宁公司购进原材料，价值 85 000 元，原材料已验收入库，货款尚未支付。

这笔经济业务的发生，一方面原材料增加了 85 000 元，应记入“原材料”(资产类)账户的借方，另一方面应付账款也增加了 85 000 元，应记入“应付账款”(负债类)账户的贷方。作分录如下：

借：原材料　　85 000.00

　　贷：应付账款　　85 000.00

【例 4】 7 月 7 日，从银行取得 60 000 元半年期的借款，归还前欠长宁公司部分原材料货款。

这笔经济业务的发生，一方面应付账款减少了 60 000 元，应记入“应付账款”(负债类)账户的借方，另一方面却增加了短期借款 60 000 元，应记入“短期借款”(负债类)账户的贷方。作分录如下：

借：应付账款　　60 000.00

　　贷：短期借款　　60 000.00

【例 5】 7 月 8 日，以银行存款 10 000 元归还前欠长宁公司部分材料款。

这笔经济业务的发生，一方面应付账款减少了 10 000 元，应记入“应付账款”(负债类)账户的借方；另一方面银行存款也减少了 10 000 元，应记入“银行存款”(资产类)账户的贷方。作分录如下：

借：应付账款　　10 000.00

　　贷：银行存款　　10 000.00

会计分录分为简单会计分录和复合会计分录两种。简单会计分录是指一笔经济业务只涉及一借一贷两个账户的会计分录。前列的五笔会计分录因为只涉及一借一贷两个账户，因此均称为简单会计分录。复合会计分录是指一笔经济业务涉及一借多贷，或一贷多借两个以上账户的会计分录。

【例 6】 7 月 9 日，从华声工厂购进原材料，价值 42 000 元。原材料已验收入库，以银行存款支付货款 22 000 元，其余货款暂欠。

这笔经济业务的发生，一方面原材料增加了 42 000 元，应记入“原材料”(资产类)账户的借方；另一方面银行存款减少了 22 000 元，应记入“银行存款”(资产类)账户的贷方，应付账款增加了 320 000 元，应记入“应付账款”(负债类)账户的贷方。作分录如下：

借：原材料　　42 000.00
　　贷：银行存款　　22 000.00
　　贷：应付账款　　20 000.00

【例 7】 7月 10 日，静安公司又投入资金 50 000 元，其中：现金30 000 元，已存入银行；机器设备一台，价值 20 000 元，已验收使用。

这笔经济业务的发生，一方面银行存款增加了 30 000 元，应记入“银行存款”（资产类）账户的借方，机器设备增加了 20 000 元，应记入“固定资产”（资产类）账户的借方；另一方面静安公司投入资金也增加了 50 000 元，应记入“实收资本”（所有者权益类）账户的贷方。作分录如下：

借：银行存款　　30 000.00
借：固定资产　　20 000.00
　　贷：实收资本　　50 000.00

上列两笔分录分别是一借多贷与一贷多借的复合会计分录，实质上复合会计分录可以根据账户对应关系分解成多笔简单会计分录。企业应根据经济业务的实际需要编制简单会计分录或复合会计分录，不得将多笔经济业务拼凑在一起编制复合会计分录，也不得任意将一笔复合会计分录分拆成几笔简单会计分录。为了清楚地反映账户之间的对应关系，通常不编制多借多贷的会计分录。

四、登记账户与试算平衡

（一）登记账户

在会计分录编制完毕后，就要进行登记账户。登记账户是指将各项经济业务按照会计分录指明的账户名称、记账方向及金额记入账户。采用借贷记账法时，账户的左方为借方，账户的右方为贷方。资产类账户与负债和所有者权益类账户的期末余额的计算公式如下：

$$\underset{\text{（借方）}}{\text{期初余额}}+\underset{\text{发 生 额}}{\text{本期借方}}-\underset{\text{发 生 额}}{\text{本期贷方}}=\underset{\text{（借方）}}{\text{期末余额}}$$

$$\underset{\text{（贷方）}}{\text{期初余额}}+\underset{\text{发 生 额}}{\text{本期贷方}}-\underset{\text{发 生 额}}{\text{本期借方}}=\underset{\text{（贷方）}}{\text{期末余额}}$$

现将上列七笔经济业务编制的会计分录登记账户并结出期末余额①，如图表 3-3 所示。

① 实际工作中是在月末结账的。

图表 3-3

登记各账户

借	银行存款		贷
(1)	250 000	(2)	100 000
(7)	30 000	(5)	10 000
		(6)	22 000
本期发生额	280 000	本期发生额	132 000
期末余额	148 000		

借	短期借款		贷
		(4)	60 000
		本期发生额	60 000
		期末余额	60 000

借	原材料		贷
(3)	85 000		
(6)	42 000		
本期发生额	127 000		
期末余额	127 000		

借	应付账款		贷
(4)	60 000	(3)	85 000
(5)	10 000	(6)	20 000
本期发生额	70 000	本期发生额	105 000
		期末余额	35 000

借	固定资产		贷
(2)	100 000		
(7)	20 000		
本期发生额	120 000		
期末余额	120 000		

借	实收资本		贷
		(1)	250 000
		(7)	50 000
		本期发生额	300 000
		期末余额	300 000

（二）试算平衡

试算平衡是指根据资产与负债和所有者权益之间的平衡关系，按照记账规律的要求，检查账户记录是否正确的方法。

企业在一定期间会发生大量的各种各样的经济业务，在运用借贷记账法登记账户时，难免会发生一些人为的差错，为了检查和验证账户记录的正确性，防止差错，必须定期进行试算平衡。

借贷记账法的记账规律是“有借必有贷，借贷必相等”，其每一笔经济业务记入账户借方的金额与记入对应账户贷方的金额是相等的，那么其在一定期间记入全部账户的借方发生额合计数必然与记入全部账户的贷方发生额合计数相等。在这一基础上，结出的全部账户的借方期末余额合计数必然与全部账户的贷方余额合计数相等。从而产生发生额和期末余额的试算平衡公式如下：

全部账户借方发生额合计数＝全部账户贷方发生额合计数

全部账户借方期末余额合计数＝全部账户贷方期末余额合计数

试算平衡通常是根据各账户的本期发生额和余额编制“本期发生额及余额试算平衡表”进行的。现根据上列六个账户登记的结果编制沪光工厂7月10日的“本期发生额及余额试算表”如图表3-4所示。

图表3-4

本期发生额及余额试算表

2019年7月10日 单位：元

账户名称	期初余额		本期发生额		期末余额	
	借方	贷方	借方	贷方	借方	贷方
银行存款			280 000	132 000	148 000	
原材料			127 000		127 000	
固定资产			120 000		120 000	
短期借款				60 000		60 000
应付账款			70 000	105 000		35 000
实收资本				300 000		300 000
合计	—	—	597 000	597 000	395 000	395 000

由于沪光工厂是新设立的，因此没有期初余额，然而该企业7月10日的期末余额就是1月11日的期初余额。

“本期发生额及余额试算表”中本期发生额与余额的借方和贷方的合计数均平衡时，可以表明账户记录基本正确。倘若不平衡，则表明账户登记错误或者计算本期发生额及期末余额时发生差错，就需要查找错误的原因，予以更正，以取得平衡。

思考题

一、简答题

1. 会计科目有哪两种不同的分类？
2. 什么是账户？它与会计科目有何联系与区别？
3. 试述账户的基本结构。通过账户记录可以提供哪些核算资料？
4. 试述会计分录的编制步骤及排列方式。
5. 什么是试算平衡？如何进行试算平衡？

二、名词解释题

1. 会计科目　　2. 复式记账

3. 借贷记账法　　4. 账户对应关系

5. 对应账户　　6. 会计分录

三、是非题

1. 企业应根据国家财政部制定的《企业会计准则——应用指南》中附录的有关规定设置会计科目。（　）

2. 明细分类科目按照其经济内容不同，又可分为子目和细目。（　）

3. 账户的具体表现形式是一种具有一定格式和结构的表格。（　）

4. 会计科目是账户名称，账户是按照会计科目设置的。（　）

5. 即使采用同一种记账方法，账户的性质不同，其结构也是不同的。（　）

6. 复式记账法是指每项经济业务都必须以相等的金额，同时在两个相互联系的账户中进行登记的记账方法。（　）

7. 账户记录通过试算平衡后，表明账户记录完全正确。（　）

四、单项选择题

1. ________属于负债类账户。

A. 预付账款　B. 待摊费用　C. 应付利息　D. 其他应收款

2. ________属于成本类账户。

A. 库存商品　B. 制造费用　C. 营业成本　D. 销售费用

3. 账户分为左方和右方，究竟哪一方登记增加数，哪一方登记减少数，主要取决于________。

A. 账户的性质　B. 记账方法

C. 记账规律　D. 账户的性质和记账方法

4. 负债账户的借方、贷方和余额的方向分别为________。

A. 增加、减少、借方　B. 减少、增加、贷方

C. 减少、增加、借方　D. 增加、减少、贷方

5. 短期借款账户的期初余额为 60 000 元，本期借方发生额为40 000 元，贷方发生额为 30 000 元，期末余额应为________元。

A. 70 000(借方)　B. 70 000(贷方)

C. 50 000(借方)　D. 50 000(贷方)

6. 借贷记账法的余额试算平衡公式为________。

A. 全部账户借方发生额合计数＝全部账户贷方发生额合计数

B. 期初余额(借方)＋本期借方发生额－本期贷方发生额＝期末余额(借方)

C. 全部账户借方余额合计数＝全部账户贷方余额合计数

D. 期初余额(贷方)＋本期贷方发生额－本期借方发生额＝期末余额(贷方)

五、多项选择题

1. 设置会计科目要遵循结合会计对象的特点、________等原则。

A. 应满足经济管理的需要　　B. 应满足对外报告的需要

C. 要统一性与灵活性相结合　　D. 要保持相对稳定

2. 会计科目按照其反映的经济内容不同,可以划分为资产类、负债类、所有者权益类、________等。

A. 成本类　　B. 收入类　　C. 费用类　　D. 损益类

3. ________属于资产类科目。

A. 应收账款　　B. 预收账款　　C. 固定资产　　D. 原材料

4. 反映会计要素静态指标的有________。

A. 期初余额　　B. 本期增加发生额

C. 本期减少发生额　　D. 期末余额

5. 采用借贷记账法时,贷方表示增加的有________账户。

A. 资产　　B. 成本、费用

C. 收入　　D. 负债、所有者权益

6. 借贷记账法的特点有:以"借""贷"作为记账符号、________等。

A. 以"有借必有贷,借贷必相等"作为记账规律

B. 以全部账户的借贷双方总额相等作为试算平衡的依据

C. 可以设置和运用共同性的账户

D. 账户的对应关系清楚

7. 一笔经济业务涉及________的会计分录属于复合会计分录。

A. 一借一贷　　B. 一借多贷　　C. 一贷多借　　D. 多借多贷

练 习 题

习 题 一

一、目的 练习编制会计分录。

二、资料 卢湾工厂1月份发生下列经济业务:

1. 2日，以银行存款支付前欠南市公司材料款42 500元。

2. 6日，从中安工厂购进原材料，价值28 000元。原材料已验收入库，货款尚未支付。

3. 10日，从银行提取现金1 150元备用。

4. 14日，收到光明公司付来前欠货款25 000元，存入银行。

5. 17日，购进机器设备一台，价值12 600元。机器设备已验收使用，款项以银行存款支付。

6. 20日，以银行存款支付前欠中安工厂材料款28 000元，支付应交税金13 600元。

7. 22日，从龙华公司购进原材料，价值35 000元。原材料已验收入库，以银行存款支付货款10 000元，其余货款暂欠。

8. 26日，开泰公司投入资金90 000元，其中：机器设备1台，价值60 000元，已验收使用；现金30 000元，已存入银行。

9. 31日，从银行取得半年期借款50 000元，归还前欠中兴公司货款38 000元，其余款项存入银行。

三、要求 编制会计分录。

习 题 二

一、目的 练习登记账户与试算平衡。

二、资料 卢湾工厂1月1日各账户的余额如图表3-5所示。

图表3-5

账户余额表

单位：元

资产	金额	负债和所有者权益	金额
库存现金	650	短期借款	45 000
银行存款	99 650	应付账款	95 900
应收账款	36 000	应交税费	13 600
原材料	179 800	实收资本	380 000
固定资产	218 400		
合计	534 500	合计	534 500

三、要求

1. 根据上列资料开设各个账户,并登记期初余额。

2. 根据习题一编制的会计分录登记各有关账户,并结出本期发生额及期末余额。

3. 根据各账户的发生额及余额编制"本期发生额及余额试算表"进行试算平衡。

习 题 三

一、目的 练习试算平衡。

二、资料 各账户登记的结果如图表 3-6 所示。

图表 3-6

登记各账户

借 **库存现金** 贷

借方	金额	贷方	金额
期初余额	660		
(6)	1 000		
本期发生额			
期末余额			

借 **短期借款** 贷

借方	金额	贷方	金额
		期初余额	76 000
		(8)	15 000
		本期发生额	
		期末余额	

借 **银行存款** 贷

借方	金额	贷方	金额
期初余额	115 600	(2)	18 000
(8)	15 000	(6)	1 000
(10)	9 100	(7)	39 960
		(9)	7 650
本期发生额		本期发生额	
期末余额			

借 **应付账款** 贷

借方	金额	贷方	金额
(2)	18 000	期初余额	89 750
(7)	39 960	(1)	21 800
		(5)	30 120
本期发生额		本期发生额	
		期末余额	

借 **应收账款** 贷

借方	金额	贷方	金额
期初余额	56 400	(10)	9 100
本期发生额		本期发生额	
期末余额			

借 **应交税费** 贷

借方	金额	贷方	金额
(9)	7 650	期初余额	15 110
本期发生额		本期发生额	
		期末余额	

（续表）

借　　原 材 料　　贷

借方		贷方
期初余额	98 700	
(1)	21 800	
(5)	30 120	
本期发生额		
期末余额		

借　　实 收 资 本　　贷

借方	贷方	
	期初余额	250 000
	(3)	22 000
	本期发生额	
	期末余额	

借　　固 定 资 产　　贷

借方		贷方
期初余额	159 500	
(3)	22 000	
(4)	30 000	
本期发生额		
期末余额		

借　　长 期 借 款　　贷

借方	贷方	
	(4)	30 000
	本期发生额	
	期末余额	

三、要求

1. 根据上列账户记录结算各账户的本期发生额和期末余额。
2. 根据各账户的本期发生额及余额编制“本期发生额及余额试算表”。

第四章　工业企业经济业务的核算

第一节　资金进入企业的核算

资金进入企业是资金运动的起点。资金是企业设立的先决条件，也是企业开展生产经营活动的基础。企业的资金是通过向社会各方筹集而取得的，按照企业筹集资金的性质不同，进入企业的资金可分为权益资金和借入资金两类。

一、权益资金进入企业的核算

（一）权益资金进入企业概述

权益资金是指企业依法通过吸收直接投资等方式筹集的、长期拥有并自主支配的资金。为设立而筹集的、进入企业的权益资金是实收资本，它是企业权益资金的主体。实收资本是指投资者实际投入企业的资本总额。投资者可以是国家，也可以是法人或个人，还可以是外商。投资者对企业的投资方式，主要有以货币资金投资和以固定资产投资。

投资者投入企业的资金，虽然属于投资者所有，但在企业存续期间，投资者除可以依法转让，不得任意抽回，投资者可以凭借其资金所有权参与企业的收益分配。

（二）权益资金进入企业核算设置的账户及其运用

为了核算和监督权益资金进入企业的情况及资金进入企业后的占用情况，应设置“实收资本”“银行存款”“固定资产”和“无形资产”等账户。

“实收资本”是所有者权益类账户，用以核算企业接受投资者投入的投资额。投资者向企业投入资金时，记入贷方；企业存续期满，投资者从企业收回投资额时，记入借方；期末余额在贷方，表示投资者的实际投资额。

“银行存款”是资产类账户，用以核算企业存入银行的款项。企业向银行存入款项时，记入借方；企业从银行支取款项时，记入贷方；期末余额在借方，表示企业银行存款的结存额。

“固定资产”是资产类账户，用以核算企业持有的固定资产的原始价值。企业取得固定资产时，记入借方；企业处置固定资产时，记入贷方；期末余额在借方，表示现有固定资产的原始价值。

原始价值是指企业取得固定资产时所发生的全部支出，也就是固定资产的历史成本。固定资产是劳动资料，是进行产品生产必需的物质资料。

“无形资产”是资产类账户，用以核算企业持有的专利权等无形资产的原始成本。企业取得无形资产时，记入借方；企业处置无形资产时，记入贷方；期末余额在借方，表示企业期末持有无形资产的原始成本。

【例1】 泰昌工厂收到达安公司投入资金600 000元，存入银行。

这笔经济业务的发生，一方面增加了银行存款，另一方面也增加了达安公司的投资额。作分录如下：

借：银行存款　　600 000.00

　　贷：实收资本　　600 000.00

【例2】 泰昌工厂收到川沙公司投入新建的厂房一幢，价值400 000元，作为其投资额。厂房已验收使用。

这笔经济业务的发生，一方面增加了固定资产，另一方面也增加了川沙公司的投资额，作分录如下：

借：固定资产　　400 000.00

　　贷：实收资本　　400 000.00

【例3】 泰昌工厂收到达安公司投入的专利权一项，按投资合同约定的价值90 000元入账。

这笔经济业务的发生，一方面增加了无形资产，另一方面也增加了达安公司的投资额，作分录如下：

借：无形资产　　90 000.00

　　贷：实收资本　　90 000.00

二、借入资金进入企业的核算

（一）借入资金进入企业概述

借入资金是指企业依法筹集的、依约使用并按期偿还的资金。银行借款是借入资金的主体。

银行借款体现了一种债权债务关系，它是企业的债务。企业在借款期满时要予以归还，并要按期支付利息。银行是企业的债权人，无权参与企业的经营管理和收益的分配。

银行借款按借款期限的长短不同，可分为短期借款和长期借款。短期借款是指企业向银行借入的，偿还期限在1年（含1年）以内的款项。长期借款是指企业向银行借入的，偿还期限在 1 年以上的款项。

（二）借入资金进入企业核算设置的账户及其运用

为了核算和监督借入资金进入企业的情况，应设置“短期借款”和“长期借款”账户。

“短期借款”是负债类账户，用以核算企业向银行借入的偿还期限在 1 年（含 1 年）以下的款项。企业从银行取得短期借款时，记入贷方；企业向银行归还短期借款时，记入借方；期末余额在贷方，表示企业尚未归还的短期借款。

“长期借款”是负债类账户，用以核算企业向银行借入的偿还期在 1 年以上的款项。企业从银行取得长期借款时，记入贷方；企业向银行归还长期借款时，记入借方；期末余额在贷方，表示尚未归还的长期借款。

【例 4】 泰昌工厂向银行借入期限 1 年期的款项 180 000 元，存入银行。

这笔经济业务的发生，一方面增加了银行存款，另一方面也增加了短期借款，作分录如下：

借：银行存款　　180 000.00

　　贷：短期借款　　180 000.00

【例 5】 泰昌工厂购置自动化生产设备一套，计价款 200 000 元，设备价款以向银行借入期限为 3 年的款项支付。

这笔经济业务的发生，一方面增加了固定资产，另一方面也增加了长期借款，作分录如下：

借：固定资产　　200 000.00

　　贷：长期借款　　200 000.00

根据本节的会计分录登记各有关账户如图表 4-1 所示。

图表 4-1

登记各有关账户

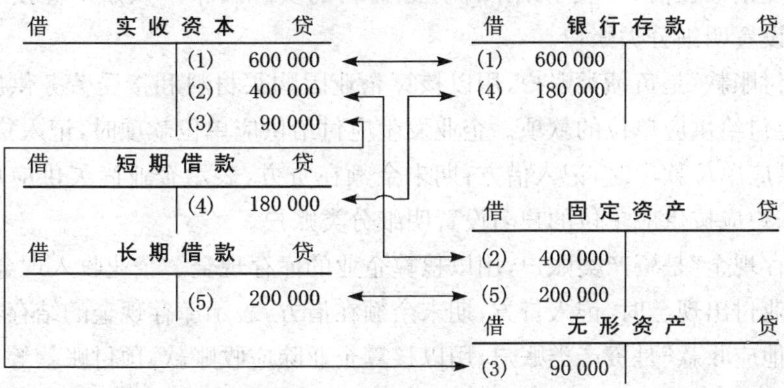

第二节 供应过程的核算

一、供应过程概述

供应过程是材料采购和储备的过程，它是工业企业生产经营活动的起点。材料是劳动对象，是进行产品生产必不可少的物质资料，企业在供应过程中，应根据采购合同有计划地采购材料，并与供货单位结算款项，支付材料的运输费、装卸费等各种采购费用。材料运达企业后，由仓储部门验收入库，进行储备。企业应及时采购材料，以满足生产和管理的需要。

材料是以实际成本计价的，材料的实际成本就是材料的采购成本，它由材料的买价和采购费用两部分组成。采购费用包括采购材料发生的运输费、装卸费、保险费等。企业应节约材料的采购费用，降低材料采购成本。

二、供应过程核算设置的账户及其运用

企业为了核算和监督材料的采购和储备的情况，应设置"在途物资""原材料""应付账款""库存现金"和"其他应收款"等账户。

"在途物资"是资产类账户，用以核算企业购入材料的采购成本。企业购进材料支付货款及采购费用时，记入借方；企业将材料验收入库，结转其采购成本时，记入贷方；期末余额在借方，表示企业尚未到达或虽已到达但尚未验收入库的在途材料的采购成本。该账户应按采购材料的品名、规格设置明细分类账户。

"原材料"是资产类账户，用以核算企业库存的各种材料。当企业结转购进材料采购成本和发生材料盘盈时，记入借方；当企业的材料发出、盘亏和毁损时，记入贷方；企业余额在借方，表示期末库存原材料的实际成本。该账户应按材料的品名、规格设置明细分类账户。

"应付账款"是负债类账户，用以核算企业因购买材料和接受劳务供应等经营活动而应付给供应单位的款项。企业发生应付给供应单位款项时，记入贷方；企业归还给供应单位款项时，记入借方；期末余额在贷方，表示企业尚欠供应单位的款项。该账户应按供应单位的户名设置明细分类账户。

"库存现金"是资产类账户，用以核算企业的库存现金。企业收入现金时，记入借方；企业付出现金时，记入贷方；期末余额在借方，表示库存现金的结存额。

"其他应收款"是资产类账户，用以核算企业除应收账款、预付账款等以外的其

他各种应收及暂付款项。企业发生各种其他应收及暂付款项时，记入借方；企业收回各种其他应收及暂付款项时，记入贷方；期末余额在借方，表示企业尚未收回的其他各种应收及暂付的款项。

【例6】 泰昌工厂向振兴工厂购进A材料6 000千克，每千克24元，A材料已验收入库，货款尚未支付。

这笔经济业务的发生，一方面增加了材料的采购成本，另一方面也增加了应付账款，作分录如下：

借：在途物资——A材料　　144 000.00

　贷：应付账款——振兴工厂　　144 000.00

【例7】 泰昌工厂以银行存款支付6 000千克A材料的运输费4 800元，装卸费1 200元。

这笔经济业务的发生，一方面增加了材料的采购成本，另一方面也减少了银行存款，作分录如下：

借：在途物资——A材料　　6 000.00

　贷：银行存款　　6 000.00

【例8】 泰昌工厂A材料采购完毕，结转A材料的实际采购成本。

这笔经济业务的发生，一方面增加了材料的储备额，另一方面随着材料采购的完毕，要转销材料采购额，作分录如下：

借：原材料——A材料　　150 000.00

　贷：在途物资——A材料　　150 000.00

【例9】 泰昌工厂向大隆工厂购进B材料4 000千克，每千克19元，C材料2 000千克，每千克9元，货款以银行存款支付。

这笔经济业务的发生，一方面增加了材料的采购成本，另一方面也减少了银行存款，作分录如下：

借：在途物资——B材料　　76 000.00

借：在途物资——C材料　　18 000.00

　贷：银行存款　　94 000.00

【例10】 泰昌工厂以银行存款支付B,C两种材料的运输费6 600元，装卸费2 400元，按材料的重量比例分配。

这笔经济业务的发生，一方面增加了材料的采购成本，另一方面也减少了银行存款,作分录如下：

借：在途物资——B材料　　6 000.00
借：在途物资——C材料　　3 000.00
　　贷：银行存款　　9 000.00

【例11】 泰昌工厂购进的B,C两种材料已验收入库,结转B,C两种材料的实际采购成本。

这笔经济业务的发生,一方面增加了材料的储备额,另一方面转销材料采购额,作分录如下：

借：原材料——B材料　　82 000.00
借：原材料——C材料　　21 000.00
　　贷：在途物资——B材料　　82 000.00
　　贷：在途物资——C材料　　21 000.00

【例12】 泰昌工厂采购员周伟预支差旅费1 800元,以现金支付。

这笔经济业务发生,一方面增加了其他应收款,另一方面也减少了库存现金,作分录如下：

借：其他应收款——周伟　　1 800.00
　　贷：库存现金　　1 800.00

【例13】 泰昌工厂采购员周伟出差回来报销差旅费1 780元,并退回多余现金20元,以结清预支款。

这笔经济业务的发生,一方面增加了管理费用和库存现金,另一方面也减少了其他应收款,作分录如下：

借：管理费用　　1 780.00
借：库存现金　　20.00
　　贷：其他应收款——周伟　　1 800.00

根据本节的会计分录,登记各有关账户如图表4-2所示。

三、材料采购成本的计算

材料由于产地不同,其买价和采购费用往往各异。为了加强对材料的核算和监督,分析和考核材料采购成本的构成以及材料采购成本的节约与超支,需要计算各种材料的采购总成本和单位成本。

图表 4-2

登记各有关账户

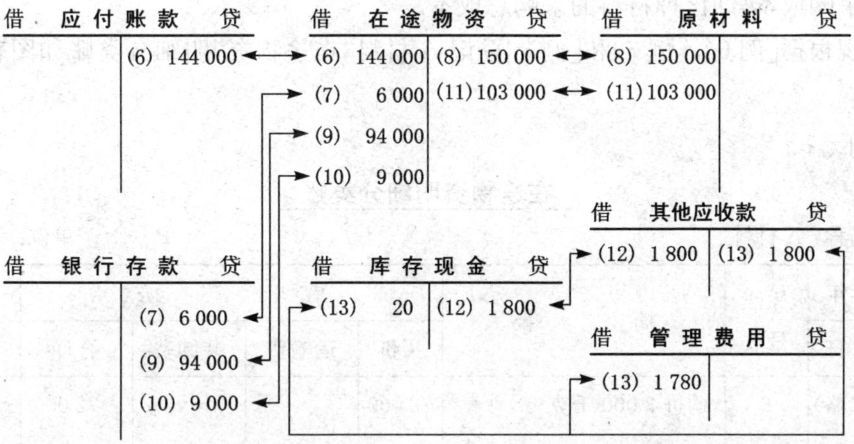

材料的采购成本由材料的买价和采购费用组成。材料的买价是购进材料时从供货方取得的发票上列明的材料货款，可以直接计入各种材料的采购成本。材料的采购费用，倘若能够分清材料品种的，可以直接计入各种有关的材料的采购成本；倘若不能分清材料品种的，应按一定的标准分配后计入各种有关材料的采购成本，分配的标准有重量、体积和买价等。材料采购费用的分配公式如下：

$$\text{材料采购费用分配率}=\frac{\text{发生的采购费用}}{\text{采购材料的总重量（总体积、总买价）}}$$

$$\text{某种材料应负担采购费用}=\text{某种材料重量（体积、买价）}\times\text{材料采购费用分配率}$$

现根据［例 9］和［例 10］的资料，按 B、C 两种材料的重量比例分配运输费和装卸费如下：

$$\text{运输费分配率}=\frac{6\,600}{4\,000+2\,000}=1.10\text{（元）}$$

$$\text{B 材料应分配运输费}=4\,000\times1.10=4\,400\text{（元）}$$

$$\text{C 材料应分配运输费}=2\,000\times1.10=2\,200\text{（元）}$$

$$\text{装卸费分配率}=\frac{2\,400}{4\,000+2\,000}=0.40\text{（元）}$$

$$\text{B 材料应分配装卸费}=4\,000\times0.40=1\,600\text{（元）}$$

$$\text{C 材料应分配装卸费}=2\,000\times0.40=800\text{（元）}$$

企业通过“在途物资”明细分类账归集各种材料的采购成本，当某种材料采购完毕，需要结转材料采购成本时，“在途物资”明细分类账户内已归集了该种材料的实际采购成本，即该种材料的采购总成本。

现根据[例 6]、[例 7]和[例 8]登记 A 材料“在途物资”明细分类账如图表 4-3 所示。

图表 4-3

在途物资明细分类账

材料名称：A 材料　　单位：元

2014 年		凭证号数	摘要	借方				贷方
月	日			买价	运输费	装卸费	合计	
（略）	（略）	6	购进 3 000 千克	72 000			72 000	
		7	支付运输费和装卸费		2 400	600	3 000	
		8	结转实际采购成本					75 000
			本月发生额	72 000	2 400	600	75 000	75 000

当材料采购完毕，结转材料实际采购成本时，要编制材料采购成本计算表，反映材料采购的总成本并计算其单位成本。

现根据本节的[例 6]至[例 11]及“在途物资”明细账等资料，编制材料采购成本计算表如图表 4-4 所示。

图表 4-4

材料采购成本计算表

单位：元

材料 成本项目	A 材料 6 000 千克		B 材料 4 000 千克		C 材料 2 000 千克	
	总成本	单位成本	总成本	单位成本	总成本	单位成本
买价	144 000.00	24.00	76 000.00	19.00	18 000.00	9.00
运输费	4 800.00	0.80	4 400.00	1.10	2 200.00	1.10
装卸费	1 200.00	0.20	1 600.00	0.40	800.00	0.40
采购成本	150 000.00	25.00	82 000.00	20.50	21 000.00	10.50

第三节 生产过程的核算

一、生产过程概述

生产过程是从材料投入生产到产品完工的过程，它是工业企业生产经营活动的中心环节。

在生产过程中，会发生生产费用。生产费用是指企业在生产产品的过程中所发生的各种费用。它包括生产产品耗用的劳动对象、劳动资料和劳动者的劳动。随着生产产品的完工，生产费用就转变为产品制造成本。此外，在生产过程中还会发生期间费用。期间费用是指在会计期间为企业提供一定的生产条件，以保持产品产销能力的费用，它包括管理费用、销售费用和财务费用。

成本项目是指生产费用按经济用途分类核算的项目。通过成本项目可以反映和监督产品成本的构成。成本项目可分为直接材料、直接人工和制造费用三类。直接材料是指企业在生产产品过程中直接用于产品生产的材料。直接人工是指企业直接从事产品生产的工人的工资及福利费。制造费用是指企业生产车间或分厂为组织和管理生产所发生的各项间接费用，它包括生产车间或分厂管理人员的工资及福利费、固定资产的折旧费和修理费、机物料消耗、水电费、办公费、差旅费、保险费、劳动保护费等。

二、生产过程核算设置的账户及其运用

企业为了核算和监督生产费用和期间费用的发生情况，正确计算产品成本，应设置"生产成本""制造费用""应付职工薪酬""累计折旧""累计摊销""管理费用""财务费用"和"库存商品"账户。

"生产成本"是成本类账户，用以核算企业生产产品所发生的各项生产费用。企业发生各项生产费用时，记入借方；企业结转完工产品实际成本时，记入贷方；期末余额在借方，表示企业尚未完工的在产品成本。该账户应按生产产品的品种设置明细分类账户。

"制造费用"是成本类账户，用以核算企业生产车间或分厂为生产产品和提供劳务所发生的各项间接费用。企业发生各项间接费用时，记入借方；企业月末将其余额转入"生产成本"账户时，记入贷方；结转后应无余额。该账户应按生产车间或部门设置明细分类账户。

"应付职工薪酬"是负债类账户，用以核算企业应付给职工的工资和计提的职

工福利费等各种薪酬。企业结算应付给职工工资和计提职工福利费等各种薪酬时，记入贷方；企业支付给职工工资和动用职工福利费等各种薪酬时，记入借方；期末余额在贷方，表示企业应付职工薪酬的结存额。

"累计折旧"是资产类账户，用以核算固定资产的累计折旧额。企业提取固定资产折旧时，记入贷方；企业处置固定资产转销其折旧额时，记入借方；期末余额在贷方，表示企业固定资产的累计折旧额。"累计折旧"账户是"固定资产"账户的调整账户。"固定资产"账户余额减去"累计折旧"账户余额，就是固定资产的净值。

"累计摊销"是资产类账户，用以核算企业提取的无形资产摊销额。企业提取无形资产摊销额时，记入贷方；企业处置无形资产转销其摊销额时，记入借方；期末余额在贷方，表示企业无形资产的累计摊销额。"累计摊销"账户是"无形资产"账户的调整账户，"无形资产"账户余额减去"累计摊销"账户余额，就是无形资产的现有价值。

"管理费用"是费用类账户，用以核算企业行政管理部门为组织和管理生产经营活动而发生的费用。企业发生各项管理费用时，记入借方；企业月末将其余额结转"本年利润"账户时，记入贷方；结转后应无余额。

"财务费用"是费用类账户，用以核算企业为筹集生产经营所需资金而发生的费用。企业发生利息支出等财务费用时，记入借方，企业月末将其余额结转"本年利润"账户时，记入贷方；结转后应无余额。

"库存商品"是资产类账户，用以核算企业库存产成品的实际成本。企业生产的产品完工验收入库时，记入借方；企业结转产品销售成本时，记入贷方；期末余额在借方，表示企业库存产成品的实际成本。该账户应按产品名称设置明细分类账户。

生产费用和期间费用是按会计期间分月份进行核算的。然而企业在生产经营活动中，生产费用和期间费用的支付期与这两种费用的归属期往往不一致。例如，预付全年的保险费，将归属于全年的保险费，全部由支付期负担显然是不合理的。又如，银行借款利息，银行是按季度在季末向企业结算的，归属于各个月份的利息费用，全部由季度的最后一个月负担也是不合理的。

综上所述，企业应根据权责发生制的要求确定生产费用和期间费用。凡是归属于本期的生产费用和期间费用，不论其是否已经支付，均应作为本期的生产费用和期间费用；凡是不能归属于本期的生产费用和期间费用，即使其已经支付，也不能作为生产费用和期间费用入账，以保证产品成本和期间费用核算的准确性。因而还需要设置“待摊费用”和“应付利息”账户。

“待摊费用”是资产类账户，用以核算企业已经支付，但应由本期和以后各期共同负担的、分摊期限在1年以内(包含1年)的各项费用。企业支付待摊费用时，记入借方；企业分期摊销待摊费用时，记入贷方；期末余额在借方，表示企业已经支付尚待摊销的费用。

“应付利息”是负债类账户，用以核算企业预先提取已经发生的、但尚未支付的利息费用。企业预提利息费用时，记入贷方；企业支付预提的利息费用时，记入借方；期末余额在贷方，表示预提的利息费用。

【例 14】 泰昌工厂根据各部门领用材料的凭证，编制“耗用材料汇总表”如图表 4-5 所示。

图表 4-5

耗用材料汇总表

金额单位：元

耗用材料 / 材料用途	A 材料		B 材料		C 材料		金额合计
	数量(千克)	金额	数量(千克)	金额	数量(千克)	金额	
生产甲产品	3 180	79 500	1 800	36 900	800	8 400	124 800
生产乙产品	2 400	60 000	1 200	24 600	640	6 720	91 320
生产车间一般耗用			300	6 150	200	2 100	8 250
行政管理部门耗用					360	3 780	3 780
合 计	5 580	139 500	3 300	67 650	2 000	21 000	228 150

这笔经济业务的发生，一方面增加了生产成本、制造费用和管理费用，另一方面减少了原材料，作分录如下：

借：生产成本——甲产品　　124 800.00
借：生产成本——乙产品　　91 320.00
借：制造费用　　8 250.00
借：管理费用　　3 780.00
　　贷：原材料——A 材料　　139 500.00
　　贷：原材料——B 材料　　67 650.00
　　贷：原材料——C 材料　　21 000.00

【例 15】 泰昌工厂从银行提取现金 128 500 元，备发工资。

这笔经济业务的发生，一方面增加了库存现金，另一方面减少了银行存款，作分录如下：

借：库存现金　　128 500.00

　　贷：银行存款　　128 500.00

【例 16】 泰昌工厂以现金 128 500 元发放本月份职工工资。

这笔经济业务的发生，一方面减少了应付职工薪酬，另一方面也减少了库存现金，作分录如下：

借：应付职工薪酬　　128 500.00

　　贷：库存现金　　128 500.00

【例 17】 泰昌工厂分配本月份职工工资 128 500 元，其中，生产甲产品工人工资 60 000 元，生产乙产品工人工 45 000 元，车间管理人员工资 7 500 元，行政管理人员工资 16 000 元。

这笔经济业务的发生，一方面增加了生产成本、制造费用和管理费用，另一方面也增加了应付职工薪酬，作分录如下：

借：生产成本——甲产品　　60 000.00

借：生产成本——乙产品　　45 000.00

借：制造费用　　7 500.00

借：管理费用　　16 000.00

　　贷：应付职工薪酬　　128 500.00

【例 18】 泰昌工厂以本月份职工工资总额的 14%计提职工福利费。

这笔经济业务的发生，一方面增加了生产成本、制造费用和管理费用，另一方面也增加了应付职工薪酬，作分录如下：

借：生产成本——甲产品　　8 400.00

借：生产成本——乙产品　　6 300.00

借：制造费用　　1 050.00

借：管理费用　　2 240.00

　　贷：应付职工薪酬　　17 990.00

【例 19】 泰昌工厂提取本月份固定资产折旧费 23 620 元，其中：生产车间 22 440元，行政管理部门 1 180 元。

这笔经济业务的发生，一方面增加了制造费用和管理费用，另一方面也增加了累计折旧，作分录如下：

借：制造费用　　22 440.00
借：管理费用　　1 180.00
　　贷：累计折旧　　23 620.00

【例 20】 泰昌工厂提取本月份负担的专利权费用 750 元。

这笔经济业务的发生，一方面增加了管理费用，另一方面也增加了累计摊销，作分录如下：

借：管理费用　　750.00
　　贷：累计摊销　　750.00

【例 21】 泰昌工厂以银行存款预付本年度财产保险费 27 000 元。

这笔经济业务的发生，一方面增加了待摊费用，另一方面减少了银行存款，作分录如下：

借：待摊费用　　27 000.00
　　贷：银行存款　　27 000.00

【例 22】 泰昌工厂摊销由本月份负担的财产保险费 2 250 元，其中，生产车间负担 1 800 元，行政管理部门负担 450 元。

这笔经济业务的发生，一方面增加了制造费用和管理费用，另一方面减少了待摊费用，作分录如下：

借：制造费用　　1 800.00
借：管理费用　　450.00
　　贷：待摊费用　　2 250.00

【例 23】 泰昌工厂提取本月份银行借款利息 3 750 元。

这笔经济业务的发生，一方面增加了财务费用，另一方面也增加了应付利息，作分录如下：

借：财务费用　　3 750.00
　　贷：应付利息　　3 750.00

【例 24】 泰昌工厂分配本月份发生的制造费用 41 040 元，其中，甲产品负担 22 800 元，乙产品负担 18 240 元。

这笔经济业务的发生，一方面增加了生产成本，另一方面转销了制造费用，作分录如下：

借：生产成本——甲产品　　22 800.00
借：生产成本——乙产品　　18 240.00
　　贷：制造费用　　41 040.00

【例 25】 泰昌工厂本月份生产的甲产品 480 件和乙产品 400 件均已全部完工，并验收入库，分别结转甲产品和乙产品的实际生产成本 216 000 元和 160 860 元。

这笔经济业务的发生，一方面增加了库存商品，另一方面转销了生产成本，作分录如下：

借：库存商品——甲产品　　216 000.00
借：库存商品——乙产品　　160 860.00
　　贷：生产成本——甲产品　　216 000.00
　　贷：生产成本——乙产品　　160 860.00

根据本节会计分录登记各账户如图表 4-6 所示。

三、产品生产成本的计算

企业生产产品会发生各种各样的生产费用，要计算产品生产成本，首先要归集生产费用。生产费用按照其与产品生产成本的密切程度不同，可分为直接费用和间接费用两种。直接费用是指直接为生产产品所发生的费用，它包括直接材料和直接人工。间接费用是指企业内部生产部门为组织和管理生产活动而发生的费用，它仅包括制造费用。不同的生产费用，归集的方法是不同的。

企业在归集生产费用前，先要确定成本计算对象，工业企业通常以产品品种作为成本计算对象，那么发生直接费用时，应按照产品品种进行归集，届时借记“生产成本——××产品”账户，贷记“原材料”“应付职工薪酬”等账户；发生间接费用时，则应先在“制造费用”账户归集，届时借记“制造费用”账户，贷记“原材料”“应付职工薪酬”等有关账户。

期末再将“制造费用”账户归集的间接费用按照一定的标准在生产的产品之间进行分配，分配的标准有生产工人工时和生产工人工资等，其计算公式如下：

$$\text{分配率}=\frac{\text{制造费用总额}}{\text{生产工人工时(工资)总和}}$$

$$\text{某种产品应分配制造费用}=\text{该种产品耗用生产工人工时(工资)}\times\text{分配率}$$

再根据分配的结果，将制造费用全部转入“生产成本”账户所属的各个明细分类账户，这样“生产成本”账户所属的各个明细分类账户就归集了全部的生产费用。

图表 4-6

登记各账户

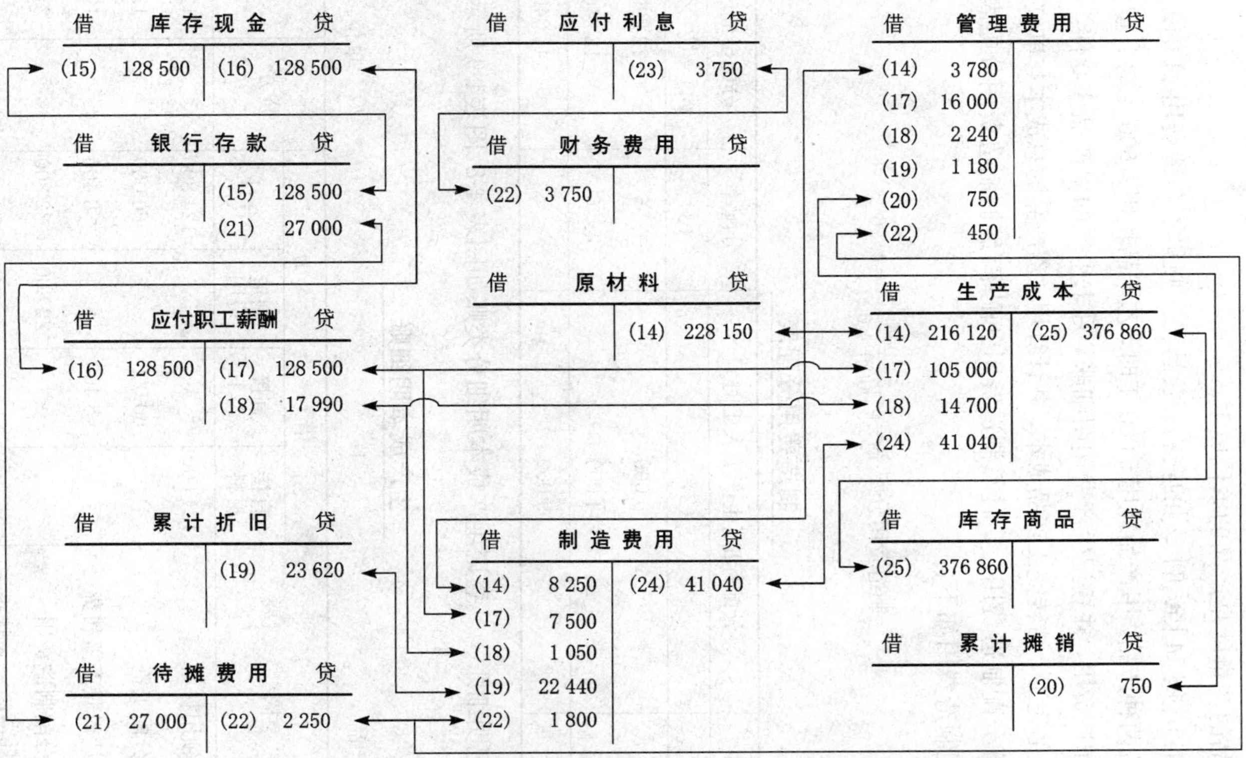

说明："管理费用"账户中第(17)笔、第(18)笔和第(19)笔业务是分别从"应付职工薪酬"账户和"累计折旧"账户转入的，为了避免图表中线条过于复杂，影响主要账户之间的对应关系，因此予以省略。

倘若某种产品已全部加工完毕，验收入库时，那么该种产品的生产成本明细账户中归集的生产费用就是产品的总成本，应将其转入“库存商品”账户，再将产品总成本除以完工产品的产量就是产品的单位成本。

现根据本节[例 14]至[例 22]的资料，泰昌工厂归集了制造费用 41 040 元。该厂生产甲、乙两种产品，甲产品耗用 5 000 工时，乙产品耗用 4 000 工时。按生产工人工时分配制造费用，并登记生产费用明细账，月末生产的甲产品 480 件，乙产品 400 件，均全部完工，结转完工产品成本，并计算甲、乙产品的总成本与单位成本。

(1) 计算分配制造费用　计算制造费用分配率，编制制造费用分配表（见图表 4-7），分配制造费用如下：

$$制造费用分配率=\frac{41\,040}{5\,000+4\,000}=4.56$$

图表 4-7

制造费用分配表

产品名称	分配标准（生产工人工时）	分配率	分配金额（元）
(1)	(2)	(3)	(4)＝(2)×(3)
甲产品	5 000	4.56	22 800
乙产品	4 000	4.56	18 240
合　计	9 000	—	41 040

(2) 登记明细账　登记生产成本明细分类账如图表 4-8、图表4-9 所示。

图表 4-8

生产成本明细账

账户名称：甲产品　　单位：元

2019年 月	2019年 日	凭证号数	摘　要	借方 直接材料	借方 直接人工	借方 制造费用	借方 合计	贷方	余额
（略）		14	领用材料	124 800			124 800		124 800
		17	分配工资		60 000		60 000		184 800
		18	计提职工福利费		8 400		8 400		193 200
		24	分配制造费用			22 800	22 800		216 000
		25	结转完工产品成本					216 000	-0-
			本期发生额及余额	124 800	68 400	22 800	216 000	216 000	-0-

图表 4-9

生产成本明细账

账户名称：乙产品　　　　　　　　　　　　　　　　　　　　　　单位：元

2019年		凭证号数	摘要	借方				贷方	余额
月	日			直接材料	直接人工	制造费用	合计		
（略）		14	领用材料	91 320			91 320		91 320
		17	分配工资		45 000		45 000		136 320
		18	计提职工福利费		6 300		6 300		142 620
		24	分配制造费用			18 240	18 240		160 860
		25	结转完工产品成本					160 860	-0-
			本期发生额及余额	91 320	51 300	18 240	160 860	160 860	-0-

图表 4-8 和图表 4-9 中结转的完工产品成本分别为 216 000 元和160 860元，这分别是甲、乙两种完工产品的总成本。

（3）编制成本计算表计算成本　　编制产品单位成本计算表，计算完工产品单位成本如图表4-10所示。

图表 4-10

产品单位成本计算表

单位：元

产品名称	产量	成本	直接材料	直接人工	制造费用	合　计
甲产品	480件	总 成 本	124 800.00	68 400.00	22 800.00	216 000.00
		单位成本	260.00	142.50	47.50	450.00
乙产品	400件	总 成 本	91 320.00	51 300.00	18 240.00	160 860.00
		单位成本	228.30	128.25	45.60	402.15

第四节　销售过程的核算

一、销售过程概述

销售过程是产品完工验收入库到产品销售给购货单位，并收回货币的过程，它是工业企业生产经营活动的最后环节。企业生产的产品只有在销售以后，它的价值才能真正实现，资金周转才能顺利地进行。

企业通过销售产品，取得营业收入，并与购货单位发生货款结算。企业在销售产品时，会发生包装费、运输费、广告费、销售服务费等各种销售费用。企业还要计算营业成本，即计算销售产品的生产成本，并要计算营业税金等。

二、销售过程核算设置的账户及其运用

企业为了核算和监督产品的销售收入和货款结算情况，以及销售费用、营业成本和营业税金发生的情况，应设置"营业收入""应收账款""销售费用""营业成本""营业税金"和"应交税费"等账户。

"营业收入"是收入类账户，用以核算企业销售产品、提供劳务的收入。企业实现销售产品、提供劳务收入时，记入贷方；企业月末将其结转"本年利润"账户时，记入借方；结转后应无余额。

"应收账款"是资产类账户，用以核算企业因销售产品、提供劳务等经营活动而应收取的款项。企业销售产品、提供劳务发生应收款项时，记入借方；企业收回应收款项时，记入贷方；期末余额在借方，表示企业尚未收回的应收款项。该账户应按购货单位户名设置明细分类账户。

"销售费用"是费用类账户，用以核算企业在产品销售过程中所发生的费用。企业发生销售费用时，记入借方；企业月末将其结转"本年利润"账户时，记入贷方；结转后应无余额。

"营业成本"是费用类账户，用以核算企业已销产品的生产成本。企业结转已销产品生产成本时，记入借方；企业月末将其结转"本年利润"账户时，记入贷方；结转后应无余额。

"税金及附加"是费用类账户，用以核算企业经营活动发生的各种税金和教育费附加。企业计提应交税金及附加时，记入借方；企业月末将其结转"本年利润"账户时，记入贷方；结转后应无余额。

"应交税费"是负债类账户，用以核算企业按照税法规定应计提的税金及附加。

企业计提应交税费时，记入贷方；企业交纳应交税费时，记入借方；期末余额在贷方，表示企业应交未交的税费。

【例 26】 泰昌工厂售给正泰公司甲产品 420 件，每件 600 元，计 270 000 元，货款已经收到，存入银行；售给广庆公司乙产品 300 件，每件 510 元，计 153 000 元，货款尚未收到。

这笔经济业务的发生，一方面增加了银行存款和应收账款，另一方面也增加了营业收入，作分录如下：

借：银行存款	270 000.00	
借：应收账款——广庆公司	153 000.00	
贷：营业收入		423 000.00

【例 27】 泰昌工厂以银行存款支付推销产品的广告费9 600元。

这笔经济业务的发生，一方面增加了销售费用，另一方面也减少了银行存款，作分录如下：

借：销售费用	9 600.00	
贷：银行存款		9 600.00

【例 28】 泰昌工厂以银行存款支付销售甲、乙两种产品的运输费6 740元。

这笔经济业务的发生，一方面增加了销售费用，另一方面也减少了银行存款，作分录如下：

借：销售费用	6 740.00	
贷：银行存款		6 740.00

【例 29】 分配本月份销售人员工资 5 000 元，并按其工资总额的 14％计提职工福利费 700 元。这笔经济业务的发生，一方面增加了销售费用，另一方面也增加了应付职工薪酬，作分录如下：

借：销售费用	5 700.00	
贷：应付职工薪酬		5 700.00

【例 30】 泰昌工厂按税法的规定计提应由本月份负担的城市维护建设税 1 365元，教育费附加 585 元。

这笔经济业务的发生，一方面增加了税金及附加，另一方面也增加了应交税费，作分录如下：

借：税金及附加　　1 950.00
　　贷：应交税费——应交城市维护建设税　　1 365.00
　　贷：应交税费——应交教育费附加　　585.00

【例 31】 泰昌工厂甲产品单位成本为 450 元，乙产品单位成本为 402.15 元，结转已售甲、乙两种产品的生产成本。

这笔经济业务的发生，一方面增加了营业成本，另一方面却减少了库存商品，作分录如下：

借：营业成本　　309 645.00
　　贷：库存商品——甲产品（450×420）　　189 000.00
　　贷：库存商品——乙产品（402.15×300）　　120 645.00

根据本节［例 26］至［例 31］的经济业务编制的会计分录，登记账户如图表 4-11 所示。

图表 4-11

登记各账户

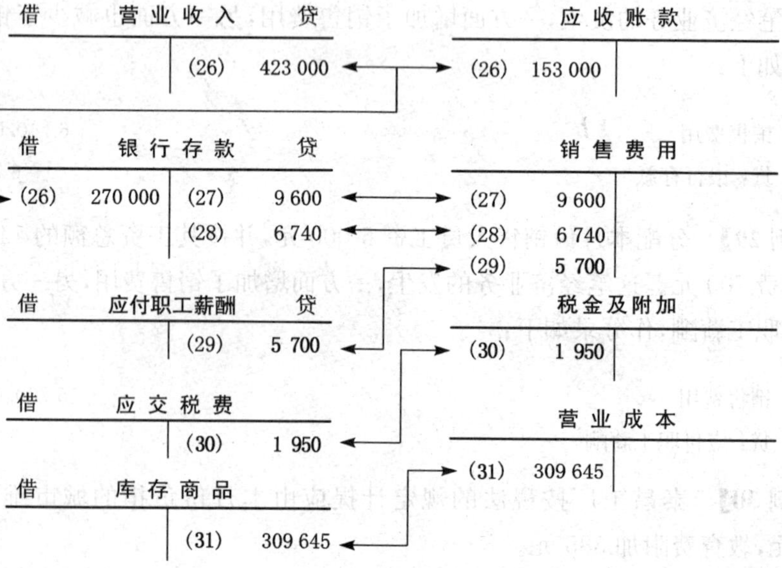

第五节　利润的核算

一、利润概述

利润是指企业通过一定时期的生产经营活动所取得的全部收入抵补全部费用后实现的总成果；反之，倘若全部收入抵补不了全部费用，则为亏损。利润是企业进行生产经营的目标，也是综合反映企业一定时期生产经营成果的重要指标。

企业的利润总额由营业利润和营业外收支净额两部分组成。营业利润是指企业从事生产经营活动所取得的利润。它是营业收入减去营业成本、营业税金，再减去管理费用、销售费用和财务费用后的差额，它是利润总额的主体。营业外收支净额是企业发生的与生产经营活动无直接关系的其他各项收入与支出的差额，它由营业外收入和营业外支出组成。

企业实现的利润总额要按一定的比例交纳所得税费用。利润总额减去所得税费用后即为净利润，净利润是企业的净收益。

二、利润核算设置的账户及其运用

企业为了核算和监督利润的形成和分配的情况，应设置"营业外收入""营业外支出""本年利润""所得税费用""利润分配""盈余公积"和"应付股利"等账户。

"营业外收入"是收入类账户，用以核算企业发生的与生产经营活动无直接联系的各项收入。企业发生营业外收入时，记入贷方；企业月末将其余额结转"本年利润"账户时，记入借方；结转后应无余额。

"营业外支出"是费用类账户，用以核算企业发生的与生产经营活动无直接联系的各项支出。企业发生营业外支出时，记入借方；企业月末将其余额结转"本年利润"账户时，记入贷方；结转后应无余额。

"本年利润"账户是所有者权益类账户，用以核算企业在本年度内实现的净利润。在月末，企业将各收入类账户转入时，记入贷方；企业将各费用类账户转入时，记入借方；期末余额一般在贷方，表示企业实现的净利润；倘若期末余额在借方，则表示企业发生的亏损总额。

"所得税费用"是费用类账户，用以核算企业确认的应当从当期利润总额中扣除的所得税费用。企业按照税法规定计算确定当期的所得税费用时，记入借方；月末企业将其余额结转"本年利润"账户时，记入贷方；结转后应无余额。

“利润分配”是所有者权益类账户，也是“本年利润”的调整账户，用以核算企业利润的分配情况或亏损的弥补情况。企业分配利润或年终将亏损转入时，记入借方；企业弥补亏损以及年终将实现的本年利润转入时，记入贷方；平时期末余额一般在借方，表示年内利润分配累计数。年末“本年利润”账户余额转入后，若余额在贷方，表示企业的未分配利润；若余额在借方，则表示企业未弥补的亏损。

“盈余公积”是所有者权益类账户，用以核算企业按规定从净利润中提取的盈余公积。企业提取盈余公积时，记入贷方；企业弥补亏损、转增资本时，记入借方；期末余额在贷方，表示企业盈余公积的结存数额。

“应付股利”是负债类账户，用以核算企业应向投资者分配的现金股利或利润。企业计算出应向投资者分配的现金股利或利润时，记入贷方；企业向投资者分配现金股利或利润时，记入借方；期末余额在贷方，表示企业尚未向投资者分配的现金股利或利润。

【例32】 泰昌工厂收到大江公司违反合同规定的罚款365元，存入银行。

这笔经济业务的发生，一方面增加了银行存款，另一方面也增加了营业外收入，作分录如下：

借：银行存款　　365.00
　　贷：营业外收入　　365.00

【例33】 泰昌工厂向贫困山区希望工程捐赠11 600元，以银行存款支付。

这笔经济业务的发生，一方面增加了营业外支出，另一方面也减少了银行存款，作分录如下：

借：营业外支出　　11 600.00
　　贷：银行存款　　11 600.00

【例34】 泰昌工厂月末将收入类账户归集的数额结转“本年利润”账户，其中，营业收入为423 000元，营业外收入为365元。

这笔经济业务的发生，一方面减少了营业收入和营业外收入，另一方面增加了本年利润，作分录如下：

借：营业收入　　423 000.00
借：营业外收入　　365.00
　　贷：本年利润　　423 365.00

【例35】 泰昌工厂月末将费用类账户归集的数额结转“本年利润”账户，其中，营业成本为309 645元，税金及附加为1 950元，销售费用为22 040元，管理费用为 26 180 元，财务费用为 3 750 元，营业外支出为11 600元。

这笔经济业务的发生，一方面减少了本年利润，另一方面也减少了营业成本、税金及附加、销售费用、管理费用、财务费用和营业外支出，作分录如下：

借：本年利润　　375 165.00
　　贷：营业成本　　309 645.00
　　贷：税金及附加　　1 950.00
　　贷：销售费用　　22 040.00
　　贷：管理费用　　26 180.00
　　贷：财务费用　　3 750.00
　　贷：营业外支出　　11 600.00

收入类账户和费用类账户(所得税费用账户除外)都转入了“本年利润”账户后，两者的差额就是利润总额，根据税法规定，利润总额要按一定的比例计提所得税。

【例 36】 泰昌工厂本月实现利润总额为 48 200 元，按 25%的税率计提应交所得税额。

这笔经济业务的发生，一方面增加了所得税费用，另一方面也增加了应交税费，作分录如下：

借：所得税费用　　12 050.00
　　贷：应交税费——应交所得税　　12 050.00

【例 37】 泰昌工厂将所得税费用结转“本年利润”账户。

这笔经济业务的发生，一方面减少了本年利润，另一方面也减少了所得税费用，作分录如下：

借：本年利润　　12 050.00
　　贷：所得税费用　　12 050.00

利润总额减去所得税费用后为净利润，根据规定净利润要按一定的程序进行分配，首先要提取盈余公积，然后再向投资者分配利润。

【例 38】 泰昌工厂实现净利润 36 150 元，按净利润的 20%计提盈余公积。

这笔经济业务的发生，一方面增加了利润分配额，另一方面也增加了盈余公积，作分录如下：

借：利润分配　　7 230.00
　　贷：盈余公积　　7 230.00

图表 4-12

登记各账户

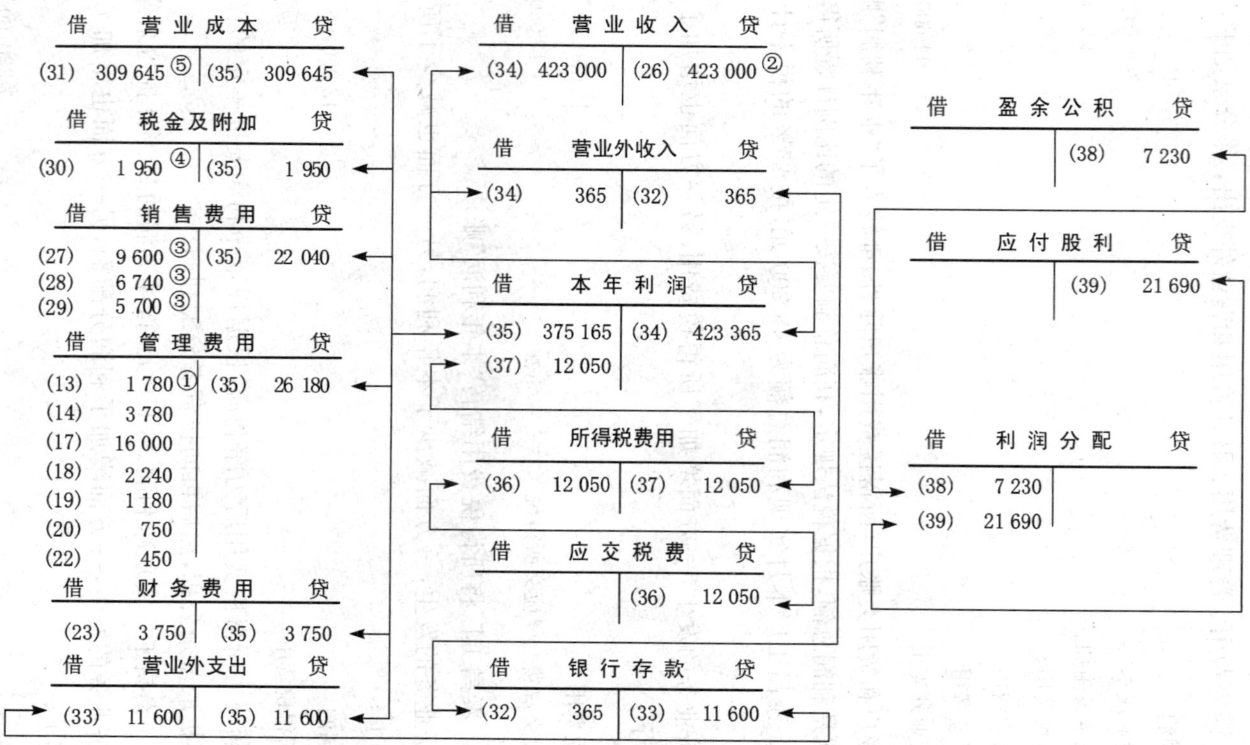

①该账户(13)数据系图表4-2转入；(14)、(17)、(18)、(19)、(20)、(22)数据系图表4-6转入。

②该账户(26)数据系图表4-11转入。③该账户(27)、(28)、(29)数据系图表4-11转入。

④该账户(30)数据系图表4-11转入。⑤该账户(31)数据系图表4-11转入。

【例 39】 泰昌工厂按净利润的 60%计提应分配给投资者的利润。

这笔经济业务的发生，一方面增加了利润分配额，另一方面也增加了应付股利，作分录如下：

借：利润分配　　21 690.00
　贷：应付股利　　21 690.00

根据[例 32]至[例 39]的经济业务，以及本章从[例 13]开始所涉及的损益类账户的经济业务编制的会计分录，登记账户如图表 4-12 所示。

第六节　资金退出企业的核算

一、资金退出企业概述

资金退出企业是资金运动的终点。企业向银行借入的款项，在借款期满时要予以归还；企业采购材料等各项物资暂欠的款项，也要予以归还；企业提取的职工福利费要用于职工的福利，从而形成了资金的退出。同时，企业的资金经过供应过程、生产过程和销售过程的经营活动，获得了增值。增值中的一部分以税金的形式上交国库，作为国家的财政收入；一部分以应付股利的形式分配给投资者，这也形成了资金退出企业。

二、资金退出企业核算设置的账户及其运用

为了核算和监督资金退出企业的情况，应设置“短期借款”“应付账款”“应付职工薪酬”“应交税费”和“应付股利”等账户。

【例 40】 泰昌工厂以银行存款归还短期借款 30 000 元。

这笔经济业务的发生，一方面减少了短期借款，另一方面也减少了银行存款，作分录如下：

借：短期借款　　30 000.00
　贷：银行存款　　30 000.00

【例 41】 泰昌工厂以银行存款偿还前欠振兴工厂货款 144 000 元。

这笔经济业务的发生，一方面减少了应付账款，另一方面也减少了银行存款，作分录如下：

借：应付账款　　144 000.00
　贷：银行存款　　144 000.00

【例 42】 泰昌工厂职工报销学习培训费 720 元，以现金付讫。

这笔经济业务的发生，一方面减少了应付职工薪酬，另一方面也减少了库存现金，作分录如下：

借：应付职工薪酬　720.00

　贷：库存现金　720.00

【例 43】 泰昌工厂以银行存款交纳城市维护建设税 1 365 元，教育费附加 585 元和所得税12 050元。

这笔经济业务的发生，一方面减少了应交税费，另一方面也减少了银行存款，作分录如下：

借：应交税费——应交城市维护建设税　1 365.00

借：应交税费——应交教育费附加　585.00

借：应交税费——应交所得税　12 050.00

　贷：银行存款　14 000.00

【例 44】 泰昌工厂以银行存款分配给投资者利润 21 690 元。

这笔经济业务的发生，一方面减少了应付股利，另一方面也减少了银行存款，作分录如下：

借：应付股利　21 690.00

　贷：银行存款　21 690.00

根据本节[例 40]至[例 44]的经济业务编制的会计分录，登记账户如图表 4-13 所示。

图表 4-13

登记各账户

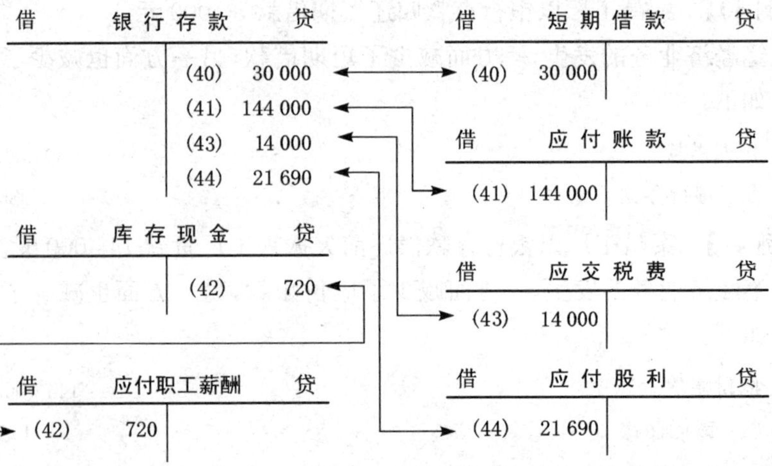

思 考 题

一、简答题

1. 什么是权益资金？什么是借入资金？它们有何不同？

2. 资金进入企业的核算应设置哪些账户？分别说明这些账户的性质及其运用。

3. 供应过程的核算应设置哪些账户？分别说明这些账户的性质及其运用。

4. 材料采购成本由哪些内容组成？试述材料采购成本的计算。

5. 什么是生产费用？什么是成本项目？成本项目可分为哪几类？

6. 生产过程的核算应设置哪些账户？分别说明这些账户的性质及其运用。

7. 销售过程的核算应设置哪些账户？分别说明这些账户的性质及其运用。

8. 试述利润总额的构成。

9. 利润的核算应设置哪些账户？分别说明这些账户的性质及其运用。

二、名词解释题

1. 直接材料	2. 直接工人	3. 制造费用
4. 直接费用	5. 间接费用	6. 利润

三、是非题

1. 实收资本和银行借款构成了企业资金的主体。 （ ）

2. 原材料的单位成本是购进原材料时从供货单位取得的发票上列明的原材料的单价。 （ ）

3. 生产费用包括生产产品耗用的劳动对象和劳动资料。随着生产产品完工，生产费用就转变为产品制造成本。 （ ）

4. 直接人工是指直接从事产品生产的工人工资。 （ ）

5. “累计折旧”是资产类账户，它是“固定资产”账户的调整账户。 （ ）

6. 由于生产费用和期间费用的支付期和归属期往往不一致，因此需要设置“待摊费用”账户和“应付利息”账户，以保证产品成本和期间费用核算的准确性。

（ ）

7. 利润是企业进行生产经营的目标，也是综合反映企业一定时期生产经营成果的重要指标。 （ ）

8. 企业实现的营业利润减去所得税费用后即为净利润，它是企业的净收益。

（ ）

9. 企业通过销售过程，收回货币资金，它是资金运动的终点。（ ）

四、单项选择题

1. “在途物资”账户应按________设置明细分类账。

A. 供应单位　B. 材料的品名规格
C. 存放材料的仓库　D. 消耗材料的部门

2. ________是企业本期已经发生的、但尚未支付的费用。

A. 制造费用　B. 其他应付款　C. 应付利息　D. 待摊费用

3. 企业提取的应由本月份负担的专利权费用，应列入“________”账户。

A. 制造费用　B. 生产成本　C. 管理费用　D. 销售费用

4. ________不应计入产品成本，而应作为期间费用。

A. 直接用于产品生产的材料
B. 直接从事产品生产的工人工资及福利费
C. 车间管理人员的工资及福利费
D. 行政管理人员的工资及福利费

5. ________属于间接费用。

A. 制造费用　B. 销售费用　C. 管理费用　D. 财务费用

6. “本年利润”账户各月末余额反映的是________。

A. 本月实现的利润总额
B. 本月实现的净利润
C. 从年初起至本月止实现的利润总额
D. 从年初起至本月止实现的净利润

7. 年末结账后“利润分配”账户的贷方余额表示________。

A. 未分配利润　B. 未弥补亏损
C. 本年净利润　D. 本年净亏损

五、多项选择题

1. 材料的采购费用包括采购材料发生的________

A. 运输费　B. 装卸费
C. 保险费　D. 采购员差旅费

2. 对于不能分清材料品种的共同性的采购费用的分配标准有材料的________。

A. 重量　B. 买价　C. 种类　D. 体积

3. 成本项目可分为________等。

A. 直接材料　B. 直接人工　C. 管理费用　D. 制造费用

4. ________等属于费用类账户。

A. 生产成本　B. 营业成本　C. 营业税金　D. 销售费用

5. 月末结账后,“销售费用”、________等账户期末无余额。

A. 所得税费用　B. 管理费用

C. 制造费用　D. 生产成本

6. 营业利润是营业收入减去营业成本、营业税金,再减去________后的差额。

A. 销售费用　B. 营业外支出

C. 管理费用　D. 财务费用

7. 企业实现的净利润要按一定的程序进行分配,利润分配的内容有________。

A. 交纳所得税　B. 提取盈余公积

C. 向投资者分配利润　D. 向债权人支付利息

8. 支付采购材料暂欠的款项、归还银行借款、________等均是资金退出企业。

A. 支付银行借款利息　B. 职工报销医药费

C. 交纳各种税金　D. 支付分配给投资者利润

练 习 题

习 题 一

一、目的 练习资金进入企业的核算。

二、资料 新设立的浦江工厂1月份发生下列经济业务:

1. 收到武宁公司投入资金360 000元,存入银行。

2. 东海公司投入新建厂房一幢,价值280 000元,已验收使用。

3. 东海公司投入专利权一项,按投资合同约定的价值120 000元入账。

4. 购置机器设备一批,计价款216 000元,设备价款以向银行借入期限3年的款项予以支付。

5. 购进汽车一辆,价款100 000元,以银行存款支付。

6. 向银行借入期限1年的款项250 000元,存入银行。

三、要求

1. 根据上列资料编制会计分录。

2. 根据会计分录涉及的会计科目设置总分类账户并进行登记。

习 题 二

一、目的 练习供应过程的核算。

二、资料 浦江工厂2月份发生下列经济业务：

1. 向新光公司购进甲材料5 500千克，每千克28.50元，甲材料已验收入库，货款尚未支付。

2. 以银行存款支付甲材料运输费6 600元，装卸费1 650元。

3. 甲材料采购完毕，结转甲材料的实际采购成本。

4. 向西昌公司购进乙材料3 500千克，每千克23.20元，购进丙材料2 500千克，每千克13.20元，货款以银行存款支付。

5. 以银行存款支付乙、丙两种材料的运输费9 000元及装卸费1 800元，采购费用按材料的重量比例进行分配。

6. 乙、丙两种材料已验收入库，结转其实际采购成本。

7. 向银行提取现金1 500元，备用。

8. 采购员王辉预支差旅费1 200元，以现金支付。

9. 采购员王辉出差回来报销差旅费1 150元，并退回多余现金50元，以结清其预支款。

三、要求

1. 根据上列资料编制会计分录。

2. 根据习题一总分类账户的余额及本习题会计分录涉及的会计科目开设总分类账户。

3. 根据会计分录登记总分类账户。

4. 设置并登记在途物资明细分类账户。

5. 编制材料采购成本计算表。

习 题 三

一、目的 练习生产过程的核算。

二、资料 承习题二，浦江工厂2月份接着又发生下列经济业务：

10. 根据各部门领用材料的凭证编制材料耗用汇总表如图表 4-14 所示。

图表 4-14

材料耗用汇总表

金额单位：元

耗用材料 用途	甲材料		乙材料		丙材料		金额合计
	数量（千克）	金额	数量（千克）	金额	数量（千克）	金额	
生产 A 产品	2 500	75 000	1 500	37 500			112 500
生产 B 产品	2 000	60 000	1 200	30 000	600	9 000	99 000
生产 C 产品	300	9 000			900	13 500	22 500
生产车间一般耗用	100	3 000	260	6 500			9 500
行政管理部门耗用					80	1 200	1 200
合　　计	4 900	147 000	2 960	74 000	1 580	23 700	244 700

11. 向银行提取现金 1 600 元。

12. 生产车间主任张清出差预支差旅费 1 500 元。

13. 从银行提取现金 156 000 元，备发工资。

14. 以现金 156 000 元发放工资。

15. 生产车间主任张清出差回来报销差旅费 1 598 元，又补付现金 98 元，以结清其预支款。

16. 分配本月份职工工资 156 000 元，其中：生产 A 产品工人工资 58 000 元，生产 B 产品工人工资 46 000 元，生产 C 产品工人工资22 000 元，车间管理人员工资 12 000 元，行政管理人员工资 18 000 元。

17. 以本月份职工工资总额的 14%提取职工福利费。

18. 提取本月份固定资产折旧费 23 620 元，其中：生产车间21 732元，行政管理部门 1 888 元。

19. 提取本月份负担的专利权费用 1 000 元。

20. 以银行存款预付本年度财产保险费 30 000 元。

21. 摊销应由本月份负担的财产保险费，其中，生产车间占 80%，行政管理部门占 20%。

22. 提取本月份短期借款利息 2 050 元。

23. 按生产工人工时分配本月份发生的制造费用，生产 A 产品耗用 4 750 工时，B 产品耗用 4 000 工时，C 产品耗用 1 750 工时。

24. 本月份生产的A产品500件,B产品800件,已全部完工,验收入库,分别结转其实际生产成本。

三、要求

1. 根据上列资料编制会计分录。

2. 根据本习题新涉及的会计科目开设总分类账户。

3. 根据会计分录继续登记总分类账户。

4. 根据制造费用总分类账户归集的制造费用总额编制制造费用分配表。

5. 设置并登记生产成本明细分类账户。

6. 编制产品单位成本计算表。

习 题 四

一、目的 练习销售过程的核算。

二、资料 承习题三,浦江工厂2月份接着又发生下列经济业务:

25. 售给安顺公司B产品400件,每件275元,计110 000元,货款尚未收到。

26. 以银行存款支付上项销售产品的运输费2 125元。

27. 售给黄河公司A产品400件,每件520元,计208 000元,货款已收到,存入银行;售给长城公司B产品300件,每件275元,计82 500元,货款尚未收到。

28. 以银行存款支付销售A、B两种产品的运输费3 980元。

29. 以银行存款支付推销产品的广告费8 780元。

30. 收到安顺公司前欠的货款110 000元,存入银行。

31. 分配本月份销售人员工资5 500元,并按工资总额的14%计提其职工福利费770元。

32. 按税法的规定计提应由本月份负担的城市维护建设税1 316元,教育附加564元。

33. A产品单位成本为401.13元,B产品单位成本为212.40元,结转已售A、B两种产品的生产成本。

三、要求

1. 根据上列资料编制会计分录。

2. 根据会计分录继续登记习题三登记的总分类账户,开设并登记本习题新出现的账户。

习 题 五

一、目的 练习利润的核算。

二、资料 承习题四，浦江工厂2月份接着又发生下列经济业务：

34. 收到客户违约付来赔偿金325元，存入银行。

35. 向贫困山区希望工程捐款12 550元，以银行存款支付。

36. 月末，将收入类账户归集的数额结转“本年利润”账户。

37. 月末，将费用类账户归集的数额结转“本年利润”账户。

38. 根据本月份实现的利润总额，按25%税率计提应交所得税额。

39. 将所得税费用结转“本年利润”账户。

40. 按净利润的20%计提盈余公积。

41. 按净利润的70%计提应分配给投资者的利润。

三、要求

1. 根据上列资料编制会计分录。

2. 根据会计分录继续登记习题四登记的总分类账户，开设并登记本习题新出现的账户。

习 题 六

一、目的 练习资金退出企业的核算。

二、资料 浦江工厂3月份接着又发生下列经济业务：

1. 以银行存款归还短期借款50 000元。

2. 向银行提取现金1 100元，备用。

3. 职工报销学习培训费860元，以现金付讫。

4. 以银行存款偿还前欠新光公司部分货款92 500元。

5. 以银行存款交纳城市维护建设税1 316元，教育费附加564元，和所得税6 950元。

6. 以银行存款分配给投资者利润14 595元。

三、要求 编制会计分录。

习 题 七

一、目的 练习企业生产经营业务的核算。

二、资料

1. 华声工厂2019年1月1日总分类账户的余额如图表4-15所示。

图表4-15

账户余额表

单位：元

账户	借方余额	账户	贷方余额
库存现金	3 200	短期借款	220 000
银行存款	136 000	应付账款	39 400
应收账款	31 500	应付职工薪酬	13 600
原材料	95 300	累计折旧	98 000
库存商品	116 500	实收资本	578 000
固定资产	433 600	盈余公积	16 100
无形资产	86 400		
生产成本	62 600		
合计	965 100	合计	965 100

2. 2019年1月1日，"生产成本——A产品"明细分类账户的余额为62 600元。其中：直接材料37 440元、直接工人18 560元、制造费用6 600元。

3. 华声工厂1月份发生下列经济业务：

(1) 2日，向东风工厂购进甲材料3 000千克，每千克25.60元，乙材料2 000千克，每千克11.10元，材料均已验收入库，货款尚未支付。

(2) 4日，以银行存款支付甲、乙两种材料的运输费5 750元，装卸费1 250元，按材料的重量比例进行分配。

(3) 5日，甲、乙两种材料已采购完毕，结转其实际采购成本。

(4) 6日，厂长周强预支差旅费1 500元，以现金支付。

(5) 8日，销售给长宁公司B产品400件，每件225元，货款尚未收到。

(6) 9日，以银行存款支付前欠东风工厂甲材料货款76 800元。

(7) 10日，厂长周强出差回来报销差旅费1 550元，当即以现金补付50元，以结清其预支款。

(8) 12日，以银行存款支付销售B产品运输费2 950元。

(9) 14日，车间主任蔡明预支差旅费1 400元，以现金支付。

(10) 15日，从银行提取现金118 200元。

(11) 15 日,以现金 118 200 元发放工资。

(12) 17 日,收到长宁公司付来前欠货款 90 000 元,存入银行。

(13) 18 日,以银行存款预付本年度财产保险费 24 000 元。

(14) 20 日,摊销应由本月份负担的财产保险费,其中,生产车间占 80%,行政管理部门占 20%。

(15) 21 日,车间主任蔡明出差回来报销差旅费 1 331 元,当即退回多余现金 69 元,以结清其预支款。

(16) 22 日,提取本月份银行借款的利息 1 520 元。

(17) 24 日,提取本月份固定资产折旧费 20 627 元,其中,生产车间 19 487 元,行政管理部门 1 140 元。

(18) 25 日,摊销应由本月份负担的专利权费用 720 元。

(19) 26 日,本月份各部门领用的材料及用途如下(单位:元):

领用部门及用途	甲材料	乙材料	丙材料	合 计
生产 A 产品		69 750	9 850	79 600
生产 B 产品	42 500	21 400		63 900
生产车间一般耗用		5 000	990	5 990
行政管理部门耗用			1 990	1 990

(20) 27 日,分配本月份职工工资 118 200 元,其中:生产 A 产品工人工资 36 000 元,生产 B 产品工人工资 60 000 元,车间管理人员工资 7 200 元,行政管理人员工资 15 000 元。

(21) 28 日,按本月份职工工资总额的 14% 计提职工福利费。

(22) 29 日,以银行存款支付推销产品的广告费 3 750 元。

(23) 30 日,按生产工人工时分配本月份发生的制造费用,生产 A 产品耗用 3 000 工时,生产 B 产品耗用 4 960 工时。

(24) 31 日,上月投产的 A 产品 800 件已全部完工,并验收入库,结转其实际生产成本。

(25) 31 日,售给惠南公司 A 产品 600 件,每件 325 元,计货款 195 000 元,收到 60% 的货款,其余部分对方将在下月支付。

(26) 31 日,以银行存款支付销售 A 产品的运输费 4 080 元。

(27) 31 日,收到客户付来违约金 3 390 元,存入银行。

(28) 31 日,向希望工程捐款 6 788 元,以银行存款支付。

(29) 31 日，分配本月份销售人员工资 4 800 元，并按工资总额的 14%计提职工福利费 672 元。

(30) 31 日，按税法的规定计提城市维护建设税 798 元，教育费附加 342 元。

(31) 31 日，上月完工的 B 产品的单位成本为 170 元，并根据本月完工的 A 产品的单位成本结转已售 A，B 两种产品的生产成本。

(32) 31 日，将收入类账户归集的数额结转“本年利润”账户。

(33) 31 日，将费用类账户归集的数额结转“本年利润”账户。

(34) 31 日，根据本月实现的利润总额，按 25%的税率计提应交所得税额，并将所得税额结转“本年利润”账户。

(35) 31 日，按实现净利润的 20%计提盈余公积。

(36) 31 日，按实现净利润的 72%计提应分配给投资者利润。

三、要求

1. 根据“资料 1”设置总分类账户。
2. 根据“资料 2”编制会计分录。
3. 开设在途物资明细分类账和生产成本明细分类账。
4. 根据会计分录登记总分类账户和在途物资、生产成本明细分类账。
5. 编制材料采购成本计算表。
6. 编制产品单位成本计算表。

第五章 会计凭证

第一节 会计凭证概述

一、会计凭证的意义

会计凭证是指记录经济业务的发生和完成情况，明确经济责任，并作为记账依据的书面证明。

填制和审核会计凭证是会计的专门方法之一，为了保证会计信息的真实性，单位发生任何一项经济业务，都必须由执行或完成该项经济业务的有关人员填制或取得能证明经济业务的内容、数量和金额的会计凭证，并在会计凭证上签名或盖章，以明确经济责任。填制或取得的会计凭证还必须经有关人员审核无误，并由审核人员签名或盖章后，才能作为记账的依据。

会计基本程序有凭证—账簿—报告三个步骤，填制和审核会计凭证是会计核算和监督单位经济活动的起点和基础。

二、会计凭证的作用

会计凭证在会计核算和会计监督中起着重要的作用，主要表现在以下三个方面。

(一) 保证记录经济业务的合法性与合理性

由于会计凭证记录的是会计主体发生的各项经济业务，只有经过审核后，证明是合法的、合理的会计凭证，才能作为记账的依据，从而维护了国家的法令、制度和会计主体的经济利益，制止了违法乱纪、贪污盗窃和铺张浪费的行为，保证了记录经济业务的合法性与合理性。

(二) 保证了会计记录的真实性和正确性

各会计主体日常发生大量的各项经济业务，通过取得和填制会计凭证，予以记录下来。由于只有经过审核无误的会计凭证，才能据以记账，以防止弄虚作假和差错事故，这样就堵塞了漏洞和弊端，保证了会计记录的真实性和正确性。

(三) 加强了经济责任制

会计主体发生的经济业务，往往由各有关部门协同完成的，通过填制和审核会计凭证，可以将各经办人员联系起来，达到相互促进和相互监督的作用。由于每项经济业务所取得或填制的会计凭证均由经办人员签字或盖章，这就明确了各经办人员的经济责任，促使其在自己的职责范围内严格地按规章制度办事，加强了经济责任制。

三、会计凭证的分类

会计凭证按照其填制的程序和用途不同，可分为原始凭证和记账凭证两大类。

原始凭证是指在经济业务发生时取得或填制的、用以记录经济业务的发生或完成情况的、并作为记账原始依据的会计凭证。

记账凭证是指根据审核无误的原始凭证填制的、用来记录经济业务简要内容，确定会计分录，作为记账直接依据的会计凭证。

原始凭证和记账凭证虽然都称为会计凭证，但就其性质来讲却截然不同。原始凭证记录的是经济信息，它是编制记账凭证的依据，是会计核算的基础；而记账凭证记录的是会计信息，它是会计核算的起点。

第二节　原始凭证

一、原始凭证的分类

（一）按原始凭证的来源不同分类

原始凭证按其来源不同，可分为外来原始凭证和自制原始凭证两种。

1. 外来原始凭证　　它是指同外部单位发生经济往来关系时，从外部单位取得的原始凭证。例如，购货时取得的发票（其格式如图表 5-1 所示）；银行结算时使用的凭证如进账单（其格式如图表 5-2 所示）；支付费用时所取得的收据等。外来原始凭证应盖有填制单位的印章。

图表 5-1

上海市统一发票　　　　编号：0276450

发　票　联

购货单位：上海机床厂　　　　2019 年 1 月 5 日

货　号	品名规格	计量单位	数　量	单　价	金额							
					十	万	千	百	十	元	角	分
1015	办公桌	只	1	2 000.00			2	0	0	0	0	0
1118	办公椅	只	2	250.00				5	0	0	0	0
合计人民币（大写）	贰仟伍佰元整					¥	2	5	0	0	0	0

企业（盖章有效）上海百货商店发票专用章　　收款人：赵飞　　开单：李克勤

图表 5-2

中国工商银行进账单(收账通知)　　编号：13075668

2019 年 1 月 15 日

出票人	全　称	浦江商厦	持票人	全　称	新欣服装厂
	账　号	110137058926		账　号	110123769485
	开户银行	黄浦支行		开户银行	徐汇支行

人民币(大写)	千	百	十	万	千	百	十	元	角	分
肆万柒仟陆佰零玖元整			¥	4	7	6	0	9	0	0

票据种类	支票	
票据张数	壹张	
单位主管　会计　复核　记账		持票人开户银行盖章

2. 自制原始凭证　它是指由本单位内部经办经济业务的部门或人员，在办理经济业务时自行填制的原始凭证。例如，材料验收入库时填制的收料单(其格式如图表 5-3 所示)；领用材料时填制的领料单和出差预支差旅费时填制的预支单等。

图表 5-3

上海机床厂　　编号：5581

收　料　单

供货单位：上海钢材公司　　收料仓库：甲库

发票编号：1517756　　2019 年 1 月 10 日　　单位：元

材料编号	材料类别	材料名称	规格	计量单位	数量		单价	金额
					应收	实收		
24651	钢材	圆钢	10cm	千克	3 000	3 000	3.95	11 850.00
24652	钢材	圆钢	12cm	千克	2 000	2 000	3.80	7 600.00
		合计						19 450.00

仓库主管：俞胜　　记账：罗璟　　保管员：周青松　　收料：王英

(二) 按原始凭证填制的方法不同分类

原始凭证按其填制的方法不同，可分为一次原始凭证、累计原始凭证、汇总原始凭证和转账原始凭证。

1. 一次原始凭证　　它是指一次只反映一项经济业务或一次反映若干项同类经济业务的自制原始凭证。一次原始凭证只能使用一次，填制完毕，凭证手续也即完成。例如，领用材料的领料单（其格式如图表 5-4 所示）；费用报销单和销售产品的销售发票等。

2. 累计原始凭证　　它是指在一定时期内可多次连续记录同类经济业务，直至记录了最后一项经济业务后才完成其凭证手续的原始凭证。例如，企业在生产产品时可据以多次领料的限额领料单（其格式如图表 5-5 所示）；企业在产品完工交库时可据以多次交库的产品交库单等。

图表 5-4

上海机床厂　　　　编号：1201

领料部门：第一车间　　　　**领　料　单**　　　　发料仓库：甲库

用　　途：生产冲床　　　　2019 年 1 月 3 日　　　　单位：元

材料编号	材料名称	规格	计量单位	数量		单价	金额
				请领	实发		
24651	圆钢	10cm	千克	1 800	1 800	3.95	7 110.00
	合计						7 110.00

仓库主管：俞胜　　　发料人：周青松　　　领料部门主管：张清　　　领料人：刘宏

图表 5-5

上海机床厂　　　　编号：1201

领料部门：第二车间　　　　**限额领料单**　　　　发料仓库：甲库

用　　途：生产车床　　　　2019 年 1 月　　　　单位：元

材料编号	材料名称	规格	计量单位	计划投产量	单位消耗定额	领用限额	实发数量	单价	金额
24652	圆钢	10cm	千克	15	100 千克	1 500	1 250	3.80	4 750.00

日期	请领数量	实发				限额结余数量
		数量	累计	领料人	发料人	
1/3	500	500	500	钱忠	周青松	1 000
1/11	150	150	650	孙新	周青松	850
1/31	200		1 250	孙新	周青松	250

供应部门主管：刘瑜　　　　生产计划部门主管：胡敏　　　　仓库主管：俞胜

累计原始凭证是从一次原始凭证发展而来的，以达到加强管理和简化手续的目的。

3. 汇总原始凭证　它是指将一定日期或一定时期内若干张记录同类经济业务的原始凭证汇总成一张的原始凭证。例如，可以将一定时期的领料单汇总后编制发出材料汇总表（其格式如图表 5-6 所示）；也可以将同一日期的销售发票汇总后编制销货日报表等。

图表 5-6

发出材料汇总表

2019 年 1 月 1 日至 31 日　　单位：元

领料部门	用　途	原材料	辅助材料	燃　料	合　计
生产车间	生产车床	75 000	8 000	4 600	87 600
生产车间	生产刨床	48 000	5 100	4 150	57 250
生产车间	维护设备	5 000	2 250		7 250
行政管理部门	修理办公设备	1 120	360		1 480
合　计		129 120	15 710	8 750	153 580

汇总原始凭证既提供了企业经营管理所需要的总括指标，又简化了会计核算的手续。

4. 转账原始凭证　它是指为了转账的需要，由会计人员根据账簿记录填制的原始凭证。例如，月末根据"应付职工薪酬"账户归集的、本月发生的工资费用编制的工资费用分配表；根据"制造费用"账户归集的本月发生的制造费用及有关分配标准编制的制造费用分配表等。

二、原始凭证的基本内容

不同的经济业务产生不同的原始凭证，尽管原始凭证品种繁多，格式各异，但为了准确反映和充分证明经济业务的执行和完成情况，都必须具备下列基本内容：① 原始凭证的名称和编号。② 原始凭证填制的日期。③ 填制原始凭证单位的名称或者填制人的姓名。④ 接受原始凭证单位的名称。⑤ 经济业务的内容摘要。⑥ 经济业务的实物数量、单价和金额。⑦ 原始凭证的填制单位及经办人员的签名或盖章。

三、原始凭证的填制要求

原始凭证作为经济业务的原始证明，是进行会计核算的依据，它是具有法律效力的证明文件。因此它的填制必须符合下列要求。

（一）真实可靠

原始凭证中应填写的项目和内容必须真实、正确地反映经济业务的原貌。无论日期、内容、数量和金额都必须如实填写，不能以估算和匡算的数字填列，更不能弄虚作假，改变事实的真相。如从外单位取得的原始凭证有丢失，应由原签发单位出具盖有公章的证明，并注明原凭证的号码、金额等内容，由本单位负责人批准后，才能作为原始凭证。

（二）内容完整

原始凭证中规定的项目都必须填写齐全，包括文字和数字，不能缺漏，凭证填写的手续也必须完备。凡是具有大写和小写金额的原始凭证，大写与小写的金额必须一致，购买实物的原始凭证，必须有验收证明。

（三）书写清晰规范

原始凭证中文字和阿拉伯数字的书写字迹要清晰，易于辨认。阿拉伯数字应当一个一个地书写，不得连笔写。在阿拉伯数字前面应当书写货币币种符号，如人民币的货币符号“￥”。币种符号与阿拉伯数字之间不得留有空白。大写金额数字应用正楷或者行书填写，如壹、贰、叁、肆、伍、陆、柒、捌、玖、拾、佰、仟、万、亿、元、角、分、零、整(正)等字样，不得任意自造简化字。中文大写金额数字到“元”为止的，在“元”之后，应写“整”(或“正”)字，在“角”之后可以不写“整”(或“正”字)。大写金额数字有“分”的，“分”后面不写“整”(或“正”)字。中文大写金额数字前应标明“人民币”字样，大写金额数字应紧接“人民币”字样填写，不得留有空白。阿拉伯数字中间有“0”时，中文大写要写“零”字，阿拉伯数字中间连续有几个“0”时，中文大写金额中间可以只写一个“零”字，如￥120 008.00，应写成人民币壹拾贰万零捌元整。

各单位使用的支票等票据的出票日期，必须使用中文大写。为防止变造票据的出票日期，在填写月、日时，月为壹、贰的，日为壹至玖的，应在其前加“零”字；日为拾壹至拾玖的，应在其前加“壹”字，如 2019 年 1 月 18 日，应写成贰零壹玖年零壹月壹拾捌日。根据这些要求填写的支票如图表 5-7 所示。

原始凭证填制时，如发生差错不得任意涂改、刮擦和挖补，而应按规定的方法进行更正，并由更正人在更正处加盖开出单位的公章，以示负责。提交银行的各种结算凭证，如有填写错误，应按规定将其作废后重新填写，销货发票如金额填写错误，出应按规定将其作废后重新填写。

图表 5-7

支票号码：73827610

中国工商银行上海市分行支票

出票日期(大写)贰零壹玖年零壹月零伍日　　付款行名称：静安支行

收款人：华声工厂　　出票人账号：110104321786

人民币(大写)	千	百	十	万	千	百	十	元	角	分
叁万贰仟零捌元零陆分			¥	3	2	0	0	8	0	6

用途：采购材料款　　科目(借)……

上列款项请从我账户内支付　　对方科目(贷)……

出票人签章　武定公司支票专用章　　转账日期

复核　记账

(四) 有经办人员和有关责任人员的签章

原始凭证在填制完成后,经办人员和有关责任人员都要认真审核并签章,对凭证的真实性、合法性负责。对于一些重大的经济业务,还应经过本单位负责人签章,以示批准的职权。

(五) 及时填制

原始凭证应在经济业务发生或完成时及时填制,并按规定的程序和手续传递至有关业务部门和会计部门,以便及时办理后续业务,并进行审核和记账。

四、原始凭证的审核

原始凭证的审核是保证会计信息真实、正确和合法的前提,是充分发挥会计监督作用的重要环节。审核原始凭证是一项重要的工作,只有经过会计人员审核无误的原始凭证,才能作为记账的依据。原始凭证审核的内容有以下三个方面。

(一) 审核原始凭证的合法性和合理性

会计人员应审核原始凭证所反映的经济业务是否符合政府的法律、法规、政策、制度以及本单位的计划、预算和合同的规定;是否符合审批权限和手续;费用是否符合开支标准和节约的原则等。会计人员对于弄虚作假、虚报冒领款项而伪造或涂改的原始凭证有权拒绝接受,并及时向领导或上级领导机关汇报。

(二) 审核原始凭证的完整性

会计人员应审核原始凭证所应具备的内容是否填写齐全、经办人员和有关责任人员是否均已签章，是否按规定的手续办理。对填制给外单位的原始凭证应在凭证上加盖本单位财务章。会计人员对于内容填写不全、手续不完备的原始凭证，应退给原经办人员补办完整后才能受理。

（三）审核原始凭证的正确性

会计人员要审核原始凭证中的文字摘要和数字是否清楚，数量、单价和金额是否正确，大写与小写的金额是否一致等。会计人员对于填写不清楚或有错误的原始凭证，应退给原经办人员更正后才能受理。

第三节 记账凭证

一、记账凭证的作用

由于原始凭证反映了经济业务的内容，是登记账簿的原始依据，所以也可以根据审核无误的原始凭证在观念上确定会计分录后，直接登记账簿。但是单位的各种经济业务错综复杂，原始凭证的种类繁多，格式不一，大小各异，而总分类账户及明细分类账户的数量又很多，直接登记账簿难免会发生差错。倘若发生差错，既不易于查找，而频繁的更改又影响账簿记录的严肃性，这就产生了需要一种书面载体，先将观念上会计分录记录下来，这种书面载体就是记账凭证。

记账凭证的作用主要表现在三个方面。首先，记账凭证是根据原始凭证载明的经济业务，对其会计要素的归属作出分析，列明其应借、应贷的会计科目和它们的金额，简要地列明经济业务的内容，经审核无误，据以登记账簿。这就避免了根据原始凭证直接登记账簿容易发生差错的情况，保证了账簿记录的严肃性。其次，记账凭证的编制也对经济业务的内容起到了整理的作用，使账簿记录更具条理性。再次，也为以后的审计工作提供了便利。

二、记账凭证的分类

记账凭证按其填制的方式不同，可以分为复式记账凭证和单式记账凭证两类，现分别予以阐述。

（一）复式记账凭证

复式记账凭证是指将一项经济业务所涉及的会计科目全部集中填制在一张凭证上的记账凭证。复式记账凭证按照其用途不同，又可分为专用记账凭证和通用记账凭证两种。

1. 专用记账凭证　它是指记录不同性质的经济业务，要采用不同格式的记账凭证。它可分为收款凭证、付款凭证和转账凭证三种。

专用记账凭证除了要按月按照经济业务发生的先后顺序编写总号外，还应按记账凭证的种类编写分号。

(1) 收款凭证　它是指用以记录现金和银行存款收入业务的记账凭证。它是根据现金或银行存款收入业务的原始凭证填制的。出纳人员根据现金或银行存款收款原始凭证收取款项，同时应在凭证上加盖"收讫"戳记，以避免差错。现金和银行存款的收款凭证虽然格式是相同的，但它们应分"现收"和"银收"编写分号。收款凭证的格式如图表5-8所示。

图表5-8

上海化工厂

收款凭证

总号	1
分号	银收1

借方科目：银行存款　　2019年1月2日　　单位：元

摘　要	贷方科目	明细科目	账页	金　额	
收到客户偿还前欠账款	应收账款	津滨工厂	✓	25 640.00	
	应收账款	五华公司	✓	21 620.00	附件2张
合　计				47 260.00	

会计主管(签章)　记账(签章)　出纳(签章)　复核(签章)　制证(签章)

需要说明的是，在各种记账凭证中，账页栏在根据记账凭证登记账户时才予以记载。

(2) 付款凭证　它是指用以记录现金和银行存款付出业务的记账凭证。它是根据现金或银行存款付款业务的原始凭证填制的。出纳人员应根据经过主管人员核准的现金或银行存款付款原始凭证支付款项，同时应在凭证上加盖"付讫"戳记，以避免重复付款。现金和银行存款的付款凭证格式是一致的，但它们也应按"现付"和"银付"编写分号。付款凭证的格式如图表5-9所示。

(3) 转账凭证　它是指记录不涉及款项收付的转账业务的记账凭证。它是根据转账业务的原始凭证填制的。其格式如图表5-10所示。

采用专用记账凭证，当发生现金和银行存款之间相互划转的经济业务时，为了避免重复记账，通常只编制付款凭证，不编制收款凭证。例如，向银行提取现金时，只编制银行存款付款凭证；将现金存入银行时，只编制现金付款凭证。

图表 5-9

上海化工厂

付款凭证

总号	2
分号	现付 1

贷方科目：库存现金　　　　2019 年 1 月 2 日　　　　单位：元

摘　　要	借方科目	明细科目	账 页	金　　额
采购员刘翔预支差旅费	其他应收款	刘　翔	✓	1 500.00
合　　计				1 500.00

附件 1 张

会计主管(签章)　　记账(签章)　　出纳(签章)　　复核(签章)　　制证(签章)

图表 5-10

上海化工厂

转账凭证

总号	3
分号	转 1

2019 年 1 月 2 日　　　　单位：元

摘　　要	会计科目	明细科目	账 页	借方金额	贷方金额
购进 A 材料1 000 千克，	在途物资	A 材料	✓	20 000.00	
@20 元、B 材料 500 千	在途物资	B 材料	✓	15 000.00	
克，@30 元，款未付	应付账款	武昌公司	✓		35 000.00
合　　计				35 000.00	35 000.00

附件 1 张

会计主管(签章)　　记账(签章)　　复核(签章)　　制证(签章)

在同一笔经济业务中，如果既有现金或银行存款的收付业务，又有转账业务，应分别编制收款或付款凭证和转账凭证。

2. 通用记账凭证　　它是指记录不同性质的经济业务均采用同一格式的记账凭证。通用记账凭证的格式与专用记账凭证中的转账凭证相同。收款、付款和转账业务都填制该种凭证。现以前面所列的银行收款凭证填制通用记账凭证如图表 5-11 所示。

图表 5-11

上海化工厂

记账凭证

编号 1

2019 年 1 月 2 日　　单位：元

摘要	会计科目	明细科目	账页	借方金额	贷方金额
收到客户偿还前欠账款	银行存款		✓	47 260.00	
	应收账款	津滨工厂	✓		25 640.00
	应收账款	五华公司	✓		21 620.00
				∮	∮
合计				47 260.00	47 260.00

附件 2 张

会计主管(签章)　记账(签章)　出纳(签章)　复核(签章)　制证(签章)

复式记账凭证的优点是能够集中反映账户的对应关系，便于了解经济业务的全貌，而且附件集中，便于进行复核和查找差错；缺点是不便于按会计科目汇总金额，也不便于分工记账。

（二）单式记账凭证

单式记账凭证是指按每笔经济业务所涉及的每个会计科目，分别填列在各张凭证上的记账凭证。采用单式记账凭证，一笔经济业务涉及几个会计科目，就要填制几张记账凭证。单式记账凭证按其登记的内容不同又可分为借项记账凭证和贷项记账凭证两种。借项记账凭证是指填列借方会计科目和金额的记账凭证；贷项记账凭证是指填列贷方会计科目和金额的记账凭证。现以前面所列的转账凭证填制单式记账凭证，如图表 5-12、图表 5-13 所示。

采用单式记账凭证时，每项经济业务要填制两张或两张以上的记账凭证，因此在编号时，对记录同一项经济业务的记账凭证应使用同样的顺序号，并在顺序号后面用分数形式表示共有几张凭证。例如，前面所列第三项经济业务有两张记账凭证，其编号为 $3\frac{1}{2}$、$3\frac{2}{2}$；倘若第四项经济业务有三张记账凭证，则编号分别为 $4\frac{1}{3}$、$4\frac{2}{3}$ 和 $4\frac{3}{3}$。

图表 5-12

上 海 化 工 厂

编号：$3\frac{1}{2}$

借项记账凭证

对应账户：应付账款　　2019 年 1 月 2 日　　单位：元

摘　要	会计科目	明细科目	账 页	金　额
向武昌公司购进 A 材料	在途物资	A 材料	✓	20 000.00
1 000 千克，@20 元；B 材料	在途物资	B 材料	✓	15 000.00
500 千克，@30 元				
合　计				35 000.00

附件 2 张

会计主管(签章)　记账(签章)　出纳　复核(签章)　制证(签章)

图表 5-13

上 海 化 工 厂

编号：$3\frac{2}{2}$

贷项记账凭证

对应账户：在途物资　　2019 年 1 月 2 日　　单位：元

摘　要	会计科目	明细科目	账 页	金　额
购进 A、B 两种材料，货款	应付账款	武昌公司	✓	35 000.00
未付				
合　计				35 000.00

附件见 $3\frac{1}{2}$ 编号

会计主管(签章)　记账(签章)　出纳　复核(签章)　制证(签章)

单式记账凭证的优点是便于记账人员按业务的性质分工记账，也便于按会计科目汇总，编制科目汇总表；缺点是核算工作量大，不能在一张记账凭证上反映整个经济业务的全貌，不便于查账。

此外，为了简化登记总分类账的手续，可以将记账凭证进行汇总后，编制科目汇总表，科目汇总表也属于记账凭证的范畴。为了便于学员学习和理解，这部分内容将在第十章会计核算程序中阐述。

三、记账凭证的基本内容

尽管记账凭证的种类不少，格式各异，但各种记账凭证必须具备下列七项基本内容：① 填制单位的名称。② 记账凭证的名称。③ 记账凭证的编号和填制日期。④ 经济业务的内容摘要，即对经济业务的简要说明。⑤ 会计分录，包括会计科目和明细科目的名称及金额。⑥ 所附原始凭证的张数。⑦ 制证、复核、记账和会计主管等有关人员的签章，收款凭证和付款凭证还应由出纳人员签章。

四、记账凭证的填制要求

为了保证会计核算的质量，会计人员填制的记账凭证，除了要符合前述原始凭证的填制要求外，还必须符合下列六项要求。

（一）摘要必须简明扼要

记账凭证的摘要栏是对经济业务的简要说明，要用简明扼要的语言概括经济业务的主要内容，以便登记账簿。

（二）经济业务必须记录明确

会计人员可以根据每份原始凭证或多份同类经济业务的原始凭证填制一张记账凭证；也可以根据每份原始凭证汇总表填制一张记账凭证，以明确经济业务的来龙去脉和账户的对应关系。不得将不同类型的经济业务合并填制一张记账凭证。

（三）会计科目必须正确运用

会计人员必须根据经济业务的内容，采用《企业会计准则—应用指南》所规定的会计科目正确编制会计分录，以保证核算的口径一致，便于综合汇总。会计科目不能任意用科目的编号或简称来代替。

（四）附件数量必须完整

记账凭证所附的原始凭证必须完整无缺，并在记账凭证上注明所附原始凭证的张数，以便于复核摘要栏内所列明的经济业务的内容和确定的会计分录是否正确，也便于日后审计时查阅原始凭证。

倘若同一张原始凭证需填制数张记账凭证时，则应在未附原始凭证的记账凭证上注明“附件见第几号记账凭证”字样。倘若同一张原始凭证的支出需要多个单位共同负担的，应将其他单位负担的部分，开具原始凭证分割单，据以与对方进行结算。倘若原始凭证需要单独保管的，应在附件处加以说明。更正错账和结账的记账凭证可以不附原始凭证。

（五）必须连续编号

记账凭证必须以月份为基础，根据业务发生的顺序按不同种类的记账凭证连续编号。倘若一笔经济业务需填制多张记账凭证时，可采取分数编号法，如转账的第七笔业务需填制两张记账凭证，这两张记账凭证的编号则分别为转字 $7\frac{1}{2}$ 和转字 $7\frac{2}{2}$。

（六）内容必须填写完整

记账凭证中的各项内容必须填写完整，制证、复核、出纳、记账、会计主管等各类人员在完成了各自的职责以后均应签章。

五、记账凭证的审核

为了使记账凭证核算的内容符合客观实际，正确地登记账簿，必须对记账凭证进行严格的审核，审核的内容主要包括以下四个方面。

（一）审核所附的原始凭证的真实性

审核记账凭证是否附有原始凭证或原始凭证汇总表；所附的原始凭证是否齐全，是否审核无误；原始凭证反映的经济业务发生的日期和内容是否与记账凭证填列的日期和摘要的内容相一致。

（二）审核记账凭证的正确性

审核记账凭证上所列应借、应贷的会计科目及明细科目是否恰当；使用的会计科目及其核算的内容是否符合《企业会计准则——应用指南》的规定；账户对应关系是否清晰；借、贷方的金额是否计算准确。

（三）审核记账凭证的完整性

审核记账凭证的各项内容是否按规定的要求填写完整；摘要是否填写清楚；日期、凭证编号、附件张数及各类有关人员的签章是否齐全等。

（四）审核记账凭证的合法性与合理性

审核记账凭证所反映的经济业务是否合法、合理，有无违法乱纪、弄虚作假的情况。

在审核中发现记账凭证有错误，应根据不同的情况进行处理。倘若尚未登记账簿，可以用划线更正法予以更正，也可以将错误的记账凭证予以作废，重新编制正确的记账凭证。倘若已经登记账簿，则应另行编制更正错账的记账凭证，具体的编制方法将在第六章会计账簿中阐述。

第四节 会计凭证的传递和保管

一、会计凭证的传递

（一）正确组织会计凭证传递的意义

会计凭证传递是指会计凭证从取得或填制起到归档保管止，按规定的程序和时间在本单位内部各有关部门及人员之间的传送和交接。它包括传递程序和传递时间两个方面的内容。会计凭证的传递具体地说就是取得或填制会计凭证以后，应在什么时间内交到哪个部门、哪个工作岗位上，由谁接办业务手续，直至归档保管为止。倘若凭证是一式数联的，则应当具体明确各联的用途、交接时间和交接部门及工作岗位。

由于各种会计凭证所记录的经济业务不同，所涉及的部门和人员不同，所要据以办理的业务手续也不尽相同，因此各单位应根据自身各种经济业务的性质和特点，为每种会计凭证规定合理的传递程序和传递时间。

会计凭证既是经济业务的记录，又是办理经济手续的依据，因此正确组织会计凭证的传递有着重要的作用，主要表现在以下三个方面。

1. 有利于经济业务的正常开展，提高经济活动的效率　　经济业务的发生或完成往往由单位内部多个部门共同进行。例如，企业将产品销售给外地，通常要经过销售部门开单，储运部门提货发运，会计部门办理货款结算等手续，倘若会计凭证传递安排合理，就能使各个部门协调工作，缩短销售过程，从而提高经济活动的效率。

2. 有利于完善岗位责任制，加强会计监督　　会计凭证的传递体现了部门和人员之间的分工协作关系。任何单位在经济活动中所发生的各项经济业务，以及本单位与各方面的经济联系，都要借助于会计凭证加以记录和证明。会计凭证作为记录经济业务，明确经济责任的书面证据，体现了岗位责任制的执行情况。因此，会计凭证传递程序实际上还起着相互牵制和相互监督的作用，它能够督促经办业务的有关部门和人员及时、正确地完成各项经济业务，按规定履行办理凭证手续，有利于完善岗位责任制，加强会计监督。

3. 有利于及时进行会计监督和会计核算　　经济业务从发生到完成直至登记账簿有一定的间隔时间，正确、顺畅的会计凭证传递，能使会计部门尽早地了解经济业务的发生和完成情况，及时地进行会计监督和会计核算。

（二）制定会计凭证传递办法的要求

为了组织好会计凭证的传递，在制定会计凭证传递办法时，应遵循以下三点要求。

1. 适当规定会计凭证的联数和会计凭证流经的必要环节　应根据经济业务的特点，内部机构设置和人员分工的情况，以及经营管理的需要，并从完善内部牵制制度的角度出发，具体规定各种会计凭证的联数，适当规定会计凭证流经的必要环节，使经办业务的部门和人员既能按照规定的程序处理业务，又能利用会计凭证了解经济业务的进程，及时提供信息，提高工作效率。应避免会计凭证传递流经不必要的环节，影响凭证的传递速度。

2. 合理地规定会计凭证在各个环节停留的时间　应根据各种会计凭证流经各个环节的部门及人员办理业务手续的需要，合理地确定会计凭证在各个环节停留的时间，以保证会计凭证的及时传递。既要防止时间过紧，会影响业务完成的质量；又要防止因时间过宽，形成会计凭证传递缓慢，办事拖沓的情况产生。

3. 确定凭证的传递程序和传递时间　由于原始凭证涉及单位的各个部门和有关人员，范围大，因此会计部门要在调查研究后，会同各个部门和有关人员共同协商，以确定其传递程序和传递时间。记账凭证是会计部门的内部凭证，可由会计主管人员与制证、复核、出纳、记账等人员协商后，确定其传递程序和传递时间。

会计部门会同各有关部门共同制定的会计凭证传递办法，报经本单位领导批准公布后，有关部门和人员都必须遵照执行。倘若日后发现会计凭证传递过程中有不合理的环节，可以及时进行修订。对于若干主要的经济业务，可以绘制原始凭证流程图，供有关人员使用。

二、会计凭证的保管

会计凭证是重要的经济资料和会计档案，各单位在完成经济业务手续和登记账簿后，必须按规定立卷归档，形成会计档案资料，妥善保管，以备日后随时查阅。会计凭证在保管中应做到以下几点。

（一）会计凭证的整理和装订

会计凭证在登记账簿后，应每日或定期对各种会计凭证加以分类整理，将各种记账凭证按照编号顺序，连同所附的原始凭证折叠整齐，加具封面和封底，装订成册，并在装订线上加贴封签，在封签处应由装订人员和会计主管加盖骑缝章，以明确责任。然后由装订人员在封面上注明单位名称、年度、月份、起讫日期、记账凭证的种类及起讫号数、记账凭证的张数和原始凭证的张数。会计凭证的封面格式如

图表5-14所示。

图表 5-14

会计凭证封面　　2019 年 1 月

上 海 化 工 厂　　第 6 册

2019 年 1 月 26 日至 1 月 31 日　　共 6 册

凭 证 名 称	凭证起讫号码		凭证张数	附件张数	备　注
	自	至			
现金收入凭证	9	11	3	（略）	.
现金付出凭证	30	36	7		
银行存款收入凭证	37	45	9		
银行存款付出凭证	45	55	11		
转账凭证	80	111	31		

会计主管：赵云峰　　装订：方钢

对于数量过多的原始凭证，如领料单，也可以另行装订，单独保管，但应在封面上注明所属记账凭证的日期、种类及编号，同时应在有关记账凭证上注明"附件另订"和原始凭证的名称及编号，以备查考。

（二）会计凭证的保管部门和保管期限

年度内装订成册的会计凭证由会计部门指定专人负责保管，在年度终了后，由会计管理机构临时保管一年，再编制清册移交本单位的档案部门保管。根据规定，会计凭证的保管期限通常为 30 年，但重要的会计凭证要永久保管。

在保管期间，如果其他单位因需要查阅、复制和借出会计凭证时，应当严格按照相关制度履行登记手续，严禁篡改和损坏。

思 考 题

一、简答题

1. 什么是会计凭证？会计凭证有哪些作用？
2. 试述原始凭证的分类。
3. 原始凭证应具备哪些基本内容？

4. 试述原始凭证的填制要求。

5. 为什么要编制记账凭证？它有哪些作用？

6. 什么是专用记账凭证？它可以分为哪几种？分别说明各种凭证的定义。

7. 分述复式记账凭证和单式记账凭证的优缺点。

8. 记账凭证应具备哪些基本内容？

9. 记账凭证审核应包括哪些内容？

10. 正确组织会计凭证传递有哪些作用？

二、名词解释题

1. 原始凭证
2. 记账凭证
3. 一次原始凭证
4. 累计原始凭证
5. 汇总原始凭证
6. 转账原始凭证
7. 复式记账凭证
8. 通用记账凭证
9. 单式记账凭证
10. 会计凭证传递

三、是非题

1. 填制和审核会计凭证是会计核算和监督单位经济活动的起点和基础。（　）

2. 外来原始凭证是由外单位填制的，而自制原始凭证则是由本单位财会人员填制的。（　）

3. 发票和收据均是外来原始凭证。（　）

4. 企业填制原始凭证必须符合真实可靠、内容完整、书写清晰规范，有经办人员和有关责任人员签章和及时填制的要求。（　）

5. 记账凭证按其填制的方式不同可分为专用记账凭证和通用记账凭证两种。（　）

6. 原始凭证记录的是经济信息，而记账凭证记录的是会计信息。（　）

7. 采用专用记账凭证，当发生现金和银行存款之间相互划转的经济业务时，为了避免重复记账，通常只编制付款凭证，不编制收款凭证。（　）

8. 由于单式记账凭证一笔经济业务涉及几个会计科目就要填制几张记账凭证，因此其编号采用分数的形式表示。（　）

9. 由于记账凭证是根据原始凭证编制的，因此所有的记账凭证都必须附有原始凭证。（　）

10. 各单位应尽量压缩会计凭证流经各个环节停留的时间，以提高工作效率。（　）

11. 会计凭证装订时应由装订人员在封面上注明单位名称、年度、月份、起讫日期、原始凭证和记账凭证的种类及起讫号数、原始凭证和记账凭证的张数等。

（　　）

四、单项选择题

1. 会计凭证按其________不同，可分为原始凭证和记账凭证。

A. 用途　　B. 取得的渠道

C. 反映的经济内容　　D. 填制的程序和用途

2. ________属于累计原始凭证。

A. 限额领料单　　B. 发出材料汇总表

C. 制造费用分配表　　D. 领料单

3. ________属于汇总原始凭证。

A. 销售发票　　B. 工资费用分配表

C. 发出材料汇总表　　D. 限额领料单

4. 外来原始凭证应是________。

A. 一次原始凭证　　B. 累计原始凭证

C. 汇总原始凭证　　D. 转账原始凭证

5. ________既提供了企业经营管理的总括指标，又简化了会计核算手续。

A. 一次原始凭证　　B. 累计原始凭证

C. 汇总原始凭证　　D. 转账原始凭证

6. ________不属于原始凭证。

A. 收款收据　　B. 收款凭证

C. 销售发票　　D. 收料单

7. 120 080 元大写金额的正确写法为________。

A. 拾贰万捌拾元整　　B. 拾贰万零捌拾元整

C. 壹拾贰万零捌拾元整　　D. 壹拾贰万零零捌拾元整

8. 单位将现金存入银行应编制________。

A. 现金收款凭证　　B. 现金付款凭证

C. 银行存款收款凭证　　D. 银行存款付款凭证

9. 采购员报销 1 120 元差旅费，出纳员又补付其现金 80 元以结清其暂支款时，应编制________。

A. 收款凭证和转账凭证

B. 收款凭证和付款凭证

C. 两张付款凭证

D. 付款凭证和转账凭证

10. 会计凭证的保管期限通常为________年。

A. 5　　B. 10

C. 20　　D. 30

五、多项选择题

1. 自制原始凭证按其填制的方法不同，可分为________。

A. 一次原始凭证　　B. 累计原始凭证

C. 汇总原始凭证　　D. 转账原始凭证

2. ________属于一次原始凭证。

A. 收料单　　B. 工资费用分配表

C. 限额领料单　　D. 销售发票

3. 外来原始凭证应当是________。

A. 从外部单位取得的　　B. 一次原始凭证

C. 转账原始凭证　　D. 盖有填制单位印章的

4. 原始凭证审核的内容有________。

A. 审核原始凭证的真实性

B. 审核原始凭证的完整性

C. 审核原始凭证的正确性

D. 审核原始凭证的合法性和合理性

5. 涉及现金与银行存款相互划转的经济业务时，应编制的记账凭证有________。

A. 现金收款凭证　　B. 现金付款凭证

C. 银行存款收款凭证　　D. 银行存款付款凭证

6. 在填制记账凭证时，应符合摘要必须简明扼要、经济业务必须记录明确、会计科目必须运用正确、________等各项要求。

A. 附件数量必须完整　　B. 必须连续编号

C. 内容必须填写完整　　D. 内容必须真实

7. 会计凭证传递包括________。

A. 传递时间　　B. 传递程序

C. 传递手续　　　　D. 归档保管

练习题

习题一

一、目的 练习原始凭证的编制。

二、资料

1. 申江工厂2019年1月5日向慎昌工厂购进A材料2 000千克，每千克15.02元，计货款30 040元。1月8日，以支票支付全部货款。申江工厂的银行账号为110102167359，开户银行为长宁支行。

2. 慎昌工厂2019年1月5日售给申江工厂A产品2 000千克，每千克15.02元，计货款30 040元。1月8日，收到申江工厂支付货款的支票，据以填制进账单，连同支票一并送存银行，慎昌工厂的银行账号为110131765248，开户银行为静安支行。

三、要求

1. 根据"资料1"填制支票(见图表5-15)。
2. 根据"资料2"填制进账单(见图表5-16)。

图表5-15

支票号码：27638119

中国工商银行上海市分行支票

出票日期(大写)　　　年　　月　　日　　付款行名称：

收款人：　　　　　　　　　　　　　　　出票人账号：

	千	百	十	万	千	百	十	元	角	分
人民币 (大写)										

用途：　　　　　　　　　　科目(借)

上列款项请从　　　　　　　对方科目(贷)
我账户内支付　　　　　　　转账日期

出票人签章　　　　　　　　复核　　　　记账

图表 5-16

中国工商银行进账单（收账通知）　　　编号：29805136

年　月　日

<table>
<tr><td rowspan="3">出票人</td><td>全　称</td><td></td><td rowspan="3">持票人</td><td>全　称</td><td colspan="10"></td></tr>
<tr><td>账　号</td><td></td><td>账　号</td><td colspan="10"></td></tr>
<tr><td>开户银行</td><td></td><td>开户银行</td><td colspan="10"></td></tr>
<tr><td colspan="5" rowspan="2">人民币
（大写）</td><td>千</td><td>百</td><td>十</td><td>万</td><td>千</td><td>百</td><td>十</td><td>元</td><td>角</td><td>分</td></tr>
<tr><td></td><td></td><td></td><td></td><td></td><td></td><td></td><td></td><td></td><td></td></tr>
<tr><td colspan="2">票据种类</td><td></td><td colspan="12" rowspan="3">持票人开户银行盖章</td></tr>
<tr><td colspan="2">票据张数</td><td></td></tr>
<tr><td colspan="3">单位主管　　会计　　复核　　记账</td></tr>
</table>

习　题　二

一、目的　练习复式记账凭证的编制。

二、资料　隆兴工厂 2019 年 1 月份发生下列经济业务：

1. 2 日，向东昌工厂购进 A 材料 2 000 千克，每千克 27.60 元，A 材料已验收入库，货款尚未支付。

2. 3 日，以银行存款支付 A 材料运输费 2 400 元，装卸费 400 元。

3. 4 日，A 材料采购完毕，结转 A 材料的实际采购成本。

4. 6 日，以银行存款支付前欠东昌工厂货款 56 500 元。

5. 7 日，从银行提取现金 2 000 元。

6. 8 日，车间主任黄仁预支差旅费 1 500 元，以现金付讫。

7. 10 日，售给天台工厂乙产品 500 件，每件售价 196 元，货款98 000元，尚未收到。

8. 12 日，收到天台工厂前欠货款 78 400 元，存入银行。

9. 14 日，车间主任黄仁出差回来报销差旅费 1 308 元，退回多余现金 192 元，以结清其暂支款。

10. 15日,向银行提取现金113 000元,备发工资。

11. 15日,以现金113 000元发放工资。

12. 16日,以银行存款支付全年保险费21 600元。

13. 17日,摊销应由本月份负担的保险费,其中:生产车间占70%,行政管理部门占30%。

14. 18日,向华源工厂购进B材料4 000千克,每千克31元,货款124 000元,B材料已验收入库,货款尚未支付。

15. 20日,以银行存款支付B材料运输费4 000元,装卸费800元。

16. 21日,B材料已采购完毕,结转其实际采购成本。

17. 22日,以银行存款捐赠贫困山区希望工程11 500元。

18. 23日,收到现金314元,系客户付来的违约罚金。

19. 24日,生产甲产品耗用A材料1 500千克,每千克29元;B材料2 500千克,每千克32.20元,生产乙产品耗用A材料1 000千克,每千克29元;B材料1 200千克,每千克32.20元,生产车间一般耗用B材料50千克,每千克32.20元,行政管理部门耗用A材料100千克,每千克29元,予以转账。

20. 25日,提取本月份固定资产折旧费21 270元,其中:生产车间19 990元,行政管理部门1 280元。

21. 26日,以银行存款支付推销产品的广告费4 880元。

22. 27日,提取本月份银行借款利息2 700元。

23. 28日,售给四明公司甲产品1 200件,每件195元,计货款234 000元。收到部分货款150 000元,存入银行,其余货款暂欠。

24. 29日,以银行存款支付销售甲、乙两种产品运输费5 800元。

25. 30日,以银行存款支付前欠华源工厂货款124 000元。

26. 31日,分配本月份职工工资,其中,生产甲产品工人工资56 000元,生产乙产品工人工资32 000元,车间管理人员工资9 000元,销售人员工资5 600元,行政管理人员工资16 000元。

27. 31日,按工资总额14%计提职工福利费。

28. 31日,按生产工人工时分配本月份发生的制造费用。生产甲产品耗用4 750工时,生产乙产品耗用2 800工时。

29. 31日,本月份投产的甲产品1 500件,已全部完工,验收入库,结转其实际生产成本。

30. 31 日，按税法的规定计提城市维护建设税 1 372 元，教育费附加 588 元。

31. 31 日，结转已售甲、乙两种产品的生产成本。甲产品的单位生产成本根据本月完工的甲产品计算，乙产品的单位生产成本为 145.55 元。

32. 31 日，将收入类账户结转“本年利润”账户。

33. 31 日，将费用类账户结转“本年利润”账户。

34. 31 日，根据本月份实现的利润总额按 25%的税率计提所得税额。

35. 31 日，将所得税费用结转“本年利润”账户。

36. 31 日，按净利润的 20%计提盈余公积。

37. 31 日，按净利润的 72%计提应分配给投资者的利润。

三、要求

1. 根据上列资料编制收款凭证、付款凭证和转账凭证。

2. 根据编制的记账凭证登记“生产成本”“制造费用”“营业收入”“营业外收入”“营业成本”“税金及附加”“销售费用”“管理费用”“财务费用”“营业外支出”和“本年利润”总分类账户。

3. 根据上列资料及编制的记账凭证登记“生产成本”明细分类账户。

习 题 三

一、目的 练习单式记账凭证的编制。

二、资料 本章习题二的前五笔经济业务。

三、要求 根据上列资料编制单式记账凭证。

第六章 会计账簿

第一节 会计账簿概述

一、会计账簿的意义

会计账簿是指由具有一定格式和互有联系的账页所组成，以会计凭证为依据，用来全面、系统、连续地记录各项经济业务的簿籍。账簿是由许多印制成一定格式的账页组成的，一旦将会计科目或会计明细科目填入某个账页后，该账页就成为记录该会计科目或该明细科目所规定的核算内容的账户。

各个单位在经济业务发生时取得和填制原始凭证，经审核无误后据以采用复式记账的方法，编制记账凭证，将大量的经济信息转化为会计信息，从而完成了会计基本程序的第一步骤。然而记账凭证数量众多，而且分散，每张记账凭证只能记录一项经济业务，反映个别的会计信息。因此需要设置账簿，将个别的会计信息加以集中归类整理后，登记到会计账簿中去，以全面、系统地反映单位经济活动的情况。

二、会计账簿的作用

设置和登记账簿既是会计基本程序的第二步骤，又是会计核算的专门方法之一。它是会计核算的重要环节，在经济管理中有着重要的作用，主要表现在以下四个方面。

（一）为经营管理者提供系统完整的会计信息

各单位通过设置和登记账簿，将会计凭证上反映的零散会计核算资料加以归类、整理和汇总，形成集中的、全面的、系统的会计核算资料，以全面、系统地反映各单位各项资产、负债、所有者权益和经济活动的动态情况及其结果，为经营管理者提供系统完整的会计信息。

（二）保护单位财产物资的安全与完整

各单位通过设置和登记账簿，可以具体反映单位内各项财产物资的增减变动及其结存情况，定期将账簿记录与财产物资进行核对，一旦发现账实不符，要及时查明原因，明确经济责任，从而有助于财产物资的严格管理，保护了单位财产物资的安全和完整。

（三）为编制财务报告提供依据

会计账簿所提供的各种会计信息，经过加工整理后，成为编制财务报告的依据。财务报告能否及时编制，财务报告上各项指标是否真实正确，均与账簿的设置和记录的质量有密切的关系。

（四）为考核、分析和检查经济活动情况提供依据

会计账簿记录提供了各种各样的会计核算资料，通过这些资料可以考核成本、费用、收入、利润预算的完成情况；分析经营管理中的成绩和不足，可以扬长避短，提高经营管理水平；并可以检查企业财经法规、制度的执行情况，财经纪律的遵守情况。

三、会计账簿的种类

会计账簿种类较多，用途和形式各异，相互之间构成了严密的账簿体系，从而为经营管理者提供各种会计信息。为了正确地设置和运用会计账簿，就需要了解会计账簿的种类。会计账簿可以按不同的标准分类，分类的方法主要有以下两种。

（一）按会计账簿的用途分类

会计账簿按照其用途不同，可分为日记账簿、分类账簿和备查账簿三种。

1. 日记账簿　　又称序时账簿，简称日记账，是指按照经济业务发生的时间先后顺序，逐日、逐笔连续记录经济业务的账簿。日记账簿按其记录的内容不同，又可分为普通日记账和特种日记账两种。

(1) 普通日记账　　它是指用来记录全部经济业务发生情况的日记账簿。

(2) 特种日记账　　它是指用来记录特定项目经济业务发生情况的日记账簿。

日记账作为经济业务的序时原始记录，便于查阅某一笔、某一天或某一时期经济业务的发生或完成情况，可以作为登记分类账的依据，也可以与分类账的有关账户相互核对、进行检查。日记账能防止凭证的散失和抽换，在保护会计凭证的完整性和严肃性方面发挥了重要的作用。

2. 分类账簿　　分类账簿简称分类账，是指对经济业务按照账户的分类进行分户登记的账簿。账户与分类账簿既有联系，又有区别。账户是反映某一特定项目的经济内容及其增减变动的结果；而分类账则是包括各类账户在内的账簿。也就是说，分类账是账户的系统组合，分类账分解开来就是一个个账户。

由于账户分为总分类账户和明细分类账户，因此分类账也就分为总分类账和明细分类账。

（1）总分类账　　总分类账简称总账，是指由所有总分类科目开设的总分类账户所组成，用以记录全部经济业务总括核算资料的分类账簿。

（2）明细分类账　　明细分类账简称明细账，是指根据总分类科目设置的，由其所属的明细分类科目开设的明细分类账户所组成，用以记录某一类经济业务明细核算资料的分类账簿。

单位的全部经济业务通过整理分类后，都记入分类账各有关账户中。因此分类账反映了经济单位所有的经济活动情况和财务状况，它是编制财务会计报告的依据，在会计工作中起着重要的作用。

3. 备查账簿　　备查账簿又称辅助账簿，简称备查账，是指对某些不能在日记账和分类账中记录的经济事项或记录不全的经济业务进行补充登记的账簿。其主要作用是为某些经济业务的内容提供必要的参考资料，如租入固定资产登记簿、受托加工材料登记簿等。

各个单位应根据实际需要来设置备查账，其格式也由各单位根据管理的需要自行设计，备查账发挥了备忘参考和补充经济信息的作用。

（二）按会计账簿的外表形式分类

会计账簿按照其外表形式不同，可分为订本式账簿，活页式账簿和卡片式账簿三种。

1. 订本式账簿　　订本式账簿简称订本账，是指在账簿启用前，将一定数量的印有专门格式的账页按顺序号固定装订成册的账簿。订本式账簿的优点是能够避免账页散失，防止账页被抽换，比较严密安全；它的缺点是由于账页固定，在开设各个账户时，倘若预留账页过多，会造成浪费；预留账页过少，则使账户记录前后分开，不便于查阅。况且在同一时间内，只能由一人登记，不便于分工记账。通常总分类账、现金日记账和银行存款日记账等重要的会计账簿应采用订本式账簿。

2. 活页式账簿　　活页式账簿简称活页账，是指将一定数量的零散的印有专门格式的账页组成的账簿。活页式账簿平时将账页装置在账夹中，年终结账后装订成册。这种账簿的优点是可以根据实际需要，随时增减账页，不会造成浪费，也便于分工记账；其缺点是账页容易散失或被抽换。因此，账页在使用时应连续编号，并由记账人员和会计主管签章，以明确责任，防止弊端。通常一般明细分类账可以采用活页式账簿。

3. 卡片式账簿　卡片式账簿简称卡片账，是指将一定数量的、零散的、印有专门格式的硬纸卡片账页组成的账簿。卡片式账簿平时将账页装置在卡片箱中，由专人负责保管。其具有随时可以抽出账页，予以记录，并随时放回的特点；还具有可以根据需要跨年度使用的特点。这种账簿的优缺点及防范措施与活页式账簿相同，并且经久耐用。通常原材料明细分类账、固定资产明细分类账等财产物资明细账可以采用卡片式账簿。

四、设置会计账簿的原则

会计账簿的种类较多，各种账簿之间既有区别，又有联系。因此，各个单位应根据其规模、经营业务的性质和特点来确定设置各种会计账簿及账簿组织的体系，尽管不同单位之间差异很大，但在设置账簿时，均应该遵循下列两个原则。

（一）全面系统原则

由于会计账簿担负着记录会计数据，并将其加工制作成会计信息的重要任务，因此各单位账簿的设置应根据自身经济活动的发展和管理的需要设置各种日记账和分类账等有关账簿。账簿设置的数量和格式必须以全面、系统地核算和监督单位经济活动情况为原则，从而为本单位的经营管理以及为同本单位有着经济利益关系的单位或个人提供必要的会计信息。

（二）科学适用原则

账簿的设置应在满足实际需要的前提下，尽量节约人力和物力，不重复设账和因人设账。并且账簿的设置要有利于会计部门内部的合理分工，充分发挥整体效应。账簿的格式应按所记录的经济业务的内容和需要提供的会计信息进行设计，力求简明实用，以有利于提高核算的效率和质量，有利于单位的经营管理者看账及用账，使账簿的设置科学适用。

第二节　会计账簿的设置与登记

一、日记账簿的设置与登记

设置和登记日记账，可以保证日常会计核算记录的连续性、完整性和及时性，反映资金运动的具体情况，便于对账和查账。日记账按照登记的内容不同，可分为普通日记账和特种日记账两种，现分别予以阐述。

（一）普通日记账的设置与登记

普通日记账是用来序时登记全部经济业务的账簿。它是按经济业务发生或完成时间的先后顺序，确定会计分录后，将其记入普通日记账。普通日记账的格式见图表 6-1。

图表 6-1

普通日记账

单位：元

2019 年		业务号数	摘　要	会计科目	账页	借方金额	贷方金额
月	日						
1	2	1	提现	库存现金 银行存款	（略）	1 600.00	 1 600.00
		2	购进乙材料 2 000 千克，@25 元，款已支付	在途物资 银行存款		50 000.00	 50 000.00
		3	生产 B 产品领用甲材料 1 000千克，@18.50元	生产成本 原材料		18 500.00	 18 500.00
		4	销售 A 产品 500 件，@150 元	银行存款 营业收入		75 000.00	 75 000.00

从表 6-1 可以看出普通日记账实质上是记录会计分录的账簿，因此又称为分录簿。

普通日记账是早期的日记账，它是根据原始凭证直接登记的，起到了记账凭证的作用。以后随着生产的不断发展，经营规模的不断扩大，企业的经济活动日益繁杂。普通日记账不分主次地记录了全部的经济业务，显得过于庞杂，已不能适应管理的需要，必须对账簿组织体系进行变革，从而诞生了特种日记账。

（二）特种日记账的设置与登记

特种日记账是指用来序时地登记某一特定项目经济业务的账簿，以反映某一特定项目的详细情况。它是从普通日记账发展而来的。例如，各单位为了加强对现金和银行存款的管理，设置了现金日记账和银行存款日记账，分别逐日逐笔地记录现金和银行存款的收付业务；又如，为了加强对进货和销货的管理，可以分别设置进货日记账和销货日记账；还有转账日记账专门用来逐日逐笔记录不涉及现金、银行存款收付的转账业务。

由于现金日记账、银行存款日记账和转账日记账是从普通日记账分化而来的，所以开始时也是根据原始凭证登记的。自从出现了记账凭证后，便根据记账凭证并结合其所附的原始凭证进行登记。以后，为了简化核算手续，保留了现金日记账和银行存款日记账，省略了转账日记账。

转账日记账的格式及登记方法与普通日记账相同，不再重述。其他特种日记账的格式有三栏式和多栏式两种。

1. 三栏式特种日记账　它是指在账页设有收入、付出和结存三个金额栏的特种日记账。三栏式特种日记账主要有现金日记账和银行存款日记账。

现金日记账通常由出纳人员根据审核无误的现金收款凭证和付款凭证逐日逐笔顺序登记的。登记时应填明日期、凭证号数、摘要、对方科目、收入金额和付出金额。对于从银行提取现金的业务，由于只填制银行存款付款凭证，而不填制现金收款凭证，因此现金的收入数应根据银行存款付款凭证登记。每日收付款项登记完毕，应分别计算收入金额和付出金额的合计数，并结出余额。然后，再将账面余额与库存现金实存数额相核对，以保证账款相符。现金日记账的格式如图表 6-2 所示。

图表 6-2

现金日记账

单位：元

2019年		凭证号数	摘要	对方科目	收入金额	付出金额	结存金额
月	日						
1	1		上年结转				1 520.00
	2	现付 1	支付购入材料运费	在途物资		275.00	1 245.00
		现付 2	厂长王伯康预支差旅费	其他应收款		1 200.00	45.00
		银付 4	提现	银行存款	1 555.00		1 600.00
		现付 3	厂部购置办公用品	管理费用		313.00	1 287.00
		现收 1	车间主任周平退回出差余额	其他应收款	68.00		1 355.00
1	2		本日合计		1 623.00	1 788.00	1 355.00

银行存款日记账通常由出纳人员根据审核无误的银行存款收款凭证和付款凭证逐日、逐笔顺序登记的。登记时应填明日期、凭证号数、摘要、结算凭证的种类和号数、对方科目、收入金额和付出金额。对于将现金存入银行的业务，由于只填制现金付款凭证，而不填制银行存款收入凭证，因此，银行存款收入数应根据现金付出凭证登记。每日收付款项登记完毕，应分别计算收入金额和付出金额的合计数，

并结出余额，以便于与银行对账单核对。银行存款日记账的格式如图表 6-3 所示。

图表 6-3

银行存款日记账

单位：元

2019 年		凭证号数	摘要	结算凭证		对方科目	收入金额	付出金额	结存金额
月	日			种类	号数				
1	1		上年结转						87 160.00
	2	银收 1	产品销售收入			营业收入	72 000.00		159 160.00
		银付 1	支付采购材料款			在途物资		54 320.00	104 840.00
		银付 2	归还前欠材料款			应付账款		27 250.00	77 590.00
		银付 3	支付推销产品广告费			销售费用		5 320.00	72 270.00
		银付 4	提现			库存现金		1 555.00	70 715.00
		银收 2	客户违约赔偿金			营业外收入	1 990.00		72 705.00
		银收 3	收到客户前欠货款			应收账款	18 820.00		91 525.00
1	2		本日合计				92 810.00	88 445.00	91 525.00

2. 多栏式特种日记账　　它是指在账页的收入金额栏和付出金额栏分别按对应科目设置专栏的特种日记账。多栏式特种日记账主要有现金日记账和银行存款日记账。通过多栏式特种日记账收入各专栏的金额，可以分别反映现金和银行存款收入的来源，通过付出各专栏的金额可以分别反映现金和银行存款的用途，这两种账簿的格式基本相同。

根据图表 6-2 三栏式现金日记账的资料登记多栏式现金日记账如图表 6-4 所示。

在实际工作中，采用多栏式现金日记账和银行存款日记账时，往往会涉及较多的对应科目，将要设置较多的专栏，这就会造成账页篇幅过长。因此，多栏式现金日记账或银行存款日记账又可以分别设置现金收入日记账或银行存款收入日记账以及现金付出日记账或银行存款付出日记账。

根据图表 6-3 银行存款日记账，分别登记银行存款收入日记账和银行存款付出日记账如图表 6-5、图表 6-6 所示。

图表 6-4

现金日记账

单位：元

2019年		凭证号数	摘要	收入金额			付出金额				结存金额
				应贷对方科目			应借对方科目				
月	日			银行存款	其他应收款	合计	其他应收款	在途物资	管理费用	合计	
1	1		上年结转								1 520
	2	现付 1	支付购入材料运费					275		275	1 245
		现付 2	厂长王伯康预支差旅费				1 200			1 200	45
		银付 4	提现	1 555		1 555					1 600
		现付 3	厂部购置办公用品费						313	313	1 287
		现收 1	车间主任周平退回出差余款		68	68					1 355
1	2		本日合计	1 555	68	1 623	1 200	275	313	1 788	1 355

图表 6-5

银行存款收入日记账

单位：元

2019年		凭证号数	摘要	结算凭证		应贷对方科目			收入合计	付出合计	结存金额
月	日			种类	号数	应收账款	营业收入	营业外收入			
1	1		上年结转								87 160
	2	银收1	产品销售收入	（略）			72 000		72 000		
		银收2	客户违约赔偿金					1 990	1 990		
		银收3	收到客户前欠货款			18 820			18 820		
1	2		本日合计			18 820	72 000	1 990	92 810	88 445	91 525

图表 6-6

银行存款付出日记账

单位：元

2019年		凭证号数	摘要	结算凭证		应借对方科目				付出合计
月	日			种类	号数	库存现金	在途物资	应付账款	销售费用	
1	2	银付 1	支付采购材料款	（略）			54 320			54 320
		银付 2	归还前欠材料款					27 250		27 250
		银付 3	支付推销产品广告费						5 320	5 320
		银付 4	提取			1 555				1 555
1	2		本日合计			1 555	54 320	27 250	5 320	88 445

多栏式现金日记账和银行存款日记账的登记方法有两种。

一种是由出纳人员根据审核后的收款凭证逐日、逐笔分别登记现金或银行存款的收入日记账和付出日记账，每日结出收入日记账和付出日记账的合计数，并将付出日记账的付出合计数转记入收入日记账当日付出合计栏内，以结算当日结存金额。会计人员应对多栏式现金日记账和银行存款日记账加强检查监督，并定期（旬末或月末）根据多栏式现金日记账或银行存款日记账各专栏的合计数，分别登记各有关的总分类账户。

另一种是设置现金和银行存款出纳登记簿，由出纳人员根据审核后的收款凭证和付款凭证逐日、逐笔登记，以便随时掌握现金或银行存款的收入、付出和结存情况，然后将收款凭证和付款凭证转交会计人员据以逐日汇总登记多栏式现金或银行存款日记账，并定期根据日记账各专栏的合计数登记各有关的总分类账户。采用这种记账方法，出纳人员登记出纳登记簿，会计人员登记多栏式日记账等，符合内部会计控制原则，有利于加强内部控制和监督。

二、分类账簿的设置与登记

分类账簿分为总分类账和明细分类账，现分别予以阐述。

（一）总分类账的设置与登记

总分类账是按照一级会计科目分类设置的，用于反映全部经济业务总括情况的账簿。总分类账应按会计科目的编号顺序设置。总分类账能够反映各种资产、负债、所有者权益以及收入、费用和利润的概况，为编制财务报告提供资料。

总分类账按账页的格式不同，主要有以下两种。

1. 三栏式总分类账　它是指采用借方、贷方和余额三栏式账页的总分类账。这是最常用的一种总分类账，其格式如图表 6-7 所示。

以上总分类账是根据记账凭证逐笔登记的，在实际工作中，要根据单位所采用的会计核算程序来确定，各种会计核算程序总分类账的登记方法将在第十章会计核算程序中阐述。

2. 对应账户式总分类账　它是指在各账户反映账户对应关系的总分类账。

图表 6-7

总分类账(三栏式)

账户名称：原材料　　　　单位：元

2019年		凭证号数	摘要	借方	贷方	借或贷	余额
月	日						
1	1		上年结转			借	81 200.00
	2	转 3	结转甲材料采购成本	59 600.00		借	140 800.00
	3	转 15	生产 A 产品领用材料		65 400.00	借	75 400.00
	4	转 26	生产车间领用维修材料		4 720.00	借	70 680.00
	5	转 37	行政管理部门领用材料		1 290.00	借	69 390.00

采用这种账簿可以反映各总分类账户借、贷方发生额的来龙去脉，其格式如图表 6-8 所示。

图表 6-8

总分类账(对应账户式)

账户名称：原材料　　　　单位：元

2019年		凭证号数	摘要	对方科目	借方	贷方	借或贷	余额
月	日							
1	1		上年结转				借	81 200.00
	2	转 3	结转甲材料采购成本	在途物资	59 600.00		借	140 800.00
	3	转 15	生产 A 产品领用材料	生产成本		65 400.00	借	75 400.00
	4	转 26	生产车间领用维修材料	制造费用		4 720.00	借	70 680.00
	5	转 27	行政管理部门领用材料	管理费用		1 290.00	借	69 390.00

对应账户式总分类账只能根据记账凭证逐笔进行登记。

(二) 明细分类账的设置与登记

明细分类账是按照二级或三级会计科目设置的，用于反映某类经济业务详细情况的账簿。各单位应根据实际需要为有关的总分类账户设置明细分类账。在各种明细分类账中，分别按照二级科目或三级科目开设明细账户，用以分类、连续地记录有关资产、负债、所有者权益、收入、费用和利润的详细情况，作为对总分类账的补充。

明细分类账按账页的格式不同，可分为以下四种。

1. 三栏式明细分类账　　它是指采用借方、贷方和余额三栏金额式账页的明细分类账。这种明细账适用于仅需反映金额核算的经济内容，如反映应收账款、其他应收款、待摊费用、应付账款等总分类账户详细情况的明细分类账。三栏式明细分类账的格式与三栏式总分类账相同，但明细分类账通常采用活页式账簿。

2. 数量金额式明细分类账　　它是指采用收入、发出和结存三栏数量和金额式账页的明细分类账。这种明细账适用于既要反映实物数量，又要反映金额的经济内容，如反映原材料、库存商品等实物资产详细情况的明细分类账。

数量金额式明细账应根据原材料、库存商品等的收、发原始凭证，逐笔进行登记，以便加强对这些资产的实物管理和使用的监督。数量金额式明细账的格式如图表 6-9 所示。

3. 多栏式明细分类账　　它是指采用按二级明细科目设置专栏形成多栏式账页的明细分类账。它是根据有关总分类账户需要提供资料的要求设置的。多栏式明细分类账有单向登记和双向登记两种。

(1) 单向登记多栏式明细分类账　　它是指仅在单一方向登记的明细分类账，如成本、费用类明细分类账，平时只在借方登记，而收入类明细分类账平时只在贷方登记。倘若发生冲减成本、费用、冲减收入及月末结转分配业务时，可以用红字进行登记，予以冲转。单向登记多栏式明细账的格式如图表 6-10 所示。

(2) 双向登记多栏式明细分类账　　它是指在借、贷双方均采用多栏登记的明细分类账，如本年利润明细分类账、利润分配明细分类账等。双向登记多栏式明细分类账如图表 6-11 所示。

4. 两栏式明细分类账　　它是指采用借方和贷方两栏金额式账页进行同行登记的明细分类账。因此，这种格式又称同行式明细分类账。其特点是将前后密切相关的同一组经济业务，不论发生时间的先后，均登记在账页的同一行次的“借方栏”和“贷方栏”，通过借贷方的相互对照，便于检查每笔经济业务的完成及变动情况，通常适用于同一组经济业务中借方发生多笔经济业务，贷方发生一笔经济业务；或贷方发生多笔经济业务，借方发生一笔经济业务才能结清的账户。例如，在途物资、应收账款、应付账款等账户。两栏式明细分类账的格式如图表6-12所示。

图表 6-9

原材料明细分类账

材料类别：钢材　　　　　　　　　　　　　　　　　　　　材料编号：1002

材料名称：圆钢　　规格 10cm　　计量单位：千克　　储备定额：　　存放地点：钢材仓库

单位：元

2019 年		凭证号数	摘要	收入			发出			结存		
月	日			数量	单价	金额	数量	单价	金额	数量	单价	金额
1	1		上年结转							21 000	3.95	82 950.00
	5		购进	18 000	3.95	71 100.00				39 000	3.95	154 050.00
	10		生产 A 产品				15 000	3.95	59 250.00	24 000	3.95	94 800.00
	15	（略）	生产 B 产品				12 800	3.95	50 560.00	11 200	3.95	44 240.00
	20		购进	14 000	3.95	55 300.00				25 200	3.95	99 540.00
	21		车间维修领用				1 800	3.95	7 110.00	23 400	3.95	92 430.00
	30		行政管理部门领用				1 000	3.95	3 950.00	22 400	3.95	88 480.00
1	31		本月发生额及余额	32 000	3.95	126 400.00	30 600	3.95	120 870.00	22 400	3.95	88 480.00

图表 6-10

制造费用明细分类账(多栏式)

单位：元

2019年		凭证号数	摘要	借方								借方余额
月	日			职工薪酬	折旧费	修理费	机物料消耗	办公费	差旅费	其他费用	合计	
1	3	（略）	领用材料				4 860.00				4 860.00	4 860.00
	5		车间主任王亮差旅费						1 160.00		1 160.00	6 020.00
	9		支付办公费用					768.00			768.00	6 788.00
	31		分配工资	7 800.00							7 800.00	21 348.00
	31		计提职工福利费	1 092.00							1 092.00	22 440.00
	31		计提固定资产折旧费		16 760.00						16 760.00	39 200.00
1	31		本月合计	8 892.00	16 760.00	5 198.00	4 860.00	918.00	1 160.00	1 412.00	39 200.00	39 200.00
1	31		结转生产成本	8 892.00	16 760.00	5 198.00	4 860.00	918.00	1 160.00	1 412.00	39 200.00	-0-

图表 6-11

本年利润明细分类账(多栏式)

单位：元

2019年		凭证号数	摘要	借方								贷方			借或贷	余额
月	日			营业成本	税金及附加	销售费用	管理费用	财务费用	营业外支出	所得税费用	合计	营业收入	营业外收入	合计		
1	31	(略)	收入类账户转入									176 000	1 910	177 910	贷	177 910
	31		费用类账户转入	132 100	7 040	6 990	11 850	930	2 500		161 410				贷	16 500
	31		所得税费用转入							4 125	4 125				贷	12 375
1	31		本期发生额及余额	132 100	7 040	6 990	11 850	930	2 500	4 125	165 535	176 000	1 910	177 910	贷	12 375

图表 6-12

在途物资明细分类账

单位：元

行次	材料名称	借方					贷方					转销符号
		2019年月	日	凭证号数	摘要	金额	2019年月	日	凭证号数	摘要	金额	
1	A材料	1	2	(略)	支付材料款	39 680	1	5	(略)	结转采购成本	40 900	✓
		1	4		支付运输费、装卸费	1 220						
2	B材料	1	3		支付材料款	24 720	1	9		结转采购成本	25 610	✓
		1	7		支付运输费、装卸费	890						
3	C材料	1	8		支付材料款	25 150						
		1	10		支付运输费、装卸费	960						
4	D材料	1	9		支付材料款	19 600						

1	月	10	日	借方余额	45 710

三、总分类账与明细分类账的关系

总分类账的各个账户是根据总分类科目开设的，通过总分类账核算，提供总括资料。而明细分类账的各个账户是根据明细分类科目开设的，通过明细分类核算，提供详细资料。企业在进行总分类账核算的同时，还要进行明细分类账核算，以满足不同管理部门对会计信息不同层次的需求。

由于企业经营管理者需要了解各种资产、负债和所有者权益的结构以及收入、费用的完成情况等总括的会计信息，而企业的各个职能部门却需要了解与本部门管理内容密切相关的、详细的会计信息，如供应部门需要了解各种材料收入、发出和结存的详细情况，以便及时采购材料，保证生产的需要；销售部门需要了解应收账款的详细情况，以便了解客户的商业信用，及时收回货款。因此企业在会计核算时，既要设置总分类账，又要设置明细分类账。

总分类账户与其所属的明细分类账户之间存在着密切的联系。总分类账户对其所属的明细分类账户起着统驭和控制的作用，被称为统驭账户；明细分类账户对其所属总分类账户起着补充和说明的作用，被称为从属账户。两者所核算的对象是一致的，其区别仅仅是核算的详简程度不同，这样提供的会计信息可以互为补充。

四、总分类账与明细分类账的平行登记

平行登记是指在经济业务发生后，以会计凭证为依据，一方面要在有关的总分类账户进行总括登记；另一方面要在总分类账户所属的明细分类账户进行详细登记。通过总分类账和明细分类账的平行登记，期末进行相互核对，可以及时发现错账，予以更正，以保证账簿记录的准确性。

（一）平行登记的要点

平行登记必须做到以下四个要点。

1. 记账的时期相同　　对于发生的每一笔经济业务，应在有关的总分类账户中进行总括的登记；同时还应在有关明细分类账户中进行详细的登记，两者登记的时期必须一致。

2. 记账的方向相同　　对于发生的经济业务，凡是登记在总分类账户借方的，也应该登记在其所属的明细分类账户的借方；凡是登记在总分类账户贷方的，也应该登记在其所属的明细分类账户的贷方。两者登记的方向必须一致。

3. 记账的金额相等　　对于发生的经济业务，记入总分类账户中的金额，必须与记入其所属的各明细分类账户的金额之和相等。

4. 记账的原始依据相同　　虽然总分类账户是根据记账凭证登记的，明细分类账户是根据原始凭证登记的，但是记账凭证是根据原始凭证编制的，因此登记总分类账户

和登记明细分类账户的原始依据均是证明经济业务发生的原始凭证，两者必须一致。

(二) 平行登记的方法

在平行登记时，首先设置并登记总分类账户及其所属的明细分类账户的期初余额；其次根据记账凭证上列明的会计分录，在有关的总分类账户中进行总括登记，并根据记账凭证及其所属的原始凭证在总分类账户所属的明细分类账户中进行详细登记；最后分别在总分类账户及其所属明细分类账户中结出本期发生额与期末余额，并检查它们是否相等。

平行登记的结果使总分类账户和其所属的明细分类账户之间存在着特定的数量关系，这种关系用公式表示如下：

总分类账户本期发生额＝所属各明细分类账户本期发生额合计数

总分类账户期末余额＝所属各明细分类账户期末余额合计数

因此这两个公式成为检查总分类账户与其所属的明细分类账户的登记是否正确的依据。

【例 1】 黄浦工厂 2019 年 1 月 1 日原材料总分类账户余额为100 800元，其所属明细分类账户余额为 A 材料 1 800 千克，单价 32 元，金额 57 600 元；B 材料 1 600千克，单价 27 元，金额 43 200 元。接着 1 月份发生下列有关的经济业务：

(1) 1月 10 日，昨日购进的 A 材料 1 500 千克，单价 32 元，金额48 000元，已验收入库，结转材料采购成本。

(2) 1 月 20 日，昨日购进的 A 材料 1 000 千克，单价 32 元，金额32 000元；B 材料 1 500 千克，单价 27 元，金额 40 500 元，均已验收入库，结转材料采购成本。

(3) 1 月 31 日，根据各部门的领料单编制的材料耗用汇总表如图表 6-13 所示。

图表 6-13

材料耗用汇总表

2019 年 1 月 1～31 日　　　　金额单位：元

耗用材料／材料用途	A 材料			B 材料			金额合计
	数量(千克)	单价	金额	数量(千克)	单价	金额	
生产甲产品	1 200	32	38 400	1 000	27	27 000	65 400
生产乙产品	920	32	29 440	800	27	21 600	51 040
生产车间一般耗用	100	32	3 200	50	27	1 350	4 550
行政管理部门耗用				30	27	810	810
合　计	2 220	32	71 040	1 880	27	50 760	121 800

根据[例 1]的三笔经济业务，作分录如下：

(1) 1 月 10 日：

借：原材料——A 材料　　48 000.00

　　贷：在途物资——A 材料　　48 000.00

(2) 1 月 20 日：

借：原材料——A 材料　　32 000.00

借：原材料——B 材料　　48 000.00

　　贷：在途物资——A 材料　　32 000.00

　　贷：在途物资——B 材料　　48 000.00

(3) 1 月 31 日：

借：生产成本——甲产品　　65 400.00

借：生产成本——乙产品　　51 040.00

借：制造费用　　4 550.00

借：管理费用　　810.00

　　贷：原材料——A 材料　　71 040.00

　　贷：原材料——B 材料　　50 760.00

根据前列资料及会计分录开设并登记原材料总分类账户及其所属明细分类账户如图表 6-14、图表 6-15 所示。

图表 6-14

总分类账

账户名称：原材料　　　　单位：元

2019 年		凭证号数	摘要	借方	贷方	借或贷	余额
月	日						
1	1		期初余额			借	100 800.00
	10	1	购进	48 000.00		借	148 800.00
	20	2	购进	72 500.00		借	221 300.00
	31	3	领用		121 800.00	借	99 500.00
1	31		本期发生额及余额	120 500.00	121 800.00	借	99 500.00

图表 6-15

原材料明细分类账

材料名称：A 材料　　　　金额单位：元

2019 年		凭证号数	摘要	收入			发出			结存		
月	日			数量（千克）	单价	金额	数量（千克）	单价	金额	数量（千克）	单价	金额
1	1		期初余额							1 800	32.00	57 600.00
	10	1	购进	1 500	32.00	48 000.00				3 300	32.00	105 600.00
	20	2	购进	1 000	32.00	32 000.00				4 300	32.00	137 600.00
	31	3	领用				2 220	32.00	71 040.00	2 080	32.00	66 560.00
1	31		本期发生额及余额	2 500	32.00	80 000.00	2 220	32.00	71 040.00	2 080	32.00	66 560.00

材料名称：B 材料　　　　金额单位：元

2019 年		凭证号数	摘要	收入			发出			结存		
月	日			数量（千克）	单价	金额	数量（千克）	单价	金额	数量（千克）	单价	金额
1	1		期初余额							1 600	27.00	43 200.00
	20	2	购进	1 500	27.00	40 500.00				3 100	27.00	83 700.00
	31	3	领用				1 880	27.00	50 760.00	1 220	27.00	32 940.00
1	31		本期发生额及余额	1 500	27.00	40 500.00	1 880	27.00	50 760.00	1 220	27.00	32 940.00

根据原材料明细分类账户，编制原材料明细分类账户本期发生额及余额试算表如图表 6-16 所示。

图表 6-16

原材料明细分类账户本期发生额及余额试算表

2019 年 1 月 31 日 金额单位：元

明细分类账户	计量单位	单价	期初余额		本期发生额				期末余额	
			数量	金额	收入		发出		数量	金额
					数量	金额	数量	金额		
A材料	千克	32	1 800	57 600	2 500	80 000	2 220	71 040	2 080	66 560
B材料	千克	27	1 600	43 200	1 500	40 500	1 880	50 760	1 220	32 940
合计	—	—	—	100 800	—	120 500	—	121 800	—	99 500

将原材料明细分类账户本期发生额及余额试算表的期初余额、本期发生额和期末余额的合计数，分别与原材料总分类账户的期初余额、本期发生额和期末余额相核对，结果完全相等。表明原材料总分类账户和其所属的明细分类账户的记录是正确的。如果两者的数额不相等，表明账户记录或结账有错误，应及时查明，予以更正。

第三节 记账规则和更正错账的方法

一、会计账簿启用与登记的规则

（一）会计账簿启用的规则

会计账簿是储存会计信息的重要的会计档案，为了确保账簿记录的严肃性、合规性和完整性，明确记账责任，会计人员在启用新账簿时，应在账簿封面上写明单位名称和账簿名称；在账簿扉页上应填列账簿启用及接交表，其内容包括：启用日期、账簿页数、记账人员和会计主管人员姓名，并加盖人名章和单位公章。记账人员或会计主管人员调动工作或因故离职时，应办理交接手续，在交接记录栏内填明交接日期、接办人员和监交人员姓名，由交接双方人员签名或盖章。账簿启用及接交表如图表 6-17 所示。

图表 6-17

账簿启用及接交表

<table>
<tr><td>单位名称</td><td></td><td>公　章</td></tr>
<tr><td>账簿名称</td><td>（第　　册，共　　册）</td><td rowspan="4"></td></tr>
<tr><td>账簿编号</td><td></td></tr>
<tr><td>账簿页数</td><td>本账簿共计　　页</td></tr>
<tr><td>启用日期</td><td>公元　　年　　月　　日</td></tr>
</table>

<table>
<tr><td rowspan="3">经管人员</td><td colspan="2">单位主管</td><td colspan="2">会计主管</td><td colspan="2">复　核</td><td colspan="2">记　账</td></tr>
<tr><td>姓名</td><td>盖章</td><td>姓名</td><td>盖章</td><td>姓名</td><td>盖章</td><td>姓名</td><td>盖章</td></tr>
<tr><td></td><td></td><td></td><td></td><td></td><td></td><td></td><td></td></tr>
</table>

<table>
<tr><td rowspan="4">接交记录</td><td colspan="2">经管人员</td><td colspan="4">接　管</td><td colspan="4">交　出</td></tr>
<tr><td>职　别</td><td>姓　名</td><td>年</td><td>月</td><td>日</td><td>盖章</td><td>年</td><td>月</td><td>日</td><td>盖章</td></tr>
<tr><td></td><td></td><td></td><td></td><td></td><td></td><td></td><td></td><td></td><td></td></tr>
<tr><td></td><td></td><td></td><td></td><td></td><td></td><td></td><td></td><td></td><td></td></tr>
<tr><td>备注</td><td colspan="10"></td></tr>
</table>

启用订本式账簿，应从第一页起顺序编定页数，不得跳页、缺号。使用活页式账簿，其账页通常设有分页和总页，应在使用账页时顺序编定分页数，年末必须装订成册。装订后再按实际使用的账页顺序编定总页数；另加目录，并注明各个明细分类账户的名称和页次。

（二）会计账簿登记的规则

登记会计账簿是会计的基础工作，为了保证记账的准确、及时、完整、清晰和规范，会计人员应遵循下列规则：

1. 登记账簿的依据　必须根据经过审核无误的记账凭证及所附的原始凭证登记账簿。

2. 登记账簿用笔及记入账簿的颜色　登记账簿必须使用蓝色或黑色墨水钢笔书写，不得使用圆珠笔或铅笔。但在下列情况下，可以使用红色墨水钢笔书写：①在单向登记的多栏式日记账中，发生冲减成本、费用或收入，及月末结转分配业务时，表示减少。②用红字冲账法更正错账。③结账划线。

3. 登记账簿的内容 应将记账凭证的日期、凭证种类和编号、经济业务的摘要和金额逐项记入账内，记账后要在记账凭证上签章，并注明所记账簿的页次，以防漏记或重记。

4. 账簿中书写文字和数字的要求 书写的文字和数字必须规范、整洁、清晰，应紧贴底线，并在上面留有适当的空距，一般应为格子宽度的$\frac{1}{2}$至$\frac{2}{3}$，以便于日后发生错账时更正。数字则大小要匀称，必须一个一个地书写，不可连笔书写，字体通常自右向左略为倾斜，倾斜幅度要前后一致，通常在75度左右较为适宜；数字的书写，除7和9两字下端可以略为出格外，其余数字均应写在格内。

5. 账簿的登记顺序 必须按照账簿页次顺序逐行、逐页登记，不得跳行、漏页。倘若发生跳行、漏页，应将空行、空页处用红色墨水钢笔画对角线注销，注明“此行空白”或“此页空白”字样，并由记账人员签章确认。

6. 登记账簿的借贷方向必须正确 登记账簿必须按记账凭证上的分录所指明的借、贷方向登记，不得记错方向，凡需要结出余额的账户，在结出余额后，应在“借或贷”栏内写明“借”或“贷”的字样；没有余额的账户，应在该栏内写“平”字样，并在余额栏“元”位上用“-0-”表示。

7. 登记账簿的转页手续 各账户在账页记满时，应办理转页手续，以保持记账的连续和衔接。即在结转次页时，在前页的最末一行，分别加计借、贷双方发生额，结出余额，并在该行摘要栏内注明“过次页”字样。然后再将借、贷双方发生额和余额填入次页的第一行内，并在该行摘要栏内注明“承前页”字样。

8. 登记账簿错误的更正 账簿登记发生错误后，不准涂改、挖补、刮擦或者用药水消除字迹，不准重新抄写，应按规定的方法进行更正。

二、更正错账的方法

会计人员发现账簿记录错误时，应根据错账的性质和具体情况采用正确的方法进行更正，更正的方法有划线更正法、红字冲账法和补充登记法三种。

（一）划线更正法

划线更正法是指用划红线注销原有的错误记录，然后在错误记录的上方写上正确记录的方法。

在记账凭证正确的前提下，发生记账错误，包括文字或数字错误，以及结账时数字计算错误等，应采用划线更正法予以更正。更正时应在错误的文字或数字正中划条单红线，表示注销错账，然后在所划文字或数字的上方填写正确的文字或数字，并由经手人在更正处盖章，以明确责任。需要注意的是当数字发生错误时，必须将整笔数字全部划去，重新书写，不得只划错误的数字进行局部更正。例如，将 8 900 元误记为 9 800 元，应将 9 800 元全部用红线划销，再写上正确的 8 900 元，不得只更正 9 和 8 两位数字。

（二）红字冲账法

红字冲账法又称红字更正法，是指用红字冲销或冲减原有的错误记录，以更正或调整记账错误的方法。红字冲账法按照其冲销错账的程度不同，可分为全额冲账法和差额冲账法两种。

1. 全额冲账法　　它是指先将错账全部用红字冲销，再编制正确的记账凭证以更正错账的方法。记账以后发现记账凭证中应借、应贷的会计科目有错误时，应采用全额冲账法更正。红字在记账中表示减少，起到了冲销的作用。更正时，先用红字金额填制一张与错误记账凭证相同的记账凭证，在其摘要栏内写明“冲销某月某日某号凭证错账”，据以用红字登记入账，冲销原来的错误记录；同时用蓝字重新填制一张正确的记账凭证，在其摘要栏内写明“更正某月某日某号凭证错账”，据以登记入账。

【例 2】　生产车间生产甲产品领用 A 材料 36 000 元，在填制记账凭证时误记入“制造费用”账户，作分录如下：

借：制造费用　　　　36 000.00
　　贷：原材料　　　　36 000.00

在登记账簿后，发现上述错误时，应先用红字金额填制一张内容相同的记账凭证，作分录如下：

借：制造费用　　　　[36 000.00]
　　贷：原材料　　　　[36 000.00]

再用蓝字金额填制一张正确的记账凭证，作分录如下：

借：生产成本　　　　36 000.00
　　贷：原材料　　　　36 000.00

2. 差额冲账法　　它是指将多记金额予以冲减的更正方法。记账以后发现记账凭证中的应借、应贷的会计科目并无错误，仅仅是所记金额大于应记金额，应采用差额冲账法。更正时，可将多记的金额用红字填制一张与原来会计科目相同的记账凭证，据以登记入账，以冲销原来多记的金额。

【例 3】 A 材料采购完毕，验收入库，结转 A 材料采购成本 23 000 元，在填制记账凭证时，误记为 32 000 元，作分录如下：

借：原材料　　32 000.00

　　贷：在途物资　　32 000.00

在登记账簿后，发现上述错误时，应用红字金额填制一张记账凭证，将多记金额 9 000 元冲销，作分录如下：

借：原材料　　[9 000.00]

　　贷：在途物资　　[9 000.00]

（三）补充登记法

补充登记法是指用蓝字填制一张补充记账凭证，补足账户中少记金额的方法。

在登记账簿后，发现记账凭证上应用的会计科目正确，而所记金额小于应记金额，应采用补充登记法更正。更正时，可将少记金额用蓝字填制一张与原来会计科目相同的记账凭证，据以登记入账，以补足原来账户少记的金额。

【例 4】 售给南开公司 A 产品 200 件，每件 300 元，计 60 000 元，货款尚未收到，在填制记账凭证时，误记为 6 000 元，作分录如下：

借：应收账款　　6 000.00

　　贷：营业收入　　6 000.00

在登记账簿后，发现上述错误时，应用蓝字金额填制一张记账凭证，将少记的金额 54 000 元补上。作分录如下：

借：应收账款　　54 000.00

　　贷：营业收入　　54 000.00

第四节 对　账

一、对账的意义

对账是指将账簿记录进行核对。会计信息质量的第一个要求就是可靠性，可靠性要求企业以实际发生的交易或者事项为依据进行会计确认、计量和报告，如实地反映符合确认和计量要求的各项会计要素及其他相关信息，保证会计信息真实可靠、内容完整。然而在实际工作中，难免会发生各种各样的差错，如编制记账凭证发生差错、登记账簿发生差错、存货在收发中发生差错等。为了保证账簿记录的真实性和准确性，在结账以前必须进行对账。

在对账时，可以运用复式记账的平衡原理、各种账簿记录之间相互勾稽的关系和账实之间的内在联系，验证账证、账账和账实是否相符。发现错账，予以更正，发现问题及时向领导汇报，以确保会计信息的真实可靠。

二、对账的内容

对账的内容包括账证核对、账账核对和账实核对。

（一）账证核对

账证核对是指将各种会计账簿的记录与会计凭证进行相互核对。会计账簿包括各种日记账和分类账。会计凭证包括记账凭证及其所附的原始凭证。账证核对通常在日常记账过程中进行，可使错账及时得到更正。当月末发现账账不符或账实不符时，还应追根溯源地将账簿记录与会计凭证进行核对，以保证账证相符。

（二）账账核对

账账核对是指将各种账簿之间有关记录进行相互核对。账账核对是在账证核对的基础上进行的。

1. 账账核对的内容和方法　　账账核对的主要内容有：总分类账各账户借方期末余额合计数与贷方期末余额合计数核对相符；现金日记账和银行存款日记账的期末余额与总分类账中的现金和银行存款总分类账户的期末余额核对相符；各明细分类账户的期末余额合计数与统驭其的总分类账户期末余额核对相符；会计部门各种财产物资明细分类账期末余额与财产物资保管和使用部门的有关财产物资的保管账的期末余额核对相符。

账账核对的方法主要有编制的“总分类账本期发生额及余额试算表”和“明细分类账户本期发生额及余额试算表”等。

2. 错账的原因　　错账的原因是多种多样的，除了少数是记账凭证的错误外，主要是记账时发生差错，记账差错的类型有遗漏记账、重复记账、借贷方向记错、金额位数记错和金额相邻数字错位等。

3. 记账错误查找的方法　　查找记账错误的方法主要有差额法、除二法和除九法。

(1) 差额法　　它是指直接根据账账之间的差额在有关账户与记账凭证中查找记账错误的方法。在对账时，账面实记金额小于应记金额可能是遗漏记账；账面实记金额大于应记金额可能是重复记账。

差额法是用于查找遗漏记账和重复记账的有效方法。

(2) 除二法　它是指将账账之间的差额除以 2，根据取得的商数在有关账户与记账凭证中查找记账错误的方法。如果应记入借方的金额误记入贷方，或者应记入贷方的金额误记入借方，那么结出的余额将比错记金额多出 1 倍。所以，除二法所取得的商数就是记错借贷方向的金额。

除二法是用以查找金额记错借贷方向的有效方法。

(3) 除九法　它是指将账账之间的差额除以 9，如能被除尽，然后根据取得的商数分析查找记账错误的方法。除九法能查找的记账错误有以下两种。

一种是记账时将金额记错位数，也就是大小数错误，这种错误无论是多记金额，还是少记金额，其差额必然是较小数的 9 倍。例如，将6 000元多记为 60 000 元，其差额为 54 000 元，除以 9，商数为 6 000 元，正好是应记的金额；反之，如将 6 000元少记为 600 元，其差额为5 400元，将其除以 9，商数为 600 元，正好是记错的金额，将其乘以 10，积数是 6 000 元，也就是应记的金额。

另一种是金额相邻数字错位，也就是将金额的前后数字颠倒，由此而产生的差额也能被 9 除尽。例如，将 8 760 元误记为 8 670 元，差额为 90 元，又如，将 5 940 元误记为 5 490 元，差额为 450 元，这些差额均能被 9 除尽。

除九法是查找金额记错位数、金额相邻数字错位的有效方法。

以上阐述的差额法、除二法、除九法仅仅介绍了排查记账错误的方法。在实际工作中，运用上述方法排查出错账疑点后，还需要将其与记账凭证及其所附的原始凭证进行核对以后，才能予以确认，届时用划线更正法予以更正。

(三) 账实核对

账实核对是指将各种财产物资的账面余额与财产物资的实际结存数额进行相互核对。账实核对是在账账核对的基础上进行的。

账实核对的主要内容有：现金日记账账面余额与现金实际库存数额相核对；银行存款日记账账面余额与开户银行对账单余额核对；原材料、生产成本、库存商品、固定资产等各种实物明细分类账账面余额与原材料、在产品、库存商品、固定资产等各种实物实存数额相核对；应收账款、预付账款、应付账款、预收账款、其他应收款、其他应付款明细分类账账面余额与有关债务、债权单位或个人进行查询核对。

账实核对的方法是财产清查，关于这方面的内容将在第七章中单独阐述。

第五节 结 账

一、结账的意义

结账是指在会计期末，将经济业务全部登记入账后，计算并结转各账户的本期发生额和期末余额。企业为了总结各个会计期间的财务状况，考核经营成果，便于编制财务报告，必须在各个会计期末进行结账。

在结账前，应查明本期发生的经济业务是否已全部登记入账，不能为了赶编财务报告而提前结账；也不能将本期发生的经济业务拖延至下期入账，更不能先编制财务报告而后结账。

二、记账基础

会计核算上有收付实现制和权责发生制两种记账基础。在阐述这两种记账基础前，先要阐述收入和费用的归属期和收付期。

(一) 收入和费用的归属期与收付期

企业的生产经营活动是一个持续不断的过程，为了及时向与企业有关的各方提供会计信息，就需要将企业连续不断的生产经营活动分割为各个会计期间，从而分期处理经济业务和结算账目。会计期间分为年度、半年度、季度和月度。

由于有了会计期间，就产生了本期与非本期的区别。因此，企业可以在会计期末，将本期的收入与费用进行比较，以确定其经营成果。这样就需要研究收入和费用的收付期与归属期。收入和费用的收付期是指企业取得现金收入的期间和以现金支付费用的期间。这里所指的现金是广义的现金，包括现金和银行存款。收入和费用的归属期是指企业收入实现的期间和费用发生的期间。在实际工作中，收入和费用的支付期与归属期可能出现下列三种情况。

1. 收入和费用的收付期与归属期相一致　　这是最普遍的一种情况。在这种情况下，本期收到本期已实现收入的现金，本期也以现金支付本期发生的费用。

2. 收入和费用的收付期早于归属期　　在这种情况下，本期虽已收到或付出现金，但却应归属于以后会计期间的收入或费用。例如，本月预收客户订购于下月交货的产品的货款，这笔收入在下个月交货时才实现；又如，年末预付明年的保险费，这笔预付费用应归属于明年的 12 个月，每个月负担$\frac{1}{12}$。

3. 收入和费用的收付期迟于归属期　　在这种情况下，本期已实现的收入将在以后会计期间收到现金，本期发生的费用将在以后会计期间支付现金。例如，赊销产品，本月销售产品后允许客户在下个月支付货款；又如，企业每个季度前一二个月向银行借款的利息费用，将在每个季度第三个月支付等。

当企业的收入和费用出现收付期与归属期不一致的情况时，在会计核算上有收付实现制和权责发生制两种不同的记账基础。

（二）收付实现制

收付实现制又称实收实付制，是指以现金的收到和支付为标准来确认收入和费用的方法。采用这种方法，凡属于本期收到现金的收入和以现金支付的费用，不论其是否归属于本期，均作为本期的收入和费用入账；反之，凡属于本期未收到现金的收入和未以现金支付的费用，即使应归属于本期，也不作为本期的收入和费用入账。

收付实现制由于不存在跨期的收入与费用，因此在会计期末，不需要进行账项调整，会计核算也较为简便。然而这种方法由于本期的收入与费用缺乏合理的配比，因此其所反映的收入、费用和利润就不够准确。根据我国财政部的规定，这种方法仅适用于行政、事业等预算单位。

（三）权责发生制

权责发生制又称应收应付制，是指以权利的形成和责任的发生为标准来确认收入与费用的方法。采用这种方法，凡归属于本期的收入和费用，不论其是否收到和支付现金，均作为本期的收入和费用入账；反之，凡不归属于本期的收入和费用，即使已经收到和支付现金，也不能作为本期的收入和费用入账。

权责发生制能使本期的收入与费用相配比，从而准确地反映本期的收入、费用和利润。然而采用这种方法，在会计期末要对各项跨期收入和费用项目进行账项调整，会计核算较为繁琐。我国《企业会计准则——基本准则》第九条明确规定，企业应当以权责发生制为基础进行会计确认、计量和报告。因此，账项调整也就成为企业结账前的准备工作。

三、账项调整

账项调整是指将属于本期已经发生而尚未入账的收入和费用，按照权责发生制调整入账。

（一）账项调整的意义

因为会计核算是分期的，在会计期间，有的经济业务虽已收到了现金，由于产品或劳务尚未提供，不能归属于本期的收入；有的经济业务虽已支付了现金，但本期尚未受益，不能归属于本期的费用；反之，有的经济业务收入已经实现，虽然还没有收到现金，但应归属于本期的收入；有的经济业务费用已经发生，虽然还没有支付现金，但应归属于本期的费用。为了正确确认本期的收入和费用，准确地反映企业的利润，在会计期末进行结账之前就需要将这些收入和费用进行账项调整。

（二）账项调整的内容

账项调整的内容有预收收入、应计收入、预付费用和应计费用四项，现分别予以阐述。

1. 预收收入　预收收入是指款项本期已经收到，但产品或劳务尚未提供，企业尚未实现的收入。企业发生预收收入，在交付产品或提供劳务前，是企业的暂收款项，是对预付单位的一项负债，只有在交付产品或提供劳务后，才能确认其为收入。预收收入主要有预收客户订购产品的定金，预收客户租赁固定资产的租金，以及预收的向客户提供劳务的劳务费等。为了核算企业的预收收入，应设置“预收账款”账户。

“预收账款”是负债类账户，用以核算企业按照合同规定预先向客户收取的款项。企业预收款项时，记入贷方；企业确认预收收入实现时，记入借方；期末余额在贷方，表示企业已经预收而尚未实现的收入。该账户应按客户户名设置明细分类账户。

企业取得预收收入时，借记“银行存款”账户，贷记“预收账款”账户。在确认收入实现时，再借记“预收账款”账户，贷记“营业收入”账户。

【例 5】 1 月 2 日，天华工厂将闲置的设备租赁给新光工厂，预收该厂 3 个月的租金 4 500 元，存入银行，作分录如下：

借：银行存款	4 500.00	
贷：预收账款——新光工厂		4 500.00

【例 6】 1 月 31 日，天华确认本月份实现的租赁设备收入，予以调整入账，作分录如下：

借：预收账款——新光工厂	1 500.00	
贷：营业收入		1 500.00

【例 7】 1 月 15 日，恒昌工厂根据合同规定预收泰安公司定购 E 产品 30 件 20%的货款 18 000 元，将其存入银行。E 产品将于下月 15 日交付对方，作分录如下：

借：银行存款	18 000.00	
贷：预收账款——泰安公司		18 000.00

【例8】 2月15日，恒昌工厂售给泰安公司定购的E产品300件，每件300元，计货款90 000元。查上月已预收货款18 000元，收取其余的货款72 000元，将其存入银行，作分录如下：

借：预收账款——泰安公司　　18 000.00
借：银行存款　　72 000.00
　贷：营业收入　　90 000.00

2. 应计收入　应计收入是指产品或劳务已经提供，款项尚未收到，企业已实现的收入。当企业向客户交付了产品或提供了劳务，虽然货款尚未收到，但企业对客户有求偿权，成为客户的债权人，根据权责发生制的要求，应将其确认为企业的收入。

企业在交付产品或提供劳务后，借记“应收账款”账户，贷记“营业收入”账户；在取得收入时，再借记“银行存款”账户，贷记“应收账款”账户。

3. 预付费用　预付费用是指企业已经支付，但本期尚未受益或本期虽已受益，但受益期涉及多个会计期间的费用。企业支付了费用，倘若在本期受益，应作为本期的费用入账；倘若本期没有受益，预付费用则成为企业的一项资产，然后在各受益期摊销时，再转为各期的费用。预付费用主要有预付保险费和预付租金等。

企业在预付费用时，借记“待摊费用”账户，贷记“银行存款”账户。在分期按各受益期摊销时，再借记“制造费用”“管理费用”等账户，贷记“待摊费用”账户。

【例9】 6月25日，恒昌工厂以银行存款预付下半年度财产保险费12 000元，作分录如下：

借：待摊费用　　12 000.00
　贷：银行存款　　12 000.00

【例10】 7月31日，恒昌工厂摊销应由本月份负担的财产保险费，其中，生产车间1 500元，行政管理部门500元，作分录如下：

借：制造费用　　1 500.00
借：管理费用　　500.00
　贷：待摊费用　　2 000.00

此外，企业为定购原材料预付的定金或货款而发生的预付账款，也是预付性质的款项，应设置“预付账款”账户进行核算。

“预付账款”是资产类账户，用以核算企业按照合同规定预付给供货单位的款项。企业发生预付款项时，记入借方；企业收到供货单位材料，转销预付款项时，记入贷方；期末余额在借方，表示企业已经预付而尚未收到材料的款项。该账户应按供货单位设置明细分类账户。

【例11】 8月9日，恒昌工厂以银行存款15 000元预付给康定公司定购Q材料30%的货款，合同规定对方将在9月9日交付Q材料，作分录如下：

借：预付账款——康定公司　　15 000.00
　　贷：银行存款　　15 000.00

【例12】 9月9日，恒昌工厂收到向康定公司定购的Q材料1 000千克，每千克50元，并已验收入库。以银行存款支付Q材料其余70%的货款，以及Q材料的运输费1 000元，装卸费200元，作分录如下：

借：在途物资——Q材料　　51 200.00
　　贷：预付账款——康定公司　　15 000.00
　　贷：银行存款　　36 200.00

4. 应计费用　　应计费用是指本期已经发生或已经受益，但尚未支付款项的费用。企业发生了费用，虽然尚未支付，为了使费用与收入相配比，仍应将其作为费用入账。尚未支付的款项则成为企业的一项负债。应付费用主要有应付利息、应付税费等。

企业从银行借入的款项是要支付利息的，银行在每个季度末才向企业收取借款的利息。但企业每个月都发生借款利息，那么每个季度的前两个月均要预计应付利息入账，届时借记“财务费用”账户，贷记“应付利息”账户。当季末支付一个季度借款利息时，根据前两个月借款利息的预计数借记“应付利息”账户，根据实际支付的利息与预提利息数的差额借记“财务费用”账户；根据实际支付的借款利息贷记“银行存款”账户。

【例13】 1月31日，恒昌工厂提取本月份应负担的短期借款利息1 020元，作分录如下：

借：财务费用　　1 020.00
　　贷：应付利息　　1 020.00

【例14】 3月31日，恒昌工厂以银行存款支付第一季度短期借款利息3 015元，查2月份提取短期借款利息990元，作分录如下：

借：应付利息(1 020＋990)　　2 010.00
　　财务费用　　1 005.00
　　贷：银行存款　　3 015.00

企业还应按营业收入的一定比例交纳消费税，按净利润的一定比例交纳所得税。然而，本期发生的税款，税务部门在下个月才征收，这些税款也属于本期应计费用，在各月末计提消费税和所得税时，分别借记“营业税金”账户和“所得税费用”账户，贷记“应交税费”账户；在次月交纳这些税金时，再借记“应交税费”账户，贷记“银行存款”账户。

四、结账的内容

结账的内容包括结转损益类账户和结转资产、负债和所有者权益类账户，现分别予以阐述。

（一）损益类账户的结账工作

损益类账户包括收入类账户和费用类账户，这类账户的本期发生额，在会计期末全部要结转“本年利润”账户，结转后均无余额，因此，损益类账户又被称为虚账户。

损益类账户的结账程序是：首先，计算出本期各损益类账户的净发生额，据以编制结账分录。届时先借记“营业收入”等收入类账户，贷记“本年利润”账户；再借记“本年利润”账户，贷记“营业成本”等费用类账户。具体核算方法在第四章第五节中已作了阐述，在此不再重复。其次，是根据结账分录登记各有关账户，登记后各损益类账户的余额均为零。再次，在各账户的最后一笔记录的下一行的上端划条通栏单红线，再在该行的摘要栏内，注明“本期发生额及余额”或“本月合计”字样，分别加计借方和贷方的本期发生额。显示双方金额相等后，在余额栏写上“-0-”，并在该行的下端划条通栏单红线，以表示该账户月底已结平。下月份可在单红线下连续登记。

（二）资产、负债和所有者权益类账户的结账工作

资产、负债和所有者权益类账户在会计期末结账后，通常均有期末余额，因此这些账户又被称为实账户。

资产、负债和所有者权益类账户的期末余额均应结转下期，以便进行连续记录。资产、负债和所有者权益类账户按其结账的时期不同可分为月度结账和年度结账两种。

在月度结账时，首先，在各账户的最后一笔记录的下一行的上端划一条通栏红线，再在该行的摘要栏内注明“本期发生额及余额”或“本月合计”字样，分别加计借方发生额和贷方发生额，并结出期末余额。然后在该行的下端划条通栏单红线。以表示本期账户记录已经结束。其次，在下一行的“日期”栏内填写下月的1日，在“摘要”栏内注明“期初余额”字样，再在余额栏将上月的期末余额转为本月的期初余额。

在12月份月度结账时，先结算出本期发生额和余额，并在该行下端划条通栏单红线后，才开始年度结账。届时，首先，在月结的下一行的“摘要”栏内注明“本年发生额及余额”或“本年合计”字样，分别加计本年借方发生额和本年贷方发生额，并结出期末余额，并在该行下端划条通栏双红线；其次，在年结的下一行的“摘要”栏内注明“结转下年”字样，并将年末借（贷）方余额记入该行贷（借）方栏内，以结束旧账；最后，在下一会计年度新建立的会计账簿的相关账户的第一行“摘要”栏内注明“上年结转”字样，再在“余额”栏内填写上年转入的余额。

账户具体的结账方法如图表6-18、图表6-19所示。

图表6-18

总分类账

账户名称：原材料　　　　单位：元

2019年		凭证号数	摘要	借方	贷方	借或贷	余额
月	日						
1	1	（略）	上年结转			借	96 580.00
	10		购进	54 260.00		借	150 840.00
	20		购进	46 110.00		借	196 950.00
	31		领用		98 230.00	借	98 720.00
1	31		本期发生额及余额	100 370.00	98 230.00	借	98 720.00
2	1		期初余额			借	98 720.00
12	31		本期发生额及余额	101 230.00	99 660.00	借	102 750.00
12	31		本年发生额及余额	1 185 150.00	1 178 980.00	借	102 750.00
12	31		结转下年		102 750.00	平	-0-

图表6-19

总分类账

账户名称：原材料　　　　单位：元

2020年		凭证号数	摘要	借方	贷方	借或贷	余额
月	日						
1	1		上年结转			借	102 750.00

思考题

一、简答题

1. 编制记账凭证后为什么要登记账簿？账簿有哪些作用？

2. 分类账可以分为哪几种？分述各种账簿的定义。

3. 会计账簿按照其外表形式不同可分为哪几种？分述各种账簿的定义、优缺点和适用性。

4. 设置会计账簿应遵循哪些原则？

5. 分别谈谈三栏式现金日记账和银行存款日记账记账的依据、记账的内容和记账的要求。

6. 明细分类账按其账页的格式不同可分为哪几种？分述各种明细分类账的定义和适用性。

7. 试述总分类账与明细分类账的关系。

8. 总分类账户与其所属的明细分类账户如何进行平行登记？平行登记的结果使两者之间存在什么特定的数量关系？

9. 试述会计账簿登记的规则。

10. 更正错账有哪些方法？分述各种方法的定义及适用性。

11. 什么是对账？为什么要进行对账？

12. 试述对账的内容。

13. 什么是结账？为什么要进行结账？

14. 什么是收入和费用的支付期与归属期？它们之间可能会出现哪几种情况？

15. 分述收付实现制与权责发生制的优缺点和适用性。

16. 什么是账项调整？它包括哪些内容？

二、名词解释题

1. 会计账簿　　2. 日记账簿

3. 分类账簿　　4. 普通日记簿

5. 特种日记簿　　6. 平行登记

7. 差额法　　8. 收付实现制

9. 权责发生制　　10. 预收收入

11. 预付费用　　　　　　　　　　12. 应计费用

三、是非题

1. 一旦将会计科目填入某个账页后，该账页就成为记录该会计科目所规定的核算内容的账户。（　）

2. 按会计账簿的用途不同，可分为日记账簿和分类账簿。（　）

3. 分类账簿是账户的系统组合，其分解开来就是一个个账户。（　）

4. 分类账簿是对全部经济业务按收款业务、付款业务和转账业务进行分类登记的账簿。（　）

5. 订本式账簿是指在记完账后，将记过账的账页装订成册的账簿。（　）

6. 特种日记账的格式有两栏式、三栏式和多栏式。（　）

7. 登记账簿必须使用蓝色或黑色墨水钢笔书写，在特殊情况下才可以使用红色墨水钢笔书写。（　）

8. 登记账簿时倘若发生跳行、漏页，应将空行、空页处用红色墨水钢笔画对角线注销，注明“此行空白”或“此页空白”字样。（　）

9. 记账以前发现记账凭证中应借、应贷的会计科目正确，而所记金额小于应记金额，应采用补充登记法。（　）

10. 对账的内容包括账证核对、账账核对和账实核对。（　）

11. 账证核对是指将各种账簿的记录与记账凭证进行相互核对。（　）

12. 账账核对是在账实核对的基础上进行的。（　）

13. 差额法是查找遗漏记账和重复记账的有效方法。（　）

14. 各个企业可以根据各自的经营特点选择采用收付实现制或权责发生制。（　）

15. 应计收入是指产品或劳务已经提供，款项尚未收到，企业已经实现的收入。（　）

16. 工业企业预收客户订购产品的定金，由于产品尚未开始生产，因此不能作为预收收入。（　）

17. 预付费用倘若本期没有受益，预付费用则成为企业的一项资产。（　）

18. 结账的内容包括结转损益类账户和结转资产、负债及所有者权益类账户。（　）

四、单项选择题

1. ________是按照经济业务发生的时间先后顺序逐日逐笔连续记录经济业

务的账簿。

A. 总分类账　　B. 日记账

C. 明细分类账　　D. 备查账

2. 反映经济单位所有的经济活动情况和财务状况的账簿是________。

A. 订本式账簿　　B. 活页式账簿

C. 日记账簿　　D. 分类账簿

3. 具有能避免账页散失,防止账页被抽换,比较严密安全的是________。

A. 日记账簿　　B. 总分类账簿

C. 订本式账簿　　D. 活页账簿

4. 生产成本明细分类账应采用________明细分类账。

A. 三栏式　　B. 数量金额式

C. 多栏式　　D. 两栏式

5. 原材料明细分类账应采用________的格式。

A. 三栏式　　B. 数量金额三栏式

C. 多栏式　　D. 两栏式

6. 记账以后发现记账凭证正确,但所记金额大于应记金额,应采用________。

A. 划线更正法　　B. 全额冲账法

C. 差额冲账法　　D. 补充登记法

7. 除二法是查找________的有效方法。

A. 遗漏记账　　B. 记错借贷方向

C. 记错位数　　D. 金额相邻数字错位

8. 提取银行借款利息属于________。

A. 预收收入　　B. 应计收入

C. 预付费用　　D. 应计费用

五、多项选择题

1. 按日记账簿记录的内容不同,可分为________。

A. 现金日记账　　B. 银行存款日记账

C. 普通日记账　　D. 特种日记账

2. 按账簿的外表形式不同,可分为________。

A. 订本式账簿　　B. 活页式账簿

C. 卡片式账簿　　D. 备查账簿

3. 设置账簿应该遵循的原则有________等。

A. 全面系统原则　　B. 合理规范原则

C. 科学适用原则　　D. 可比性原则

4. 总分类账账页的格式有________。

A. 三栏式　　B. 对应账户式

C. 两栏式　　D. 多栏式

5. 明细分类账账页的格式有三栏式、________等。

A. 数量金额三栏式　　B. 对应账户式

C. 两栏式　　D. 多栏式

6. 企业将现金存入银行,这笔经济业务应登记________。

A. 现金日记账　　B. 银行存款日记账

C. 总分类账　　D. 明细分类账

7. 平行登记必须做到________几个要点。

A. 记账的时期相同　　B. 记账的原始依据相同

C. 记账的方向相同　　D. 记账的金额相等

8. 登记账簿以后,在________情况下发生错账应采用差额冲账法。

A. 记账凭证中应借、应贷的会计科目有错误

B. 记账凭证中应借、应贷的会计科目无错误

C. 所记金额大于应记金额

D. 所记金额小于应记金额

9. 在对账时,可以运用________,验证账证、账账、账实是否相符。

A. 复式记账的平衡原理

B. 各种账簿记录之间相互勾稽的关系

C. 永续盘存制确定期末存货

D. 账实之间的内在联系

10. 账账核对的主要内容有________等。

A. 总分类账各账户借方期末余额合计数与贷方期末余额合计数核对相符

B. 现金日记账的期末余额与总分类账中的库存现金总分类账户的期末余额核对相符

C. 银行存款日记账的期末余额与银行对账单余额核对相符

D. 各明细分类账户的期末余额合计数与统驭它的总分类账户期末余额合

计数核对相符

11. 除九法是查找________的有效方法。

A. 遗漏记账　　B. 记错借贷方向

C. 记错位数　　D. 金额相邻数字错位

12. 账项调整的内容有________。

A. 预收收入　　B. 应计收入

C. 预付费用　　D. 应计费用

13. 为了________,在会计期末需要进行账项调整。

A. 正确确认本期的收入　　B. 正确确认本期的费用

C. 准确反映企业的利润　　D. 准确反映企业的资产

练 习 题

习 题 一

一、目的　练习特种日记账的登记。

二、资料　隆兴工厂2019年1月1日现金日记账的余额为1 600元,银行存款日记账的余额为171 600元。

三、要求

1. 根据上列资料设置三栏式现金日记账和银行存款日记账。

2. 根据第五章习题二编制的收款凭证和付款凭证分别登记三栏式现金日记账和银行存款日记账。

3. 根据上列资料设置多栏式现金日记账和银行存款日记账。

4. 根据第五章习题二编制的收款凭证和付款凭证分别登记多栏式现金日记账和银行存款日记账。

习 题 二

一、目的　练习分类账的登记。

二、资料

1. 隆兴工厂2019年1月1日各总分类账户的余额如图表6-20所示。

图表 6-20

账户余额表

单位：元

账　户	借方余额	账　户	贷方余额
库存现金	1 600	短期借款	200 000
银行存款	171 600	应付账款	130 900
应收账款	78 400	应付职工薪酬	12 560
原材料	117 320	累计折旧	122 000
库存商品	130 580	实收资本	580 000
固定资产	572 000	盈余公积	26 040
合　计	1 071 500	合　计	1 071 500

2. 该厂1月1日有关明细分类账户余额如下：

(1) 原材料明细分类账：

A材料　2 380千克　单价　29.00元　金额　69 020元

B材料　1 500千克　单价　32.20元　金额　48 300元

(2) 应付账款明细分类账：

东昌工厂　56 500元

华源工厂　74 400元

三、要求

1. 根据“资料1”设置三栏式总分类账户。

2. 根据“资料2”设置原材料明细分类账和应付账款明细分类账。

3. 根据第五章习题二编制的收款凭证、付款凭证和转账凭证登记总分类账户。

4. 根据第五章习题二编制的有关收款凭证、付款凭证和转账凭证分别登记原材料明细分类账、生产成本明细分类账和应付账款明细分类账。

5. 根据登记完毕的总分类账户编制本期发生额及余额试算表进行试算平衡。

6. 根据登记完毕的原材料明细分类账和应付账款明细分类账分别编制原材料明细分类账试算表和应付账款明细分类账试算表。并分别与其总分类账户进行核对。

习 题 三

一、目的 练习错账的更正。

二、资料 开端工厂发生下列错账：

1. 以银行存款预付生产车间全年的财产保险费 15 000 元，作分录如下，并已登记入账。

借：制造费用 15 000.00

　　贷：银行存款 15 000.00

2. 生产车间生产 A 产品领用甲材料 45 000 元，作分录如下，并已登记入账。

借：生产成本 54 000.00

　　贷：原材料 54 000.00

3. 采购员王平预支差旅费 1 200 元，作分录如下，并已登记入账。

借：管理费用 1 200.00

　　贷：库存现金 1 200.00

4. 乙材料采购完毕，验收入库，结转乙材料实际采购成本 38 200 元，作分录如下，并已登记入账。

借：原材料 32 800.00

　　贷：在途物资 32 800.00

5. 计提本月份生产车间固定资产折旧费 9 800 元，作分录如下，并已登记入账。

借：生产成本 8 900.00

　　贷：累计折旧 8 900.00

6. 计提本月份银行借款利息 1 020 元，作分录如下，并已登记入账。

借：财务费用 10 200.00

　　贷：应付利息 10 200.00

7. 以银行存款支付丙材料运输费 2 300 元，作分录如下，并已登记入账。

借：销售费用 3 200.00

　　贷：银行存款 3 200.00

8. 预收东方公司定购 C 产品 60%的货款 36 000 元，存入银行，作分录如下，并已登记入账。

借：银行存款 36 000.00

　　贷：营业收入 36 000.00

9. 以银行存款支付生产车间机器设备修理费 1 980 元，作分录如下，尚未登记入账。

借：制造费用　　1 890.00

　　贷：银行存款　　1 890.00

三、要求　采用最适合的方法更正错账。

习　题　四

一、目的　练习收入和费用的确认。

二、资料　卢湾工厂第三季度发生下列经济业务：

1. 7 月 1 日，将闲置设备租赁给华声工厂，预收该厂第三季度租金 5 400 元，存入银行。

2. 7 月 1 日，预付行政管理部门第三季度财产保险费 1 200 元。

3. 7 月、8 月、9 月各月均发生产品销售收入 150 000 元，各月的销售款均于次月收到。

4. 7 月、8 月、9 月各月均发生产品销售成本 115 000 元。

5. 9 月 30 日，以银行存款支付第三季度短期借款利息 3 180 元。

三、要求

1. 根据上列资料用收付实现制分别确认第三季度各月份的收入、费用和利润总额。

2. 若 7 月和 8 月各应负担短期借款利息 1 020 元和 1 050 元，根据上列资料用权责发生制分别确认第三季度各月份的收入、费用和利润总额。

习　题　五

一、目的　练习期末账项调整。

二、资料　武康工厂发生下列有关的经济业务：

1. 4 月 1 日，将闲置的载重汽车 1 辆，租赁给八达运输公司，预收该厂 3 个月租金 6 000 元，存入银行。

2. 4 月 10 日，根据合同规定，预收东风公司定购 B 产品 250 件 30% 的货款 27 000 元，存入银行。B 产品将于 5 月 10 日交付对方。

3. 4 月 15 日，销售给南汇公司 A 产品 200 件，每件 240 元，合同规定对方 5 月 15 日支付货款。

4. 4月28日,以银行存款预付向中兴工厂租赁专用机床5月份和6月份两个月的租金4 500元。

5. 4月30日,将本月份实现的租赁载重汽车的租金收入调整入账。

6. 4月30日,计提本月份应负担的短期借款利息1 080元。

7. 5月10日,售给东风公司B产品250件,每件360元,计货款90 000元,查上月已预收货款27 000元,今收取其余的货款63 000元,存入银行。

8. 5月12日,以银行存款24 000元预付给达安工厂定购的P材料40%的货款,合同规定对方将在6月12日交付P材料。

9. 5月15日,收到南汇公司付来前欠A产品货款48 000元,存入银行。

10. 5月31日,将本月份实现的租赁载重汽车的租金收入调整入账。

11. 5月31日,摊销应由本月份负担的向中兴工厂租赁的专用机床租金。

12. 5月31日,计提本月份应负担的短期借款利息1 200元。

13. 6月12日,收到向达安工厂定购的P材料1 000千克,每千克60元,并已验收入库,以银行存款支付P材料其余60%的货款,以及P材料的运输费900元,装卸费300元。

14. 6月30日,将本月份实现的租赁载重汽车的租金收入调整入账。

15. 6月30日,摊销应由本月份负担的向中兴工厂租赁的专用机床租金。

16. 6月30日,以银行存款支付第二季度短期借款利息3 435元。

17. 6月30日,计提应由本月份负担的消费税8 100元,所得税12 000元。

18. 7月10日,以银行存款支付上月末计提的各种税金。

三、要求 编制会计分录。

第七章 财产清查

第一节 财产清查概述

一、财产清查的意义

财产清查是指通过对各项财产物资的盘点和查询核对，确定其实存数，并查明账存数与实存数是否相符的一种方法。

企业日常发生大量的经济业务，通过填制和审核会计凭证，登记账簿，在账簿记录中反映了企业财产物资的增减变动及结存的情况。通过账证核对、账账核对仅能保证账簿记录的正确性，只有通过财产清查的方法，将账存数与实存数相比较，才能确保账实相符。

产生账实不符的原因是多方面的，主要有：财产物资的自然损耗或自然升溢；收发财产物资时因计量不准而多发或少发；收发财产物资时因手续不完备、责任心不强而错收、错发或串发；登记财产物资账户时发生漏记、重记或串记；犯罪分子贪污、盗窃、营私舞弊直接侵吞企业财产物资和自然灾害等各种非常损失等。因此，企业在进行财产清查时，如发现账存数与实存数不相符时，除查明账实不符的原因外，还应采取改进措施，以加强对财产物资的管理。

财产清查有着重要的作用，主要有以下四点。

（一）确保会计信息的可靠性

通过财产清查可以确定各项财产物资的实存数，将账存数与实存数进行核对，查明各项财产物资是否账实相符，并揭示有关财产物资的盈亏情况和盈亏原因，从而及时调整账面记录，使账簿记录的会计信息真实可靠。

（二）健全管理制度，保护财产物资的安全与完整

通过财产清查，可以查明各项财产物资的保管情况，看看有无因保管不善造成毁损、变质、非法挪用、贪污和盗窃等情况，以便查明原因进行处理。通过财产清查，还可以检查各项财产物资的收发是否按照制度办理了必要的手续，各项财产物资的保管是否妥善、安全，并针对清查中发现的问题，及时采取措施，健全管理制

度，以保护企业财产物资的安全与完整。

（三）挖掘企业财产物资潜力，加速资金周转

通过财产清查，可以查明各项财产物资的储备和使用的情况。对于储备不足和不配套的应设法予以补充和配套，以满足生产经营的需要；对于储备超量、积压和呆滞的，应采取措施，及时予以处理，以充分挖掘财产物资的潜力，避免损失和浪费，加速资金周转，提高企业的经济效益。

（四）监督财经纪律和结算制度的执行，提高企业的经营管理水平

通过财产清查，可以查明是否及时、足额地上交国家税收，是否遵守现金管理制度等各种财经纪律；并查明各种往来款项的结算情况是否正常。对于逾期拖欠的债务应尽早予以清偿，以维护企业良好的商业信誉；对于客户拖欠的账款，应及时进行催讨，以免长期挂账，产生坏账损失。这样，可以监督财经纪律和结算制度的执行，提高企业的经营管理水平。

二、财产清查的种类

财产清查有多种不同的分类方法，现分别予以阐述。

（一）财产清查按清查的范围分类

按照财产清查的范围不同，可分为全面清查和局部清查两种。

1. 全面清查　它是指对所有的财产物资进行全面的盘点和核对。全面清查的范围有：库存现金、银行存款等各种货币资金；原材料、在产品、产成品等各种存货；房屋、建筑物、机器设备等各种固定资产；应收、预付、应付、预收等各种债权债务和有关缴拨结算款项；属于本单位但未存放在本单位的在途物资、委托加工材料和出租固定资产等。

全面清查由于范围广，工作量大，因此通常在年终决算，兼并、合资、开展清产核资、解散或破产清算时采用。

2. 局部清查　它是指根据管理的需要或依据有关规定，对部分财产物资进行盘点和核对。局部清查的主要对象是流动性较强的资产。对于库存现金出纳人员应做到日结日清，每天进行清点核对；对于银行存款每月至少要与银行对账单核对一次；对于各种贵重的存货，每月至少应盘点核对一次；对于一般的存货年内也应分月轮流盘点或重点抽查；对于各种应收款项和应付款项，每年也要核对多次。

（二）财产清查按清查的时间分类

按照财产清查的时间不同，可分为定期清查和不定期清查两种。

1. 定期清查　它是指根据事先计划安排的时间对财产物资进行的盘点和

核对。这种清查通常是在年末、季末、月末结账前进行的。其清查的范围是根据实际需要确定的,可以是全面清查,也可以是局部清查。

2. 不定期清查　它是指根据实际需要临时对财产物资进行的盘点和核对。其清查的范围也是根据实际需要确定,可以是全面清查也可以是局部清查。通常当发生更换现金、存货经管人员时,为了明确经管人员的经济责任;当发生意外损失或非常损失时,为了查明实际损失的情况;当上级主管部门、财政机关和审计机关对企业进行检查时和企业兼并、合资、开展清产核资和解散或破产清算时都需进行不定期清查。

三、财产清查前的准备工作

财产清查是一项复杂而细致的工作,特别是全面清查涉及面广,工作量大,为了做好财产清查工作,必须充分做好准备工作。准备工作有以下几个方面。

(一) 组织准备

为了使财产清查工作有组织、有计划地进行,应根据财产清查工作的实际需要,在企业主要负责人领导下,由会计、供应、生产、销售等有关职能部门的人员组成清查小组。清查小组的主要任务是负责制定财产清查计划,确定清查的对象和范围,安排清查工作的进度和人员分工,检查工作的质量,研究解决清查工作中出现的问题,提出清查结果的处理意见等。

(二) 业务准备

为了使财产清查工作能有条不紊地进行,会计部门和财产物资管理部门应做好各项业务准备工作。

1. 会计部门的准备工作　会计部门应将截至清查日止的所有有关的经济业务全部登记入账,结出总分类账和明细分类账的余额,并进行相互核对,做到账证相符和账账相符,为财产清查提供准确的账存数,并准备好清查登记用的"盘存表""盘点盈亏报告单"等清查登记用的表格。

2. 财产物资管理部门的准备工作　供应、生产、销售等财产物资管理部门应将所要清查的财产物资分类整理清楚,有序地排列整齐,挂上标签,标明财产物资的名称、规格和数量,并应按国家标准校正各种度量衡器具。

第二节　财产物资的盘存制度

存货由于范围广、品种多、数量大,因此存货清查盘点是企业财产清查最重要的一项内容。存货清查盘点就是要确定期末存货的数量和存货耗用的数量，如何确定期末存货的数量和存货耗用的数量取决于存货盘存的制度。存货盘存制度按照确定期末存货的数量和存货耗用的数量的方法不同，可分为实地盘存制和永续盘存制两种。

一、实地盘存制

实地盘存制又称定期盘存制，是指在期末通过对存货进行实物盘点来确定期末存货的结存数量，据以推算本期发出存货数量的方法。

采用实地盘存制的企业，各种存货的账面记录，平时只登记收入的数量和金额，不登记发出的数量。期末结账时，通过实地盘点所确定的期末结存数量，倒挤推算出本期发出数量，并进而计算出本期发出的存货成本。其计算公式如下：

存货期末成本＝期末存货盘存数量×存货单位成本

存货本期发出数量＝存货期初数量＋本期存货收入数量－期末存货盘存数量

存货本期发出成本＝存货期初成本＋本期存货收入成本－期末存货成本

实地盘存制的优点是：由于平时发出存货的数量不予记录，因此也不需要逐日计算结存数量，从而简化了核算工作。其缺点是：不能在账面上随时反映存货发出和结存的情况，及时提供存货管理所需要的各种信息。同时，由于“以存计耗”或“以存计销”来倒挤材料耗用成本或产品销售成本，就可能将由于存货的损耗、短缺、盗窃和浪费等原因所造成的损失都隐藏在倒挤的耗用成本或销售成本之中，从而不利于加强存货的监督与管理，影响了成本计算的准确性。因此这是一种不完善的存货管理制度，它仅适用于一些价值低、损耗小、收发频繁的存货。

二、永续盘存制

永续盘存制又称账面盘存制，是指根据会计凭证逐笔登记各种存货收入和发出的数量，并随时结出账面结存数量的方法。

采用永续盘存制的企业要按每一种存货的品名规格设置明细分类账户。平时既要登记收入的数量和金额，又要登记发出的数量和金额，计算结存的数量和金额。为了保证存货的安全与完整，仍需要定期或不定期地对存货进行实地盘点，以查明账实是否相符，以及账实不符的原因。永续盘存制期末账面存货数量和金额的计算公式如下：

期末账面存货数量＝期初存货数量＋本期收入存货数量－本期发出存货数量

期末账面存货金额＝期末账面存货数量×存货单价

永续盘存制的优点是：能及时反映各种存货的收入、发出和结存的情况；当存货盘点发生盈亏时，便于及时查明原因，予以转账；其核算手续严密，有利于对存货的监督和管理；还可以将存货明细分类账上的结存数与存货的最高储备量和最低储备量相比较，检查存货是否超额或不足，以便及时采取措施，使存货数量合理，加速资金周转。其缺点是：存货明细分类账核算的工作量大。即使这样，与实地盘存制相比较，由于其在管理上有明显的优势，因此，除特殊情况外，一般存货都应采用永续盘存制。

第三节　财产清查的方法

一、实物资产清查的方法

实物资产有原材料、在产品、产成品和固定资产等。由于实物资产的种类繁多，形态各异，体积、重量、价值和存放方式也各不相同，因此可采用不同的清查方法。实物资产通常采用清查的方法有实地盘点法和技术推算法两种。

实地盘点法是指对各项实物资产通过逐一清点或用计量器具来确定其实存数量的方法。这种方法适用面广，通常适用于能逐一清点的实物资产。

技术推算法是指通过对实物体积的计量，再用一定的技术方法推算其实存数量的方法。这种方法适用于量大成堆、难以逐一清点的实物资产，如煤炭、矿砂、石子等。

此外，在实物资产清查时，除了要清点实物数量外，还要检查实物资产的质量，通常是采用一定的物理方法或化学方法鉴定其质量。

在进行盘点时，实物的保管人员必须在场参加盘点，并随时将盘点的结果登记在“盘存表”上，由盘点人员和实物保管人员签章，以明确经济责任。盘存表格式如图表 7-1 所示。

“盘存表”是记录盘点日财产物资实有数的原始凭证，通常一式两份，一份由实物保管人留存，一份送交会计部门与账面记录核对。

当盘存表的实存数与账面记录不符时，应编制“盘点盈亏报告单”，以反映账存数、实存数、盘盈数和盈亏数。账存数小于实存数为盘盈，账存数大于实存数为盘亏，“盘点盈亏报告单”的格式如图表 7-2 所示。

图表 7-1

盘　存　表

编号：005

存放地点：钢材仓库

财产类别：钢材　　　　盘点日期 2019 年 1 月 31 日　　　　单位：元

编号	名　称	规　格	计量单位	数　量	单　价	金　额	备注
001	圆钢	10cm	千克	1 640	3.95	6 478.00	
002	圆钢	12cm	千克	1 220	3.85	4 697.00	
003	圆钢	15cm	千克	850	3.78	3 213.00	
004	圆钢	18cm	千克	600	3.72	2 232.00	
005	圆钢	20cm	千克	300	3.70	1 110.00	
合　计						52 250.00	

盘点人（签章）　　　　实物保管人（签章）

图表 7-2

盘点盈亏报告单

编号：001

类别：钢材　　　　盘点日期 2019 年 1 月 31 日　　　　单位：元

编号	名称	规格	计量单位	账面结存		实际结存		盘　盈		盘　亏	
				数量	金额	数量	金额	数量	金额	数量	金额
001	圆钢	10cm	千克	1 600	6 320.00	1 640	6 478.00	40	158.00		
003	圆钢	15cm	千克	900	3 402.00	850	3 213.00			50	189.00
合　计				—	—	—	—	—	158.00	—	189.00
盈亏原因				收发料过程中差错							

单位负责人（签章）　　　　制表（签章）

“盘点盈亏报告单”既是调整账簿记录的原始凭证，又是分析差异原因，明确经济责任的依据。

二、货币资金清查的方法

货币资金清查主要有库存现金清查和银行存款清查。

（一）库存现金清查的方法

库存现金也是采用实地盘点法进行清查的，由于现金要求日结日清，平时由出纳人员自行清查。此外，还应采取事先不通知的突击清查方法，届时由清查人员会同出纳人员共同进行，清查结果是库存现金的实存金额应该与现金日记账的结存金额相一致。倘若发现库存现金盘盈或盘亏，必须由出纳人员当场核实盈亏数额，予以确认。在清查时还应注意是否有挪用现金、白条抵库等违反财经纪律和现金管理条例的情况，发现这些情况应将现金予以追回，并作出严肃处理。清查结束后，应根据清查的结果编制"库存现金盘点报告表"，编制完毕后，应由盘点人与出纳员共同签章。"库存现金盘点报告表"的格式如图表 7-3 所示。

图表 7-3

库存现金盘点报告表

2019 年 1 月 31 日　　单位：元

账存金额	实存金额	盘盈金额	盘亏金额	备　注
1 169.00	1 169.00			

盘点人（签章）　　出纳员（签章）

（二）银行存款清查的方法

银行存款的清查通常将开户银行定期送来的对账单与本单位的银行存款日记账逐笔进行核对，以查明银行存款的收入、付出和结存是否正确。即使银行对账单和本单位的银行存款日记账都记录正确，由于办理银行结算凭证传递的原因会产生未达账项，从而使银行对账单上的存款余额与本单位银行存款日记账的余额不一致。

未达账项是指企业与银行之间，由于结算凭证传递的时间不同，而导致一方已登记入账，另一方因未接到有关结算凭证而尚未登记入账的款项。未达账项通常有下列四种情况：① 银行已经为企业收入款项，作为企业存款的收入入账，而企业没有收到凭证，尚未登记入账。② 银行已经为企业付出款项，作为企业存款的付出入账，而企业没有收到凭证，尚未登记入账。③ 企业已将款项存入银行，已经作为存款收入入账，而银行没有收到凭证，尚未登记入账。④ 企业将存款支付给其他单位，已经作为存款付出入账，而银行没有收到凭证，尚未登记入账。

由于存在未达账项，因此在清查银行存款时，应查明双方的未达账项，并据以编制"银行存款余款调节表"，以检查银行存款账存数与实存数是否相符。银行存款余额调节表是在银行存款日记账余额和银行存款对账单余额的基础上，加减双方各自的未达账项，使双方余额达到平衡，其调节公式如下：

$$\text{银行存款日记账余额}+\text{银行已收账而企业尚未收账数}-\text{银行已付账而企业尚未付账数}=\text{银行对账单余额}+\text{企业已收账而银行尚未收账数}-\text{企业已付账而银行尚未付账数}$$

【例 1】 天合工厂 2019 年 1 月 31 日银行存款日记账余额为87 070元，银行对账单余额为 125 050 元，经逐笔核对后，发现未达账项如下：

(1) 1 月 30 日，企业产品销售收入 42 260 元，存入银行，并已作为银行存款收入入账，银行因未收到凭证而未入账。

(2) 1 月 30 日，银行为企业支付电费 3 690 元，并已作为银行存款付出入账，企业因未收到凭证而未入账。

(3) 1 月 31 日，企业支付材料采购款 28 110 元，并作为银行存款付出入账，银行因未收到凭证，而未入账。

(4) 1 月 31 日，银行为企业收到购货方前欠货款 55 820 元，并已作为银行存款收入入账，企业因未收到凭证，而未入账。

根据上列资料，编制“银行存款余额调节表”如图表 7-4 所示。

图表 7-4

银行存款余额调节表

2019 年 1 月 31 日　　　　单位：元

项　目	金额	项　目	金额
银行存款日记账余额	87 070	银行对账单余额	125 050
加：银行已收账，而企业尚未收账数		加：企业已收账，而银行尚未收账数	
收到前欠货款	55 820	产品销售收入存入银行	42 260
减：银行已付账，而企业尚未付账数		减：企业已付账，而银行尚未付账数	
支付电费	3 690	支付材料采购款	28 110
调节后余额	139 200	调节后余额	139 200

通过调节以后，双方的余额相等时，表明账簿的记录基本正确；反之，倘若双方的余额不等时，则表明有一方记账错误，应及时查明原因，予以更正。

由于存在未达账项，因此银行存款日记账的余额并不是企业可以实际动用的银行存款的金额。而银行存款余额调节表调节后的余额，仅仅是用来检查企业与银行双方账簿的记录是否正确，只有银行对账单余额才是企业可以实际动用的银行存款的金额。

三、债权、债务清查的方法

债权、债务包括应收账款、预付账款、其他应收款、应付账款、预收账款和其他应付款。这些债权、债务，既有外部各单位的，也有本单位内部的，在清查时应区别情况，采用不同的核对方法。对于外部各单位的债权、债务，可以编制“对账单”。“对账单”一式数联，其中两联寄交对方，一联由对方留存，另一联作为回单。对方单位如核对相符，应在回单上签章后退回；倘若核对不符，应在回单上注明不符的情况后退回，再进一步核对，查明原因。对于本单位内部的债权债务，可以采用定期公布或抄列清单签字确认方法进行核对。

第四节　财产清查结果的处理

一、财产清查结果的处理工作

财产清查结果的处理工作，主要有以下四个方面的内容。

（一）认真查明账实不符的原因

企业通过财产清查所确定的财产的盘盈、盘亏和各种损失等，均要认真查明其发生的原因，分清责任，并按照规定的程序报请有关领导审批处理。清查人员应本着实事求是的精神，如实地反映存在的问题，对产生问题的原因和责任的分析要明确和具体，使领导处理问题有可靠的依据。

（二）处理积压闲置的资产和清理长期不清的债权债务

企业对于财产清查中发现的超储积压材料，应积极组织生产部门设法加以利用；对于呆滞积压产品，应积极组织销售；对于闲置的固定资产，应设法予以出租或出售，以提高实物资产的利用率；对于长期不清的债权债务，应指定专人负责查明原因，予以处理解决。

（三）总结经验教训以加强财产物资的管理

企业对于财产清查中发现的财产物资管理中存在的问题和漏洞，应及时总结经验教训，提出改进措施，健全规章制度，加强财产物资管理责任制。

（四）调整账户记录、确保账实相符

企业对于财产清查中发生的盘盈、盘亏和损失，均应根据规定进行账务处理，

调整账户记录,以确保账实相符。

二、财产清查结果处理的核算

财产清查的结果往往会发现财产物资的盘盈、盘亏和毁损等情况,企业为了全面地核算和监督财产物资的盘盈、盘亏和毁损的情况,以及盘盈、盘亏和毁损的处理情况,应设置"待处理财产损溢"账户。

"待处理财产损溢"是资产类账户,用以核算企业已经发生而尚待处理的各种实物资产的盘盈、盘亏和毁损。企业的各种实物资产发生盘亏、毁损以及转销盘盈时,记入借方;企业的各种实物资产发生盘盈,以及转销盘亏、毁损时,记入贷方,该账户应在期末结账前处理完毕,处理完毕后应无余额。

现对各种财产物资清查结果处理的核算分别予以阐述。

(一)实物资产清查结果处理的核算

当企业发生实物资产盘盈、盘亏或毁损时,应根据盘点盈亏报告单先将盘亏实物资产的账面价值转入"待处理财产损溢"账户,经批准后,再区别情况,予以转账。

对于存货的盘盈应列入"营业外收入"账户,对于存货的盘亏或毁损,若属于超定额损耗或责任事故造成的损失,决定由责任人负责赔偿时,列入"其他应收款"账户;决定由企业承担损失时,列入"营业外支出"账户。若属于自然损耗、定额损耗时,应列入"管理费用"账户;若属于超定额损耗和火灾、自然灾害等原因造成的非常损失时,则应列入"营业外支出"账户。

【例 2】 天明工厂盘盈 A 材料 10 千克,每千克 25 元,予以转账,作分录如下:

借:原材料	250.00	
贷:待处理财产损溢		250.00

【例 3】 天明工厂查明,盘盈的 A 材料是材料收发过程中的正常盈余,经批准予以转账,作分录如下:

借:待处理财产损溢	250.00	
贷:营业外收入		250.00

【例 4】 天明工厂盘亏 B 材料 100 千克,每千克 12 元,因火灾而毁损甲产品 50 箱,每箱 220 元,予以转账,作分录如下:

借:待处理财产损溢	12 200.00	
贷:原材料		1 200.00
贷:库存商品		11 000.00

【例5】 天明工厂查明，盘亏的100千克B材料中，40千克属于定额损耗，60千克属于超定额损耗，由责任人负责赔偿。经批准予以转账，作分录如下：

借：管理费用　　480.00
借：其他应收款——责任人　　720.00
　贷：待处理财产损溢　　1 200.00

【例6】 天明工厂与保险公司联系后，对毁损的甲产品，保险公司同意赔偿损失金额的80%，其余20%经批准作为企业损失处理，作分录如下：

借：其他应收款——保险公司　　8 800.00
借：营业外支出　　2 200.00
　贷：待处理财产损溢　　11 000.00

对于盘亏的固定资产，经批准后应列入“营业外支出”账户；对于毁损的固定资产，处理时的核算方法与存货相同，不再重述。

【例7】 天明工厂盘亏叉车一辆，原始价值60 000元，已提折旧53 000元，予以转账，作分录如下：

借：待处理财产损溢　　7 000.00
借：累计折旧　　53 000.00
　贷：固定资产　　60 000.00

【例8】 天明工厂盘亏的叉车经批准作为企业损失入账，作分录如下：

借：营业外支出　　7 000.00
　贷：待处理财产损溢　　7 000.00

对于盘盈的固定资产，往往是以前年度账务处理中的差错所造成的，应作为前期差错处理，具体核算方法将在后续教材《财务会计》一书中阐述。

（二）现金和债权、债务清查结果的核算

企业在现金清查中发生盘盈或盘亏，也应先将盈亏金额从“库存现金”账户转入“待处理财产损溢”账户，经批准处理时，若作为企业收益或损失时，应分别列入“营业外收入”或“营业外支出”账户；若由责任人负责赔偿时，则应转入“其他应收款”账户。

企业在债权、债务清查中，对于长期被拖欠的应收账款和其他应收款，确实因债务人破产或死亡而无法收回时，形成了企业的坏账，报经领导批准后，按企业的坏账损失处理时，应作为资产减值损失入账，届时借记“资产减值损失”账户，贷记

"应收账款"或"其他应收款"账户。对于应付账款和其他应付款因债权人被撤销等原因,确实无法支付时,报经领导批准后,作为资本公积入账,届时借记"应付账款"或"其他应付款"账户,贷记"资本公积"账户。

"资产减值损失"是损益类账户,用以核算企业的应收账款坏账等各项资产发生的损失。企业发生资产减值损失时,记入借方;企业月末将其结转"本年利润"账户时,记入贷方;结转后无余额。

"资本公积"是所有者权益类账户,用以核算企业取得的资本公积。当企业取得资本公积时,记入贷方;当企业用资本公积转增资本时,记入借方;期末余额在贷方,表示企业资本公积的结存数额。

【例 9】 天明工厂应收南欣公司货款 6 600 元,经清查该公司已破产,货款无法收回。经批准转作坏账损失,作分录如下:

借: 资产减值损失	6 600.00	
贷: 应收账款——南欣公司		6 600.00

【例 10】 天明工厂应付海南工厂 17 200 元材料款,经清查该厂已被撤销,材料款无法支付。经批准予以转账,作分录如下:

借: 应付账款——海南工厂	17 200.00	
贷: 资本公积		17 200.00

【例 11】 天明工厂经批准将 60 000 元资本公积转增资本,作分录如下:

借: 资本公积	60 000.00	
贷: 实收资本		60 000.00

思 考 题

一、简答题

1. 采用实地盘存制和永续盘存制如何确定期末存货的数量和存货耗用的数量?

2. 分述实地盘存制与永续盘存制的优缺点和适用性。

3. 财产清查有哪些不同的分类?

4. 财产清查前应做哪些业务准备工作?

5. 实物资产有哪两种清查方法? 分述这两种清查方法的定义。

6. 如何进行银行存款的清查？

二、名词解释题

1. 实地盘存制　　2. 永续盘存制
3. 财产清查　　4. 局部清查
5. 定期清查　　6. 未达账项

三、是非题

1. 不定期清查的范围仅仅是局部清查。（　）

2. 不论采取实地盘存制，还是采取永续盘存制，都需要定期对财产物资进行清查。（　）

3. 财产清查前应做好组织准备与业务准备两个方面的工作。（　）

4. 实物资产有原材料、在产品、产成品和固定资产，它们的清查可以都选用实地盘点法或技术推算法。（　）

5. 实物盘点时，实存数小于账存数为盘盈。（　）

6. 银行存款日记账余额与银行对账单余额不符的唯一原因是存在未达账项。（　）

7. 银行存款余额调节表中调节后余额是企业可以实际动用的银行存款的金额。（　）

8. 盘亏的固定资产和毁损的固定资产，经批准作为企业损失时均作营业外支出处理。（　）

9. 企业的债权债务，既有外部各单位的，也有单位内部的，应区别情况，采用编制“对账单”、抄列清单签字确认等不同的方法进行核对。（　）

四、单项选择题

1. 能够及时反映各种存货的收入、发出和结存的情况，便于及时查明存货盘点盈亏原因的制度是________。

A. 收付实现制　B. 权责发生制　C. 永续盘存制　D. 实地盘存制

2. 通过财产清查的方法才能确保________。

A. 账证相符　B. 账实相符　C. 账账相符　D. 账表相符

3. 对流动性较强的财产主要采用________。

A. 全面清查　B. 局部清查　C. 定期清查　D. 不定期清查

4. ________要做到日结日清。

A. 库存现金　B. 银行存款　C. 应收款项　D. 应付账款

5. 财产清查中存货发生定额损耗，经批准后应列入________账户。

A.“管理费用” B.“营业外支出”

C.“资产减值损失” D.“资本公积”

6. 企业发生的坏账损失应列入________账户。

A.“管理费用” B.“营业外支出”

C.“资本公积” D.“资产减值损失”

7. 企业因债权人撤销而无法支付的应付账款应列入________账户。

A.“管理费用” B.“营业外支出”

C.“资本公积” D.“财务费用”

五、多项选择题

1. 财产清查有着确保会计信息的可靠性、________等作用。

A. 明确单位财产物资的实际结存额

B. 健全单位管理制度，保护财产物资的安全与完整

C. 挖掘企业财产物资潜力，加速资金周转

D. 监督财经纪律和结算制度的执行，提高企业的经营管理水平

2. 财产物资的盘存制度有________。

A. 实地盘存制 B. 权责发生制

C. 永续盘存制 D. 收付实现制

3. ________在财产清查时应采取实地盘点法。

A. 存货 B. 库存现金 C. 银行存款 D. 固定资产

4. 财产清理结果的处理工作有认真查明账实不符的原因、________等内容。

A. 处理积压闲置的资产

B. 清理长期不清的债权债务

C. 调整账户记录、确保账实相符

D. 总结经验教训以加强财产物资的管理

5. 编制银行存款余额调节表可以________。

A. 查明有无错账 B. 登记银行存款日记账

C. 起到对账的作用 D. 作为调整账面记录的依据

6. ________应通过“待处理财产损溢”账户核算。

A. 固定资产盘亏 B. 存货盘亏

C. 固定资产毁损 D. 坏账损失

练习题

习题一

一、目的 练习银行存款的清查。

二、资料 武泰工厂2019年1月31日银行存款日记账余额为99 550元，银行对账单余额为108 210元，经逐笔核对后，发现未达账项如下：

1. 1月30日，企业支付材料采购款27 660元，并已作为银行存款付出入账，银行因未收到凭证而未入账。

2. 1月30日，企业产品销售收入38 890元，存入银行，并已作为银行存款收入入账，银行因未收到凭证而未入账。

3. 1月31日，银行为企业收到购货方前欠账款27 210元，并已作为银行存款收入入账，企业因未收到凭证而未入账。

4. 1月31日，银行为企业支付厂房租金4 980元，并已作为银行存款付出入账，企业因未收到凭证而未入账。

5. 1月31日，企业将2 340元现金解存银行，并已作为银行存款收入入账，银行因已过入账时间而未及入账。

三、要求 编制银行存款余款调节表。

习题二

一、目的 练习财产清查结果处理的核算。

二、资料 武泰工厂发生下列有关的经济业务：

1. 1月25日，材料仓库送来盘点盈亏报告单如图表7-5所示，予以转账。

图表7-5

盘点盈亏报告单

2019年1月25日　　单位：元

材料名称	计量单位	账面结存		实际结存		盘盈		盘亏	
		数量	金额	数量	金额	数量	金额	数量	金额
A材料	千克	3 080	83 160.00	3 020	81 540.00			60	1 620.00
B材料	千克	2 738	68 450.00	2 764	69 100.00	26	650.00		
合计		—	—	—	—	—	650.00	—	1 620.00

2. 1月25日，成品仓库送来盘点盈亏及毁损报告单如图表7-6所示，予以转账。

图表7-6

盘点盈亏及毁损报告单

2019年1月25日　　　　单位：元

产品名称	计量单位	账面结存		实际结存		盘盈		毁损	
		数量	金额	数量	金额	数量	金额	数量	金额
甲产品	件	455	72 800.00	375	60 000.00			80	12 800.00
乙产品	件	270	36 450.00	276	37 260.00	6	810.00		
合计		—	—	—	—	—	810.00	—	12 800.00

3. 1月26日，盘亏电瓶车一辆，原始价值30 000元，已提折旧22 200元。

4. 1月27日，经查明盘亏的甲产品是销货时少发产品，今已补发购货方，予以转账。

5. 1月27日，经查明，盘亏的A材料中35千克属于定额损耗，25千克属于超定额损耗，由责任人负责赔偿，经批准予以转账。

6. 1月28日，经查明，盘盈的B材料是收发过程中的正常盈余，经批准予以转账。

7. 1月28日，毁损载重汽车一辆，原始价值为76 000元，已提折旧56 000元，予以转账。

8. 1月29日，毁损的甲产品系火灾所致，与保险公司联系，其同意按损失金额的80%赔偿，其余20%经批准作为企业损失处理。

9. 1月30日，盘亏的电瓶车经批准作为企业损失入账。

10. 1月30日，应收华阳公司货款15 500元，经清查因该公司已破产而无法收回，经批准作为企业的坏账损失处理。

11. 1月31日，应付兴安工厂材料款6 700元，经清查因该厂已被撤销，无法支付，经批准予以转账。

12. 1月31日，毁损的载重汽车与保险公司联系后，其同意赔偿16 000元，其余部分经批准作为企业的损失。

13. 1月31日，经批准将50 000元资本公积转增资本。

三、要求　编制会计分录。

第八章　账户的分类

第一节　账户分类概述

一、账户分类的意义

账户分类是指将全部账户按照账户的本质特性，分别采用不同的标志，进行科学的分组。前面各章已阐述了工业企业基本的经济业务及其核算的方法，运用了大量的账户，基本上介绍了各个账户所反映的经济内容和用途与结构，也介绍了根据经济业务的内容，选择适当的账户进行记录的情况。

由于每个账户仅反映企业在一定的时期内资金运动的一个方面的变化和结果，这个方面具体表现为一个特定的经济内容，从而形成了各个账户的特性。但是企业在生产经营过程中发生的经济业务是错综复杂的，因此需要将全部账户结合起来，共同反映企业在一定时期内资金运动的整体的变化和结果，从而形成由各个特定的经济内容组成的整体的经济内容。然而，账户之间并不是孤立的，它们之间存在着相互的联系，组成了一个完整的账户体系。在这个账户体系中，有些账户反映的经济内容的性质是相同的，形成了这些账户的共性。为了更好地了解各个账户的特性和各组账户的共性，明了和掌握各账户之间的内在联系和区别，掌握每个账户的使用方法，就必须对账户进行科学的分类。

账户分类的意义主要表现在以下三个方面。

首先，通过账户分类，有利于加深对账户的全面认识，了解各个账户在整个账户体系和会计核算中的地位和作用，以正确地设置和运用账户。

其次，通过账户分类，可以在了解各个账户特性的基础上，进一步了解各组账户的同性及账户之间的联系与区别，以寻找账户设置与运用的规律，做到熟练地使用账户。

再次，通过账户分类，能够揭示全部账户在反映企业一定时期内资金运动整体的变化和结果上的分工协作关系，便于企业按照我国《企业会计准则》的要求和本企业经营管理的特点，独立地设计账户体系，以保证会计核算和监督的质量。

二、账户的不同分类

账户可以按不同的标志进行分类，以便从不同的角度分析账户的体系结构。

（一）账户按经济内容分类

由于账户是会计要素按其经济内容进行分类的产物，也就是说，账户是按照会计要素的经济内容分解后设置的，所以账户体系与会计要素的结构是一致的，从而决定了账户体系的分类与会计要素的分类是一致的，因此，账户按经济内容分类也就是按会计要素分类，它是账户最基本的分类。

（二）账户按用途和结构分类

由于账户是用于记录经济业务的记账载体，每个账户都有特定的用途，提供着不同的会计信息，在整个账户体系中发挥着不同的作用。不同用途的账户，其结构也不相同，因此在账户按会计要素分类的基础上，还需要按账户的用途和结构进行分类，从而有利于掌握各类账户的使用方法。

（三）账户按统驭与被统驭关系分类

由于账户根据管理上对会计信息要求的详略程度不同，对于同一项经济业务，分别设置总分类账户和明细分类账户进行核算。总分类账户提供总括指标，成为统驭账户；明细分类账提供详细指标，成为被统驭账户。将账户按统驭账户与被统驭账户分类，有利于表明会计信息的层次、特点以及账户之间的统驭与被统驭的关系。

第二节 账户按经济内容分类

账户按经济内容分类可分为资产类账户、负债类账户、所有者权益类账户、收入类账户、费用类账户和利润类账户六类。以下分别予以阐述。

一、资产类账户

资产类账户是指用以核算和监督资产增减变动及其结存情况的账户。按照资产的流动性不同，又可分为流动资产类账户和非流动资产类账户。

1. 流动资产类账户　归入这类账户的有“库存现金”“银行存款”“应收账款”“预付账款”“其他应收款”“在途物资”“原材料”“材料成本差异”“库存商品”和“待摊费用”等账户。

2. 非流动资产类账户　归入这类账户的有“固定资产”“累计折旧”“无形资产”和“累计摊销”等账户。

二、负债类账户

负债类账户是指用以核算和监督负债增减变动及其结存情况的账户。按照负债的偿还期的长短不同，可分为流动负债类账户和长期负债类账户。

1. 流动负债类账户　归入这类账户的有"短期借款""应付账款""预收账款""应付职工薪酬""应交税费""应付利息""应付股利"和"其他应付款"等账户。

2. 非流动负债类账户　归入这类账户的有"长期借款"和"应付债券"等账户。

三、所有者权益类账户

所有者权益类账户是指用以核算和监督所有者权益增减变动及其结存情况的账户。按照所有者权益的来源不同，可分为投入资本类账户和留存收益类账户。

1. 投入资本类账户　归入这类账户的有"实收资本"和"资本公积"账户。

2. 留存收益类账户　归入这类账户的有"盈余公积"账户。

四、收入类账户

收入类账户是指用以核算和监督在生产经营过程中取得各种收入的账户。按收入的性质不同，可分为营业收入类账户和非营业收入类账户。

1. 营业收入类账户　归入这类账户的有"营业收入"账户。

2. 非营业收入类账户　归入这类账户的有"营业外收入"账户。

五、费用类账户

费用类账户是指用以核算和监督企业在生产经营过程中发生的各种费用的账户。按照费用的性质不同，可分为成本类账户、营业费用类账户和非营业费用类账户。

1. 成本类账户　归入这类账户的有"生产成本"和"制造费用"等账户。

2. 营业费用类账户　归入这类账户的有"营业成本""税金及附加""销售费用""管理费用""财务费用"和"资产减值损失"等账户。

3. 非营业费用类账户　归入这类账户的有"营业外支出"和"所得税费用"账户。

六、利润类账户

利润类账户是指用以核算和监督利润的实现与分配情况的账户。按照其性质不同，可分为利润实现类账户和利润分配类账户。

1. 利润实现类账户　归入这类账户的有"本年利润"账户。

2. 利润分配类账户　归入这类账户的有"利润分配"账户。

工业企业通常应用的账户按照经济内容进行分类的情况如图表 8-1 所示。

图表 8-1

账户按经济内容分类表

- 账户
  - 资产类账户
    - 流动资产类账户
      - 库存现金
      - 银行存款
      - 应收账款
      - 预付账款
      - 其他应收款
      - 在途物资
      - 原材料
      - 材料成本差异
      - 库存商品
      - 待摊费用
    - 非流动资产类账户
      - 固定资产
      - 累计折旧
      - 无形资产
      - 累计摊销
  - 负债类账户
    - 流动负债类账户
      - 短期借款
      - 应付账款
      - 预收账款
      - 应付职工薪酬
      - 应交税费
      - 应付利息
      - 应付股利
      - 其他应付款
    - 非流动负债类账户
      - 长期借款
      - 应付债券
  - 所有者权益类账户
    - 投入资本类账户
      - 实收资本
      - 资本公积
    - 留存收益类账户
      - 盈余公积
  - 收入类账户
    - 营业收入类账户
      - 营业收入
    - 非营业收入类账户
      - 营业外收入
  - 费用类账户
    - 成本类账户
      - 生产成本
      - 制造费用
    - 营业费用类账户
      - 营业成本
      - 税金及附加
      - 销售费用
      - 管理费用
      - 财务费用
      - 资产减值损失
    - 非营业费用类账户
      - 营业外支出
      - 所得税费用
  - 利润类账户
    - 利润实现类账户
      - 本年利润
    - 利润分配类账户
      - 利润分配

第三节　账户按用途结构分类

账户的用途是指通过账户的记录，能够提供哪些会计信息。账户的结构是指账户的借方核算哪些经济内容，贷方核算哪些经济内容，期末余额所在的方向及其所表示的经济内容。

由于按照经济内容归为同类的账户，往往具有不同的用途和结构，因此账户在按经济内容分类的基础上，还要按用途和结构进行分类，以补充其按经济内容分类的不足。

账户按用途和结构分类可分为盘存账户、结算账户、资本账户、调整账户、集合分配账户、跨期摊配账户、成本计算账户、财务成果形成账户、财务成果账户和暂记账户等十类。现分别予以阐述。

一、盘存账户

盘存账户是指用以核算和监督各种货币资金、实物资产的增减变动及其实存数额的账户。这类账户的借方登记各种货币资金、实物资产的增加数；贷方登记各种货币资金、实物资产的减少数；期末余额在借方，表示各种货币资金、实物资产的结存数额。其账户的基本结构如图表 8-2 所示。

图表 8-2

盘存账户的基本结构

借方　　盘存账户	贷方
期初余额：期初货币资金、实物资产的结存数	
发 生 额：本期货币资金、实物资产的增加数	发 生 额：本期货币资金、实物资产的减少数
期末余额：期末货币资金、实物资产的结存数	

归入盘存账户的有“库存现金”“银行存款”“原材料”“库存商品”和“固定资产”等账户。

盘存账户的特点是除了货币资金账户外，其他账户均应进行总分类核算和明细分类核算，以提供实物数量和金额两种指标。因此，通过财产清查，进行实物盘点，能确定各个盘存账户的实存数，以检查其是否账实相符。

二、结算账户

结算账户是指用以核算和监督企业同其他单位或个人之间债权、债务结算情况的账户。按照账户的具体用途和结构不同,结算账户可以分为债权结算账户、债务结算账户和债权、债务结算账户三类。

(一) 债权结算账户

债权结算账户是指用以核算和监督企业同债务单位或个人之间债权结算情况的账户。这类账户的借方登记债权的增加数;贷方登记债权的减少数;期末余额在借方,表示尚待收回的债权数。其账户的基本结构如图表 8-3 所示。

图表 8-3

债权账户的基本结构

借方　　　　债权结算账户	贷方
期初余额:期初债权(应收、预付款项)的结存数	
发 生 额:本期债权(应收、预付款项)的增加数	发 生 额:本期债权(应收、预付款项)的减少数
期末余额:期末债权(应收、预付款项)的结存数	

归入债权结算账户的有"应收账款""预付账款"和"其他应收款"等账户。

(二) 债务结算账户

债务结算账户是指用以核算和监督企业同债权单位或个人之间债务结算的账户。这类账户的结构是贷方登记债务的增加数;借方登记债务的减少数;期末余额在贷方,表示尚待支付的债务数。其账户的基本结构,如图表 8-4 所示。

图表 8-4

债务账户的基本结构

借方　　　　债务结算账户	贷方
	期初余额:期初债务(应付、预收款项)的结存数
发 生 额:本期债务(应付、预收款项)的减少数	发 生 额:本期债务(应付、预收款项)的增加数
	期末余额:期末债务(应付、预收款项)的结存数

归入债务结算账户的有“短期借款”“应付账款”“预收账款”“其他应付款”“应付职工薪酬”“应交税费”“应付利息”“应付股利”“长期借款”和“应付债券”等账户。

（三）债权、债务结算账户

债权、债务结算账户是指用以核算和监督同其他单位或个人之间往来结算情况的账户。这类账户的借方登记债权的增加数和债务的减少数；贷方登记债务的增加数和债权的减少数。期末余额若在借方，表示尚未收回的债权数大于尚未支付的债务数的差额；期末余额若在贷方，则表示尚未支付的债务数大于尚未收回的债权数的差额，其账户的基本结构如图表 8-5 所示。

图表 8-5

债权、债务账户的基本结构

借方 债权、债务结算账户	贷方
期初余额：期初债权大于债务的差额	或者，期初余额：期初债务大于债权的差额
发 生 额：本期债权增加数 本期债务减少数	发 生 额：本期债务增加数 本期债权减少数
期末余额：期末债权大于债务的差额	或者，期末余额：期末债务大于债权的差额

倘若是明细分类账户，那么，借方余额表示尚未收回的债权，贷方余额则表示尚未支付的债务。

归入债权、债务结算账户的账户具有不确定性。因为在实际工作中，倘若预付账款发生不多的企业，也可以不设置“预付账款”账户，当发生预付账款时，通过“应付账款”账户核算，届时应付账款就成了债权、债务结算账户；倘若预收账款发生不多的企业，也可以不设置“预收账款”账户。当发生预收账款时，通过“应收账款”账户核算，届时“应收账款”账户也就成了债权、债务结算账户。

结算账户的特点是所有的账户均应按发生结算业务的单位或个人进行明细分类核算，以便及时进行结算和定期进行账目核对。

三、资本账户

资本账户是指用以核算和监督投资者投入的资本或留存收益的增减变动及其结存情况的账户。这类账户的贷方登记投入资本或留存收益的增加数；借方登记投入资本或留存收益的减少数；期末余额在贷方，表示投入资本或留存收益的结存数额，其账户的基本结构如图表 8-6 所示。

图表 8-6

资本账户的基本结构

借方	资 本 账 户 贷方
	期初余额：期初投入资本或留存收益的结存数
发 生 额：本期投入资本或留存收益的减少数	发 生 额：本期投入资本或留存收益的增加数
	期末余额：期末投入资本或留存收益的结存数

归入资本账户的有“实收资本”“资本公积”和“盈余公积”等账户。

四、调整账户

调整账户是指用以调整被调整账户的余额，以取得被调整账户的实际余额的账户。在会计核算中，由于经营管理或其他原因，对于有些账户，既需要在账面上保留其原始的数额，又需要在账面上反映对原始数额发生调整的数额。这样就必须设置一个被调整账户，用以核算和监督某项目的原始数额的增减变动及其结存情况。同时还必须设置一个调整账户，用以核算和监督某项目的调整数额，将某项目原始数额加上或减去调整数额，以取得某项目的实有数额，满足各方面的需要。

调整账户按其调整的方式不同又可分为抵减账户、附加账户和抵减附加账户三类。

（一）抵减账户

抵减账户又称备抵账户，是指用以抵减被调整账户，以取得被调整账户实际余额的账户。被调整账户与抵减账户的期末余额的方向是相反的，即倘若被调整账户的期末余额在借方，那么，抵减账户的期末余额必然在贷方；倘若被调整账户的期末余额在贷方，那么抵减账户的期末余额必然在借方。其调整方式可用计算公式列示如下：

被调整账户余额－抵减账户余额＝被调整账户实际余额

按照被调整账户的性质不同，抵减账户又可分为资产抵减账户和权益抵减账户两类。

1. 资产抵减账户　　它是指用以抵减某一资产账户的余额，以取得该资产账户实际余额的账户。归入资产抵减账户的有“累计折旧”和“累计摊销”账户。

“累计折旧”账户的被调整账户是“固定资产”账户。“固定资产”账户的余额在借方，反映固定资产的原始价值；“累计折旧”账户的余额在贷方，反映固定资产的累计折旧额；将“固定资产”账户余额减去“累计折旧”账户余额的差额，就是固定资产的净值。这两个账户的关系如图表 8-7 所示。

图表 8-7

“固定资产”账户和“累计折旧”账户的关系

借方	固 定 资 产	贷方	借方	累 计 折 旧	贷方
期末余额：	固定资产价值（元）800 000			期末余额：	固定资产累计折旧额（元）160 000

固定资产净值＝800 000－160 000＝640 000(元)

“累计摊销”账户的被调整账户是“无形资产”账户。“无形资产”账户的余额在借方，反映无形资产的原始成本，“累计摊销”账户余额在贷方，反映无形资产的累计摊销额；将“无形资产”账户余额减去“累计摊销”账户余额的差额，就是无形资产的现有价值。

2. 权益抵减账户　它是指用以抵减某权益账户的余额，以取得该权益账户实际余额的账户。归入权益抵减账户的是“利润分配”账户。“利润分配”账户的被调整账户是“本年利润”账户。“本年利润”账户的余额在贷方，反映企业本年实现的利润额；“利润分配”账户的余额在借方，反映企业本年的利润分配额；将“本年利润”账户余额减去“利润分配”账户的余额的差额，就是未分配利润额。这两个账户的关系如图表 8-8 所示。

图表 8-8

“本年利润”账户和“利润分配”账户的关系

借方	本 年 利 润	贷方	借方	利 润 分 配	贷方
		期末余额：本年已实现利润累计数（元）80 000	期末余额：本年已分配利润累计数（元）72 000		

未分配利润额＝80 000－72 000＝8 000(元)

（二）附加账户

附加账户是指用以增加被调整账户的余额，以取得被调整账户实际余额的账户。由于被调整账户与附加账户的期末余额的方向是相同的，因此，倘若被调整账户的期末余额在借方，那么，附加账户的期末余额也必然在借方；倘若被调整账户的期末余额在贷方，那么附加账户的期末余额也必然在贷方。其调整方式可用计算公式列示如下：

被调整账户余额＋附加账户余额＝被调整账户实际余额

在现行的《企业会计准则——应用指南》中，没有附加账户。

（三）抵减附加账户

抵减附加账户是指用以抵减或附加被调整账户，以取得被调整账户实际余额的账户。抵减附加账户具有两重性，当其余额与被调整账户余额方向相反时，为抵减账户；当其余额与被调整账户余额方向相同时，则为附加账户。

归入抵减附加账户的是“材料成本差异”账户。“材料成本差异”的被调整账户是“原材料”账户。当原材料采用计划成本核算时，“原材料”账户按计划成本计价核算，同时还应设置“材料成本差异”账户，用以核算原材料实际成本与计划成本的差额。

当“材料成本差异”账户为贷方余额时，与“原材料”账户的借方余额的方向相反，那么，“材料成本差异”是抵减账户，其调整的方式是将“原材料”账户的余额减去“材料成本差异”账户的余额，以取得原材料的实际成本；反之，当“材料成本差异”账户为借方余额时，与“原材料”账户的借方余额的方向相同，那么，“材料成本差异”又成为附加账户，其调整的方式是将“原材料”账户的余额加上“材料成本差异”账户的余额，以取得原材料的实际成本。这两个账户的相互关系分别如图表 8-9、图表 8-10 所示。

图表 8-9

“原材料”账户与“材料成本差异”账户关系（一）

借方	原材料	贷方	借方	材料成本差异	贷方
期末余额：	结存原材料的计划成本（元） 150 000			期末余额：	结存原材料的成本差异（元） 1 500

“材料成本差异”账户的期末余额在贷方，表明这时“材料成本差异”账户为抵减账户，计算结存原材料的实际成本如下：

结存原材料实际成本＝150 000－1 500＝148 500(元)

图表 8-10

“原材料”账户与“材料成本差异”账户关系(二)

借方	原材料	贷方	借方	材料成本差异	贷方
期末余额：	结存原材料计划成本(元) 180 000		期末余额：	结存原材料的成本差异(元) 1 800	

“材料成本差异”账户的期末余额在借方，表明这时“材料成本差异”账户为附加账户，计算结存原材料的实际成本如下：

结存原材料实际成本＝180 000＋1 800＝181 800(元)

关于“材料成本差异”账户的具体应用，将在后续教材《财务会计》中详细阐述。

调整账户的特点是：调整账户与被调整账户是相互联系的一组账户，对同一个经济内容，从不同的角度提供多方位的会计信息。因此，调整账户不能脱离被调整账户而独立存在。

五、集合分配账户

集合分配账户是指核算和监督生产经营过程中某个阶段所发生的费用的归集，期末再按一定的标准在一定的对象之间进行分配的账户。这类账户的借方登记费用的发生数，贷方登记费用的分配结转数。通常本期归集的费用，在期末按一定的标准分配给各受益对象后，应无余额。其账户的基本结构如图表 8-11 所示。

图表 8-11

集合分配账户基本结构

借方　　集合分配账户	贷方
发生额：归集某个阶段所发生的费用	发生额：按一定的标准分配给各受益对象的费用

归入集合分配账户的有“制造费用”账户。

集合分配账户的特点是：平时归集的费用，在期末全部予以分配出去。具有过渡的性质。

六、跨期摊配账户

跨期摊配账户是指在费用的支付期与归属期不一致的情况下，用以核算和监督费用的支付和摊销的账户。这类账户的借方登记费用的实际支付数；贷方登记应由本期负担的费用的摊销数；期末余额在借方，表示已经支付应由以后各期摊销负担的费用。其账户的基本结构如图表 8-12 所示。

图表 8-12

跨期摊配账户基本结构

借方	跨期摊配账户　　贷方
期初余额：期初已经支付而尚未摊销的费用数	
发 生 额：本期费用的支付数	发 生 额：本期费用的摊销数
期末余额：期末已经支付而尚未摊销的费用数	

归入跨期摊配账户的是“待摊费用”账户。

跨期摊配账户的特点是：核算的都是由相连的多个会计期间共同负担的费用，账户的借方反映费用的支付数；贷方反映费用的实际发生数。

七、成本计算账户

成本计算账户是指用以核算和监督企业在生产经营过程中某一阶段发生的全部费用，并据以计算该阶段各个成本计算对象的实际成本的账户。这类账户的借方登记生产经营过程中某一阶段发生的应计入成本的全部费用；贷方登记已完成生产经营过程某一阶段的成本计算对象的实际成本转出数；期末余额在借方，表示尚未完成生产经营过程某一阶段的成本计算对象所发生的费用。其账户的基本结构如图表 8-13 所示。

图表 8-13

成本计算账户基本结构

借方	成本计算账户　　贷方
期初余额：期初尚未完成生产经营过程的某一阶段的成本计算对象所发生的费用	
发 生 额：生产经营过程某一阶段发生的应计入成本的全部费用	发 生 额：结转已完成生产经营过程某一阶段的成本计算对象的实际成本
期末余额：期末尚未完成生产经营过程的某一阶段的成本计算对象所发生的费用	

归属于成本计算账户的有“在途物资”和“生产成本”等账户。

成本计算账户的特点是：在进行总分类核算的同时进行明细分类核算，以提供实物数量和金额两种指标。当“在途物资”账户在期末有余额时，表示在途材料；当“生产成本”账户在期末有余额时，表示在产品。因此，它们又具有盘存账户的性质。

八、财务成果形成账户

财务成果形成账户是指用以核算和监督形成企业财务成果的收入和费用的账户。按照其账户的性质不同，又可分为收入账户和费用账户两类。期末这两类账户归集的金额相抵后的差额，就是企业的财务成果。

（一）收入账户

收入账户是指用以核算和监督企业在会计期间收入的账户。这类账户的贷方登记本期实现的收入数额；借方登记收入结转“本年利润”账户的数额，结转后应无余额。其账户结构如图表 8-14 所示。

图表 8-14

收入账户基本结构

借方　　　　收 入 账 户	贷方
发生额：期末结转“本年利润”账户的数额	发生额：本期实现的收入数额

归属于收入账户的有“营业收入”和“营业外收入”等账户。

（二）费用账户

费用账户是指用以核算和监督企业在会计期间发生的费用的账户。其借方登记为实现收入而发生的费用；贷方登记期末结转“本年利润”账户的数额，结转后无余额。其账户的基本结构如图表 8-15 所示。

图表 8-15

费用账户基本结构

借方　　　　费 用 账 户	贷方
发生额：本期为实现收入而发生的费用	发生额：期末结转“本年利润”账户的数额

归属于费用账户的有“营业成本”“税金及附加”“销售费用”“管理费用”“财务费用”“营业外支出”“资产减值损失”和“所得税费用”等账户。

财务成果形成账户的特点是：无论是收入账户还是费用账户，其增加方归集的发生额在期末均必须结转“本年利润”账户，结转后均无余额；所有的财务成果形成账户增加方归集的发生额转入“本年利润”账户后，收支相抵后的差额，就形成了企业的财务成果。

九、财务成果账户

财务成果账户是指用以核算和监督企业在一定期间全部经营活动形成最终成果的账户。这类账户的贷方登记本期转入的各项收入；借方登记本期转入的各项费用。余额通常在贷方，表示本年累计实现的净利润；倘若余额在借方，则表示本年累计发生的亏损额。其账户的基本结构如图表 8-16 所示。

图表 8-16

财务成果账户基本结构

借方 财务成果账户	贷方
或者，期初余额：年度内至本期期初累计发生的亏损额	期初余额：本年度内至本期期初累计实现的净利润额
发 生 额：本期转入的各项费用	发 生 额：本期转入的各项收入
或者，期末余额：年度内至本期期末累计发生的亏损额	期末余额：本年度内至本期期末累计实现的净利润额

归属于财务成果账户的有“本年利润”账户。

十、暂记账户

暂记账户是指用以核算和监督企业尚未确定处理意见的财产物资的盘盈、盘亏和毁损的账户。这类账户的借方登记财产物资的盘亏和毁损数及经批准转账的财产物资盘盈数；贷方登记财产物资的盘盈数及经批准转账的财产物资盘亏和毁损数。期末无余额。其账户的基本结构如图表 8-17 所示。

图表 8-17

借方 暂 记 账 户	贷方
发 生 额：本期发生的财产物资的盘亏、毁损数，以及经批准转账的财产物资的盘盈数	发 生 额：本期发生的财产物资的盘盈数，以及经批准转账的财产物资的盘亏、毁损数

归属于暂记账户的是“待处理财产损溢”账户。

暂记账户的特点是：具有共同性，无论是企业发生尚待处理的损失，还是发生尚待处理的收益，均在同一账户内核算。

工业企业通常应用的账户按用途和结构进行分类的情况如图表 8-18 所示。

图表 8-18

账户按用途和结构进行分类

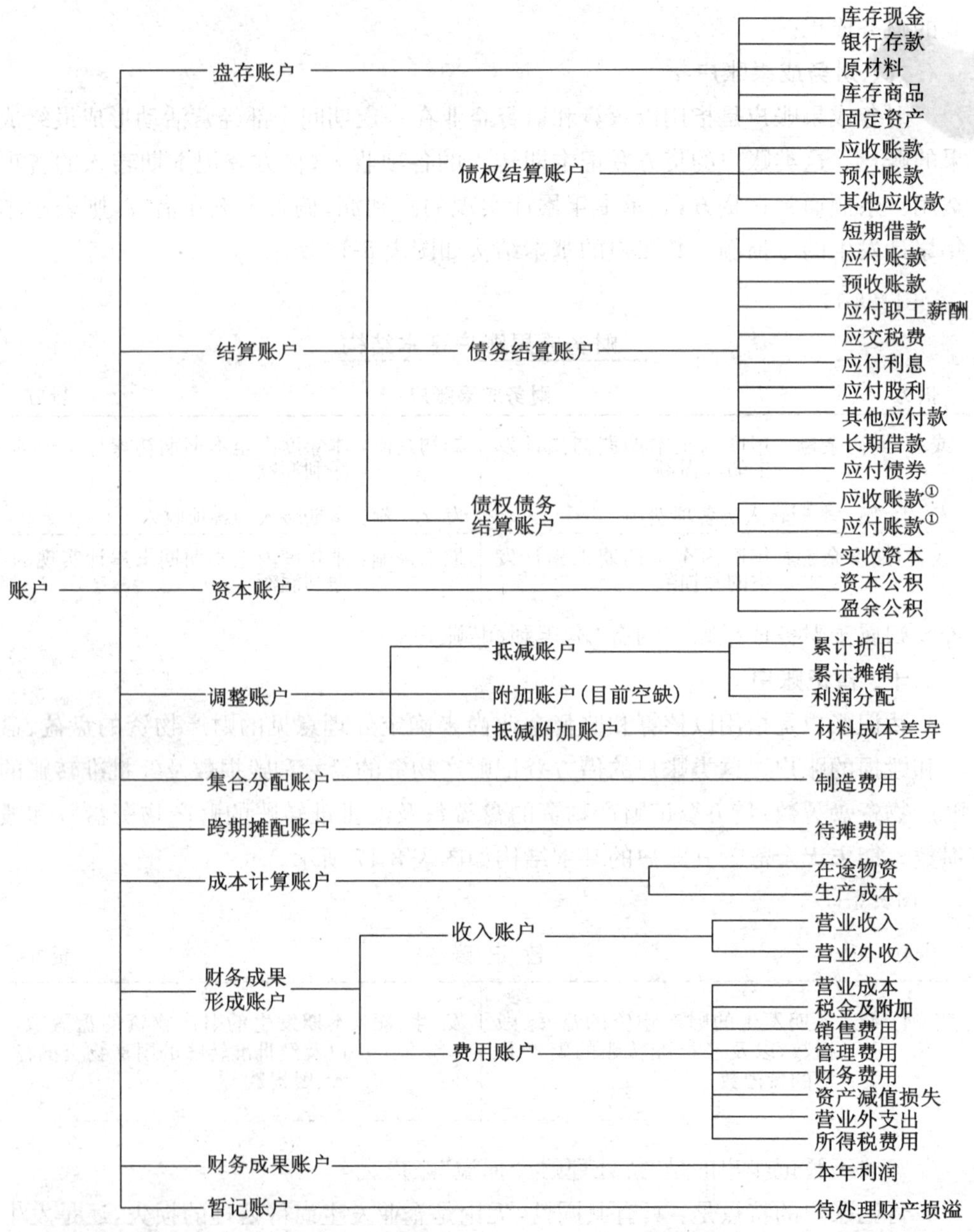

① 在不设置“预付账款”账户、“预收账款”账户的情况下，发生的预付账款在“应付账款”账户内核算，发生的预收账款在“应收账款”账户内核算。

思考题

一、简答题

1. 试述账户分类的意义。

2. 账户按经济内容可分为哪六大类？各大类又可具体地分为哪几个小类？

3. 什么是账户的用途？什么是账户的结构？为什么账户按经济内容分类后还要按用途和结构进行分类？

4. 什么是结算账户？它可分为哪几类？归入各类的账户有哪些？

5. 什么是调整账户？它可分为哪几类？归入各类的账户有哪些？

6. 分述结算账户与调整账户的特点。

7. 什么是跨期摊提账户？谈谈其用途和结构。

8. 什么是财务成果形成账户？它可分为哪两类？归入各类的账户有哪些？

二、名词解释题

1. 账户分类	2. 盘存账户
3. 债权结算账户	4. 债务结算账户
5. 资本账户	6. 抵减账户
7. 附加账户	8. 集合分配账户
9. 财务成果账户	10. 暂记账户

三、是非题

1. 账户按经济内容分类也就是按会计要素分类。 （ ）

2. 将账户按统驭账户与被统驭账户分类，有利于表明会计信息的层次、特点以及账户之间的统驭与被统驭的关系。 （ ）

3. 账户的结构是指账户的借方核算哪些经济内容，贷方核算哪些经济内容，以及期末余额所在的方向。 （ ）

4. 盘存账户的特点是所有的账户均应进行总分类核算和明细分类核算，以提供实物数量和金额两种指标。 （ ）

5. 归入债权、债务结算账户的账户具有不确定性，其明细分类账户倘若是贷方余额的，表示未收回的债权；倘若是借方余额的，则表示尚未支付的债务。

（ ）

6. 按照调整账户的性质不同，抵减账户又可分为资产抵减账户和权益抵减账

户两类。 ( )

7. 调整账户与抵减账户的期末余额的方向是相反的。 ( )

8. 集合分配账户的特点是:平时归集的费用,在期末全部予以分配出去,具有过渡的性质。 ( )

9. 归属于按用途结构分类的财务成果形成账户与归属于按经济内容分类的收入类账户和费用类账户是一致的。 ( )

10. 归属于财务成果的账户有“本年利润”账户和“利润分配”账户。 ( )

四、单项选择题

1. 账户按经济内容分类,“累计折旧”归入________类账户。

A. 流动资产　B. 流动负债　C. 非流动资产　D. 非流动负债

2. 账户按经济内容分类,“营业成本”账户归入________类账户。

A. 成本　B. 营业费用　C. 非营业费用　D. 资产

3. “利润分配”账户按用途和结构应归入________账户。

A. 集合分配　B. 跨期摊配　C. 调整　D. 财务成果

4. “在途物资”账户按用途和结构应归入________账户。

A. 成本计算　B. 盘存　C. 集合分配　D. 调整

5. ________账户应归入集合分配账户。

A. “应付职工薪酬”　B. “待摊费用”

C. “利润分配”　D. “制造费用”

6. 按账户的用途和结构分类,“生产成本”账户如有余额应属于________类账户。

A. 集合分配　B. 成本计算　C. 盘存　D. 成本

五、多项选择题

1. 为了更好地________,就必须对账户进行科学的分类。

A. 了解各个账户的特征

B. 了解各组账户的共性

C. 明了和掌握账户之间的内在联系

D. 掌握各个账户的使用方法

2. 账户可以按________等不同的标志进行分类,以便从不同的角度分析账户的体系结构。

A. 资产与权益　B. 经济内容

C. 用途和结构　　　　　　　　D. 统驭与被统驭关系

3. 归入盘存账户的有原材料、________等账户。

A. 银行存款　　B. 库存商品　　C. 固定资产　　D. 库存现金

4. 归入债权结算账户的有________。

A. 应付账款　　B. 应收账款　　C. 预付账款　　D. 预收账款

5. 归入跨期摊配账户的有________。

A. 待处理财产损溢　　　　　　B. 累计折旧

C. 待摊费用　　　　　　　　　D. 应付利息

6. 账户按用途和结构可以分为________。

A. 盘存账户、结算账户、集合分配账户

B. 调整账户、跨期摊配账户、成本计算账户、暂记账户

C. 资本账户、财务成果账户、财务成果形成账户

D. 资本账户、抵减账户、财务成果账户

练 习 题

习 题 一

一、目的 练习账户的分类。

二、资料 账户分类表。账户分类表如图表 8-19 所示。

图表 8-19

账户分类表

行次	账　　户	按经济内容分类	按用途结构分类
1	应付账款		
2	银行存款		
3	实收资本		
4	利润分配		
5	固定资产		
6	预收账款		
7	制造费用		

（续表）

行次	账　　户	按经济内容分类	按用途结构分类
8	应付利息		
9	在途物资		
10	营业收入		
11	销售费用		
12	本年利润		
13	待处理财产损溢		
14	原材料		
15	库存商品		
16	长期借款		
17	所得税费用		
18	待摊费用		
19	应付股利		
20	材料成本差异		
21	累计折旧		
22	盈余公积		
23	应收账款		
24	生产成本		
25	营业成本		
26	营业外收入		
27	应付职工薪酬		
28	税金及附加		

三、要求

1. 将上列账户按经济内容分类。
2. 将上列账户按用途结构分类。

第九章　财务报告

第一节　财务报告概述

一、财务报告的意义

财务报告是指企业对外提供的反映企业某一特定日期财务状况和某一会计期间经营成果和现金流量等会计信息的文件。财务报告包括财务报表和其他应当在财务报告中披露的相关信息和资料，而财务报表是财务报告的主体。

财务报表是指对企业的财务状况，经营成果和现金流量的结构性表述。企业在生产经营活动中，发生了大量的经济业务。会计部门根据反映经济业务的原始凭证，编制记账凭证，并分门别类地将其记入会计账簿中去。然而，通过核算，在会计账簿中归集的信息仍然是分散的，不便于理解和利用，难以符合国家宏观经济管理的需要；更难以满足投资者、债权人等会计信息使用者了解该企业财务状况、经营成果和现金流量的需要；也难以满足企业内部加强经营管理的需要。因此，必须在日常会计核算的基础上，根据会计信息使用者的需要，定期地对会计账簿核算资料进行归类、分析和整理后，编制成财务报告。从而为财务报告的使用者提供他们所需要了解掌握的各种会计信息。

二、财务报告的作用

财务报告的作用主要表现在以下五个方面。

（一）为企业管理层总结过去、规划未来和进行决策提供重要的信息

企业管理层通过财务报告可以了解企业的财务状况、生产经营成果和现金流量状况，有利于企业进行分析对比、总结经验，找出差距及改进的措施，以改善企业的经营管理，为企业正确地规划未来，进行各种决策提供了重要信息。

（二）为企业职工参与企业经营管理提供依据

企业的职工和职工代表大会关心企业的生产经营状况和盈利能力。由于广大职工身居生产经营第一线，了解企业生产经营中存在的具体问题，财务报表可以提供他们所需要的会计信息，使他们能积极地提出合理化的建议，更好地参与企业的

经营活动，以拓展企业生存和发展的空间。

（三）为投资者、债权人进行决策提供必要的信息

企业的投资者关心投资报酬和投资风险，债权人关心企业的盈利能力和偿债能力，他们通过财务报表可以分析企业的财务状况、生产经营状况和现金流量状况，从而判断企业的盈利能力和偿债能力。所以财务报表有助于投资者或潜在的投资者进行投资决策；有助于债权人进行信贷决策和赊销决策。

（四）为政府各部门对企业实施管理、监督和检查提供依据

财政和税务部门通过财务报告可以检查企业是否严格遵守国家规定的财务制度和财经纪律，检查企业资金的使用情况、利润形成和分配的情况，以及税金的计提和解交的情况等，以便各部门对企业实施管理、监督和检查。

（五）为国家经济管理部门进行国民经济宏观调控提供依据

国家经济管理部门利用财务报告可以了解和掌握企业经营活动的过程和结果，进而了解和掌握各部门、各地区的经济发展情况。通过制定有关法律和法规，调节、规范和引导企业的经营行为，从而进行宏观调控，以保证国民经济的正常运行。

三、财务报表的构成

财务报表是企业揭示并传递会计信息的手段，它由表头、正表和补充资料三个部分构成。

财务报表的表头通常由财务报表的名称、编制单位、编制日期和金额单位等内容组成。

财务报表正表是指反映各种主要会计信息的表式报告。它是财务报表的主体和核心。

财务报表补充资料是指为便于财务报表使用者理解财务报表的内容而对财务报表中列报项目所作的进一步说明，以及对未能在这些报表中列报项目的说明。

四、财务报表的编制要求

为了充分发挥财务报表的作用，保证财务报表的质量，企业编制财务报表时，应遵循以下四个要求。

（一）数字真实

财务报表是一个信息系统，填列的各项数字必须真实可靠，以反映企业的实际生产经营状况和经营业绩。不得匡计数字，更不得弄虚作假，隐瞒谎报、篡改数字。

（二）计算准确

财务报表必须在账证相符、账账相符和账实相符的基础上编制，并对报表中

的各项指标要认真地计算，注意报表有关项目之间存在着一定的数量勾稽关系，做到账表相符，以保证会计信息的准确性。

（三）内容完整

财务报表必须按照财政部统一规定的报表种类、格式和内容进行编制，不应漏编、漏报报表，也不应漏填、漏列报表项目。对于报表中需要加以说明的项目，应在报表附注中用文字简要说明，以便于报表使用者理解和利用。

（四）报送及时

财务报表必须在规定的期限内及时报送。使投资者、财政、税务和上级主管部门及时了解企业的财务状况、经营成果和现金流量，以保证会计信息的使用者进行决策的时效性。

五、财务报表的种类

为了全面掌握财务报表体系的内在规律性，理解财务报表的结构和内容，充分发挥财务报表的作用，需要对财务报表进行分类。财务报表可以按不同的标志进行分类。

（一）财务报表按照反映的经济内容分类

财务报表按其反映的经济内容不同，可分为资产负债表、利润表、现金流量表和所有者权益变动表四种。

资产负债表是指反映企业在某一特定日期财务状况的报表。利润表是指反映企业一定会计期间经营成果的报表。现金流量表是指反映企业一定会计期间现金流入和流出情况的报表。所有者权益变动表是指反映企业一定会计期间所有者权益结构变动情况的报表。

（二）财务报表按照反映的资金运动形态分类

财务报表按照反映的资金运动形态的不同，可分为静态财务报表和动态财务报表两种。

静态财务报表是指反映企业在一定时点经济指标处于相对静止状态的报表，如资产负债表。动态财务报表是指反映企业在一定时期内完成的经济指标的报表，如利润表、现金流量表和所有者权益变动表等。

（三）财务报表按照编制的时期分类

财务报表按照编制的时期不同，可分为中期财务报表和年度财务报表。中期财务报表是指以中期为基础编制的财务报表。中期是指短于一个完整会计年度的报告期间，它包括月度、季度和半年度。中期财务报表有资产负债表、利润表和现金流量表。年度财务报表是指以会计年度为基础编制的财务报表，有资产负债表、利润表、现金流量表和所有者权益变动表。

（四）财务报表按照母子公司的关系分类

财务报表按照母子公司的关系的不同，可分为个别财务报表和合并财务报表。个别财务报表是指由母公司或子公司编制的，仅反映母公司或子公司自身的财务状况、经营成果和现金流量的报表。合并财务报表是指由母公司编制的，反映母公司和其全部子公司形成的企业集团整体财务状况、经营成果和现金流量的报表。

第二节　资产负债表

一、资产负债表的意义和作用

资产负债表是指反映企业在某一特定日期（如月末、季末、年末）财务状况的报表，每月编制一次。资产负债表反映了企业所掌握的各种资产的分布和结构，企业所承担的各种负债，以及投资者在企业中所拥有的权益。

通过对资产负债表的分析，可以了解企业的资产分布是否得当；负债与所有者权益之间的比率是否合理；企业的财务实力是否雄厚；偿债能力的强弱；所有者持有权益的多少；企业财务状况的发展趋势等。从而为管理当局挖掘内部潜力，规划今后发展方向，进行预测和决策以及制定财务预算等提供了重要的信息，并为投资者和债权人进行投资决策和信贷决策提供了重要的依据。

二、资产负债表的结构

资产负债表是根据资金运动的规律，即资产等于负债加所有者权益的平衡原理设计的。它采用的是账户式的结构，即将报表分为左右两方，左方反映企业拥有资产的分布状况，右方反映企业所负的债务和所有者拥有权益的情况。

资产负债表在“金额栏”分设“年初余额”和“期末余额”两栏，以便于报表的使用者通过期末余额与年初余额的比较，掌握和分析企业的财务状况及其变化发展趋势。

三、资产负债表内容

资产负债表由资产、负债和所有者权益三个部分组成。

（一）资产类

资产按其流动性的大小不同，可分为流动资产和非流动资产两类。

1. 流动资产类　　该类主要由货币资金、应收账款、预付账款、其他应收款、存货和其他流动资产等项目组成。

2. 非流动资产类　　该类主要由固定资产和无形资产等项目组成。

（二）负债类

负债按其偿还期的长短不同，可分为流动负债和非流动负债两类。

1. 流动负债类　　该类主要由短期借款、应付账款、预收账款、应付职工薪酬、应交税费、应付利息、应付股利、其他应付款和其他流动负债等项目组成。

2. 非流动负债类　　该类主要由长期借款和应付债券组成。

（三）所有者权益类

所有者权益类主要由实收资本、资本公积、盈余公积和未分配利润等项目组成。

资产负债表的格式及其具体内容如图表 9-2 所示。

四、资产负债表的编制方法

资产负债表"年初余额"栏内各个项目的金额，是根据上年年末资产负债表"期末余额"栏内所列的数据填列。

资产负债表"期末余额"栏内各个项目的金额填列方法如下所述。

（一）一般项目的填列

资产负债表中，多数项目是根据总分类账户的期末余额填列的。

（二）需要分析计算调整后填列

资产负债表中，有些项目则需要根据有关总分类账户和明细分类账户的资料，经过分析计算调整后填列。

现将需要分析计算调整项目的填列方法说明如下：

1. "货币资金"项目　　该项目根据"库存现金"和"银行存款"账户期末余额合计数填列。

2. "应收账款"项目　　该项目根据"应收账款"账户所属各明细分类账户的期末借方余额合计数填列。如果"预收账款"账户所属有关明细分类账户有借方余额的，也应包括在本项目内。

3. "预付账款"项目　　该项目根据"预付账款"账户所属各明细分类账户的期末借方余额合计数填列。如果"应付账款"账户所属有关明细分类账户有借方余额的，也应包括在本项目内。

4. "存货"项目　　该项目根据"在途物资""原材料""库存商品"和"生产成本"等账户的期末余额合计数填列。

5. "其他流动资产"项目　　该项目反映企业除以上流动资产项目以外的其他流动资产。例如，可以根据"待摊费用"账户以及其他有关账户的期末余额填列。

6. “固定资产”项目　　该项目根据“固定资产”账户的期末余额减去“累计折旧”账户期末余额后的差额填列。

7. “无形资产”项目　　该项目根据“无形资产”账户的期末余额减去“累计摊销”账户期末余额后的差额填列。

8.“应付账款”项目　　该项目根据“应付账款”账户所属各有关明细分类账户的期末贷方余额合计数填列。如果“预付账款”账户所属明细分类账户有贷方余额的，也应包括在本项目内。

9. “预收账款”项目　　该项目根据“预收账款”账户所属有关明细分类账户的期末贷方余额合计数填列。如果“应收账款”账户所属明细分类账户有贷方余额的，也应包括在本项目内。

10. “其他流动负债”项目　　该项目反映企业除以上流动负债以外的其他流动负债，可以根据相关账户的期末余额填列。

11. “未分配利润”项目　　该项目根据“本年利润”账户期末余额与“利润分配”账户期末余额的差额填列，若为“一”号，则表示“未弥补亏损”。

现将“资产负债表”的具体编制方法举例说明如下：

【例 1】 长宁工厂 2019 年 12 月 31 日总分类账户和有关明细分类账户的余额如下所列。

(1) 总分类账户余额如图表 9-1 所示。

图表 9-1

总分类账户余额表

单位：元

账 户 名 称	借方余额	账 户 名 称	贷方余额
库存现金	1 195	短期借款	160 000
银行存款	114 700	应付账款	62 700
应收账款	83 200	预收账款	2 800
预付账款	5 500	应付职工薪酬	11 130
其他应收款	7 300	应交税费	19 308
在途物资	21 000	应付股利	56 250
原材料	131 200	其他应付款	12 827
生产成本	74 480	累计折旧	93 400
库存商品	95 600	累计摊销	33 000

（续表）

账户名称	借方余额	账户名称	贷方余额
待摊费用	47 240	长期借款	110 000
固定资产	535 000	实收资本	540 000
无形资产	60 000	资本公积	4 475
利润分配	62 600	盈余公积	58 125
		本年利润	75 000
合计	1 239 015	合计	1 239 015

(2) 有关明细分类账户余额。应收账款明细分类账借方余额：93 200 元；应收账款明细分类账贷方余额：10 000 元；应付账款明细分类账借方余额：5 000 元；应付账款明细分类账贷方余额：67 700 元。

根据上列资料编制资产负债表如图表 9-2 所示。

图表 9-2

资产负债表

编制单位：长宁工厂　　2019 年 12 月 31 日　　单位：元

资产	期末余额	年初余额	负债和所有者权益	期末余额	年初余额
流动资产：			流动负债：		
货币资金	115 895	102 700	短期借款	160 000	135 000
应收账款	93 200	88 100	应付账款	67 700	65 900
预付账款	10 500	9 000	预收账款	12 800	9 900
其他应收款	7 300	6 120	应付职工薪酬	11 130	10 770
存货	322 280	311 900	应付股利	56 250	51 000
其他流动资产	47 240	44 420	应交税费	19 308	18 021
流动资产合计	596 415	562 240	其他应付款	12 827	6 799
			其他流动负债		
			流动负债合计	340 015	297 390
非流动资产：			非流动负债：		
固定资产	441 600	411 400	长期借款	110 000	110 000
无形资产	27 000	30 000	应付债券		
非流动资产合计	468 600	441 400	长期负债合计	110 000	110 000
			负债合计	450 015	407 390
			所有者权益：		
			实收资本	540 000	480 000
			资本公积	4 475	64 475
			盈余公积	58 125	43 125
			未分配利润	12 400	8 650
			所有者权益合计	615 000	596 250
资产总计	1 065 015	1 003 640	负债和所有者权益总计	1 065 015	1 003 640

说明：“资产负债表”中各项目的年初余额均根据上年末编制的“资产负债表”各项目的期末余额填列的。

第三节　利　润　表

一、利润表的意义和作用

利润表是指反映企业在一定会计期间(如月度、季度、年度)经营成果的报表。它每月编制一次。利润表反映了企业在报告期内实现的各项收入,发生的各项费用,以及实现的净利润或发生的亏损总额。

通过对利润表的分析,可以检查营业收入和利润预算的完成情况;检查营业成本、管理费用、销售费用和财务费用预算的执行情况;了解企业的盈利能力;有利于管理当局了解和分析企业在生产经营过程中存在的问题,以促进其改善经营管理,增强企业的盈利能力;也有利于投资者作出正确的决策。

二、利润表的结构和内容

利润表是根据收入减费用等于利润的平衡原理设计的。它采用的是多步式的结构,将报表分为四个部分。第一部分是营业收入,用以反映企业经营业务的收入;第二部分是营业利润,它是营业收入减去营业成本、税金及附加、销售费用、管理费用、财务费用和资产减值损失后的差额,用以反映企业的经营成果;第三部分是利润总额,它是营业利润加上营业外收入减去营业外支出后的差额,用以反映企业的税前利润;第四部分是净利润,它是利润总额减去所得税后的差额,用以反映企业的税后利润,即反映企业的净收益。

利润表在金额栏分设“本月金额”和“本年累计金额”两栏。“本月金额”栏内的金额主要反映当月实际发生额,“本年累计金额”栏内的金额主要反映从年度开始起,直至报告期止的累计发生数。

利润表的格式及其具体内容如图表 9-3 所示。

三、利润表的编制方法

利润表各项目的“本月金额”主要根据损益类总分类账户的净发生额填列,“本年累计金额”则根据各损益类总分类账户的累计净发生额填列,或者根据上月末本表的“本年累计金额”金额加上本表的“本月金额”金额后填列。

现将利润表具体项目的填列方法说明如下:

1. “营业收入”项目　　该项目根据“营业收入”账户的净发生额填列。
2. “营业成本”项目　　该项目根据“营业成本”账户的净发生额填列。
3. “税金及附加”项目　　该项目根据“税金及附加”账户的净发生额填列。

4.“销售费用”项目　　该项目根据“销售费用”账户的净发生额填列。

5.“管理费用”项目　　该项目根据“管理费用”账户的净发生额填列。

6.“财务费用”项目　　该项目根据“财务费用”账户的净发生额填列。

7.“资产减值损失”项目　　该项目根据“资产减值损失”账户的净发生额填列。

8.“营业利润”项目　　该项目根据该表“营业收入”项目的金额，减去“营业成本”“税金及附加”“销售费用”“管理费用”“财务费用”和“资产减值损失”项目的金额的差额填列。

9.“营业外收入”项目　　该项目根据“营业外收入”账户的净发生额填列。

10.“营业外支出”项目　　该项目根据“营业外支出”账户的净发生额填列。

11.“利润总额”项目　　该项目根据该表“营业利润”项目的金额，加上“营业外收入”项目的金额，减去“营业外支出”项目的金额的差额填列。

12.“所得税费用”项目　　该项目根据“所得税费用”账户的净发生额填列。

13.“净利润”项目　　该项目根据“利润总额”项目的金额，减去“所得税费用”项目的金额的差额填列。

现将利润表的具体编制方法举例说明如下。

【例 2】 长宁工厂 2019 年损益类账户净发生额（单位：元）如下：

账户名称	12 月金额	1～11 月金额
营业收入	105 000	1 145 000
营业成本	74 990	823 810
税金及附加	390	3 870
销售费用	6 010	71 740
管理费用	12 030	135 290
财务费用	1 320	14 390
资产减值损失	1 000	
营业外收入	1 100	11 860
营业外支出	1 360	16 760
所得税费用	2 250	22 750

根据上列资料编制“利润表”如图表 9-3 所示。

图表 9-3

利 润 表

编制单位：长宁工厂　　2019 年 12 月　　单位：元

项　　目	本月金额	本年累计金额
一、营业收入	105 000	1 250 000
减：营业成本	74 990	898 800
税金及附加	390	4 260
销售费用	6 010	77 750
管理费用	12 030	147 320
财务费用	1 320	15 710
资产减值损失	1 000	1 000
二、营业利润	9 260	105 160
加：营业外收入	1 100	12 960
减：营业外支出	1 360	18 120
三、利润总额	9 000	100 000
减：所得税费用	2 250	25 000
四、净利润	6 750	75 000

第四节　现 金 流 量 表

一、现金流量表的意义和作用

现金流量表是指反映企业在一定会计期间现金流入和流出的报表。现金有狭义和广义之分，狭义的现金通常是指库存现金。这里所讨论的现金是广义的现金，是指企业的库存现金和银行存款。

现金流量表为报表的使用者提供了企业在一定会计期间现金流入和流出的信息，通过对现金流量表的分析，有助于了解企业现金充裕或不足的主要原因，评价企业偿还债务及支付投资报酬的能力，了解企业本期净利润与经营活动中现金流量产生差异的原因，并能预测企业未来获取现金净流量的能力。

二、现金流量表的结构和内容

现金流量表采用多步式的结构，报表分为以下五大部分。

（一）经营活动产生的现金流量

经营活动是指企业投资活动和筹资活动以外的所有交易和事项。经营活动的现金流量应当按照其经营活动的现金流入和流出的性质分项列示。

1. 经营活动产生的现金流入量　这部分内容主要由销售商品、提供劳务收到现金和收到的其他与经营活动有关的现金两个项目组成。

(1)“销售商品、提供劳务收到的现金”项目　该项目反映企业本期销售商品和提供劳务收到的现金、前期销售商品和提供劳务本期收到的现金,以及本期预收的账款。

(2)“收到其他与经营活动有关的现金”项目　该项目反映企业除上述项目外,与经营活动有关的其他现金流入。它包括捐赠现金收入、罚款现金收入、流动资产损失中获得赔偿的现金收入等其他与经营活动有关的现金流入。

2. 经营活动产生的现金流出量　这部分内容主要由购买商品、接受劳务支付的现金,支付给职工以及为职工支付的现金,支付的各项税费和支付的其他与经营活动有关的现金等四个项目组成。

(1)“购买商品、接受劳务支付的现金”项目　该项目反映企业本期购进商品、接受劳务支付的现金,本期支付前期购进商品、接受劳务的未付款项和本期预付的款项。

(2)“支付给职工以及为职工支付的现金”项目　该项目反映企业实际支付给职工以及为职工支付的现金。它包括本期实际支付给职工的工资、奖金、各种津贴等,以及为职工支付的各项费用。

(3)“支付的各项税费”项目　该项目反映企业实际支付的各种税款,如实际支付的消费税和所得税等。

(4)“支付的其他与经营活动有关的现金”项目　该项目反映企业除上述各项目外,与经营活动有关的其他现金流出。它包括捐赠现金支出、罚款支出,以及支付的差旅费、保险费、修理费等与经营活动有关的其他现金支出。

(二) 投资活动产生的现金流量

投资活动是指企业非流动资产的购建的投资及其处置活动。投资活动的现金流量应当按照其投资活动的现金流入和流出的性质分项列示。

1. 投资活动产生的现金流入量　这部分内容主要由处置固定资产收回的现金净额和处置无形资产收回的现金净额两个项目组成。

(1)“处置固定资产收回的现金净额”项目　该项目反映企业处置固定资产收回的现金,扣除所发生的现金支出后的净额。

(2)“处置无形资产收回的现金净额”项目　该项目反映企业处置无形资产

收回的现金,扣除所发生的现金支出后的净额。

2. 投资活动产生的现金流出量　这部分内容主要由购建固定资产支付的现金和购置无形资产支付的现金两个项目组成。

(1)"购建固定资产支付的现金"项目　该项目反映企业购建固定资产支付的现金。

(2)"购置无形资产支付的现金"项目　该项目反映企业购置无形资产支付的现金。

(三) 筹资活动产生的现金流量

筹资活动是指导致企业资本、债务规模和构成发生变化的活动。筹资活动的现金流量应当按照其筹资活动的现金流入和流出的性质分项列示。

1. 筹资活动产生的现金流入量　这部分内容主要由吸收投资收到的现金和取得借款收到的现金两个项目组成。

(1)"吸收投资收到的现金"项目　该项目反映企业收到的投资者投入的现金和发行债券实际收到的现金。

(2)"取得借款收到的现金"项目　该项目反映企业向银行或其他金融机构借入的资金。

2. 筹资活动产生的现金流出量　这部分内容主要由偿还债务支付的现金,分配股利、利润或偿付利息支付的现金两个项目所组成。

(1)"偿还债务支付的现金"项目　该项目反映企业以现金偿还银行或其他金融机构等的借款本金及偿还债券本金。

(2)"分配股利、利润或偿付利息支付的现金"项目　该项目反映企业实际支付的现金股利,以及支付给其他投资单位的利润和支付的借款利息、债券利息等。

(四) 现金净增加额

现金净增加额是指企业现金的流入量与现金的流出量之间的差额。

(五) 补充资料

补充资料是指未能列入现金流量表正表的、而需要予以披露的内容。附注包括将净利润调节为经营活动现金流量和现金净变动情况两个部分的内容。

现金流量表的格式及其具体内容如图表 9-4 所示。

三、现金流量表的编制方法

现金流量表虽然分为五大部分,但最复杂的部分是经营活动产生的现金流量净额。因为经营活动产生的现金流量净额是根据收付实现制确认的净利润反映的,而企业会计准则要求会计核算按权责发生制确认净利润。因此,在编制现金流量表时,就需要将按权责发生制确认的净利润转换为按收付实现制确认的净利润。转换的方法有直接法和间接法两种。

直接法是指以利润表中各主要经营收支项目为基础,并以实际的现金收入和现金支出进行调整,计算出经营活动的现金流量的方法。间接法是指以净利润为基础,以非现金费用和债权、债务以及存货的变动额加以调整,计算出经营活动的现金流量的方法。我国在现金流量表中,经营活动产生的现金流量净额在正表部分,采用的是直接法;附注部分采用的是间接法。现将现金流量表各项目的填列方法说明如下所述。

(一) 经营活动产生的现金流量各项目的填列方法

1.“销售商品、提供劳务收到的现金”项目　　该项目根据“利润表”中的“营业收入”项目的金额,加上“资产负债表”中“应收账款”项目的年初余额和“预收账款”项目的期末余额,减去“应收账款”项目的期末余额和“预收账款”项目的年初余额,再减去列入“利润表”中的“资产减值损失”项目金额后的数额填列。

2.“收到其他与经营活动有关的现金”项目　　该项目根据“营业外收入”“其他应付款”等有关账户的发生额分析填列。

3.“购买商品,接受劳务支付的现金”项目　　该项目根据“利润表”中“营业成本”项目的金额,加上存货中未列入成本减少的金额,加上“资产负债表”中“存货”项目的期末余额,减去“存货”项目的年初余额,再加上“应付账款”项目的年初余额和“预付账款”项目的期末余额,减去“应付账款”项目的期末余额和“预付账款”项目的年初余额,减去已计入产品成本的折旧费、摊销的财产保险费和发生的职工薪酬等数额后填列。

4.“ 支付给职工以及为职工支付的现金”项目　　该项目根据“应付职工薪酬”账户借方净发生额填列。

5.“支付的各项税费”项目　　该项目根据“利润表”中“税金及附加”和“所得税费用”两个项目的金额之和,加上“资产负债表”中“应交税费”项目的年初余额,减去“应交税费”项目的期末余额填列。

6.“支付的其他与经营活动有关的现金”项目　　该项目根据“利润表”中“销售费用”“管理费用”“财务费用”“营业外支出”四个项目的金额之和,减去这四个项目中不需要以现金支付的数额,再减去这四个项目中已经包含的,并且已列入本表的“支付给职工以及为职工支付的现金”项目中的工资、工资性津贴及补贴、奖金，以及为职工支付的各项费用等，还要减去已列入“财务费用”账户，但将列入本表“分配股利、利润或偿付利息支付的现金”项目中的利息，加上“待摊费用”账户的借方发生额，再加上“其他应收款”账户借方发生额，减去“其他应收款”账户贷方发生额填列。

不需要以现金支付的金额是指提取的固定资产折旧费、无形资产和待摊费用的摊销数等。

（二）投资活动产生的现金流量各项目的填列方法

1. “处置固定资产收回的现金净额”项目　该项目根据处置固定资产取得的现金收入减去为处置固定资产发生的现金支出后的差额填列。

2. “处置无形资产收回的现金净额”项目　该项目根据处置无形资产取得的现金收入，减去处置无形资产发生的现金支出后的差额填列。

3. “购建固定资产支付的现金”项目　该项目根据固定资产账户的借方发生额，减去未支付现金而取得的固定资产的数额填列。

4. “购置无形资产支付的现金”项目　该项目根据无形资产账户的借方发生额，减去未支付现金而取得的无形资产的金额填列。

（三）筹资活动产生的现金流量各项目的填列方法

1. “吸收投资收到的现金”项目　该项目根据“实收资本”“资本公积”和“应付债券”账户贷方发生额中收到的现金数额的合计数填列。

2. “取得借款收到的现金”项目　该项目根据“短期借款”和“长期借款”账户贷方发生额的合计数填列。

3. “偿还债务支付的现金”项目　该项目根据“短期借款”“长期借款”和“应付债券”账户的借方发生额合计数填列。

4. “分配股利、利润或偿付利息支付的现金”项目　该项目根据“应付股利”账户的借方发生额加上“财务费用”账户中所列支的银行借款利息和债券利息，加上“应付利息”账户的借方发生额，再减去该账户的贷方发生额后的金额填列。

（四）现金净增加额项目的填列方法

“现金净增加额”项目　该项目根据“资产负债表”中“货币资金”项目的年末余额减去该项目的年初余额填列。其计算的结果应与前面三大部分之和相等。

（五）补充资料

1. 将净利润调节为经营活动的现金流量　具体分析如下。

(1)“净利润”项目　　该项目根据“利润表”中“净利润”项目的数额填列。

(2)“资产减值准备”项目　　该项目根据“利润表”中“资产减值损失”项目的本年累计数填列。

(3)“固定资产折旧”项目　　该项目根据“累计折旧”账户贷方发生额中提取固定资产折旧的数额填列。

(4)“无形资产摊销”项目　　该项目根据“累计摊销”账户贷方发生额分析填列。

(5)“处置固定资产的损失(减：收益)”项目　　该项目根据“营业外支出”账户中的固定资产出售净损失数额,减去“营业外支出”账户中的固定资产出售净收益数额后的差额填列。

(6)“固定资产报废损失”项目　　该项目根据“营业外支出”账户中的固定资产盘亏净损失、报废和毁损的固定资产清理的净损失之和,减去“营业外收入”账户中的报废的固定资产清理净收益后的差额数填列。

(7)“财务费用”项目　　该项目根据“财务费用”账户发生的利息费用填列。

(8)“存货的减少(减：增加)”项目　　该项目根据“资产负债表”中“存货”项目的年初余额减去期末余额的差额填列。

(9)“经营性应收项目的减少(减:增加)”项目　　该项目根据“资产负债表”中“应收账款”“预付账款”“其他应收款”项目的年初余额之和,减去上列各项目的期末余额之和,再减去列入本表的“资产减值损失”项目的数额填列。

(10)“经营性应付项目的增加(减:减少)”项目　　该项目根据“资产负债表”中“应付账款”“预收账款”“应付职工薪酬”“应交税费”“其他应付款”项目的期末余额之和,减去上述各项目的年初余额之和的数额填列。

(11)“其他”项目　　该项目根据资产负债表“其他流动资产”项目的年初余额减去期末余额,再加上“其他流动负债”项目的期末余额减去年初余额后的数额填列。

(12)“经营活动产生的现金流量净额”项目　　该项目根据前列11个项目之和填列。

2. 现金增加的情况各项目的填列方法　　具体表述如下。

(1)“现金的期末余额”项目　　该项目根据“资产负债表”中“货币资金”项目的“期末余额”填列。

(2)“现金的期初余额”项目　　该项目根据“资产负债表”中“货币资金”项目的“年初余额”填列。

现将现金流量表的具体编制方法举例说明如下。

【例3】 长宁工厂2019年有关资料。

(1) 有关总分类账户的借贷方发生额(单位：元)列示如下。

账户名称	借方	贷方
其他应收款	7 650	6 470
待摊费用	47 240	44 420
固定资产	88 400	15 000
累计折旧	9 000	52 200
累计摊销		3 000
短期借款	135 000	160 000
应付职工薪酬	398 640	399 000
应付股利	51 000	56 250
其他应付款	8 952	14 980

(2) 其他有关资料 具体如下所述。

① 固定资产折旧费为52 200元,其中:计入制造费用47 400元,计入管理费用4 800元。

② 职工薪酬为399 000元,其中:计入生产成本及制造费用364 800元,计入管理费用34 200元。

③ 保险费摊销为44 420元,其中:计入制造费用38 600元,计入管理费用5 820元。

④ 计入销售费用耗用的材料为2 710元。

⑤ 计入管理费用耗用的材料为9 660元。

⑥ 计入管理费用的无形资产摊销为3 000元。

⑦ 计入财务费用的利息为14 910元。

⑧ “固定资产”账户借方发生额为88 400元,均以现金支付;毁损的固定资产原值为15 000元,已提折旧9 000元;保险公司赔偿5 000元,已付来现金;其余1 000元作为固定资产毁损净损失。

⑨ 营业外收入中12 960元系罚款现金收入。

⑩ 营业外支出中1 000元系固定资产毁损净损失,15 000元系捐赠现金支出,2 120元系罚款现金支出。

根据上列资料及已编制完成资产负债表(见图表9-2)和利润表(见图表9-3),编制现金流量表如图表9-4所示。

图表 9-4

现金流量表

编制单位：长宁工厂　　　　2019 年度　　　　单位：元

项　　目	行次	金　额
一、经营活动产生的现金流量：		
销售商品、提供劳务收到的现金	1	1 246 800
收到其他与经营活动有关的现金	3	18 988
经营活动现金流入小计	4	1 265 788
购买商品、接受劳务支付的现金	5	470 450
支付给职工以及为职工支付的现金	7	398 640
支付的各项税款	8	27 973
支付其他与经营活动有关的现金	10	231 220
经营活动现金流出小计	11	1 128 283
经营活动产生的现金流量净额	12	137 505
二、投资活动产生的现金流量：		
处置固定资产收回的现金净额	14	5 000
处置无形资产收回的现金净额	15	
投资活动现金流入小计	16	5 000
购建固定资产支付的现金	17	88 400
购置无形资产支付的现金	18	
投资活动现金流出小计	19	88 400
投资活动产生的现金流量净额	20	—83 400
三、筹资活动产生的现金流量：		
吸收投资收到的现金	21	
取得借款收到的现金	23	160 000
筹资活动现金流入小计	24	160 000
偿还债务支付的现金	25	135 000
分配股利、利润或偿付利息支付的现金	26	65 910
筹资活动现金流出小计	28	200 910
筹资活动产生的现金流量净额	29	—40 910
四、现金净增加额	30	13 195
五、补充资料		
1. 将净利润调节为经营活动现金流量：		

（续表）

项　　　　目	行次	金　　额
净利润	31	75 000
加：资产减值准备	32	1 000
固定资产折旧	33	52 200
无形资产摊销	34	3 000
处置固定资产的损失(减：收益)	35	1 000
固定资产报废损失(减：收益)	36	
财务费用	37	14 910
存货的减少(减：增加)	38	－10 380
经营性应收项目的减少(减：增加)	39	－8 780
经营性应付项目的增加(减：减少)	40	12 375
其他	41	－2 820
经营活动产生的现金流量净额	44	137 505
2. 现金净变动情况：		
现金的期末余额	45	115 895
减：现金的期初余额	46	102 700
现金净增加额	49	13 195

编制现金流量表有关行次数据的来源：

行次 1＝1 250 000＋88 100＋12 800－93 200－9 900－1 000＝1 246 800(元)

行次 3＝12 960＋14 980－8 952＝18 988(元)

行次 5＝898 800＋2 710＋9 660＋322 280－311 900＋65 900＋10 500－67 700－9 000－47 400－364 800－38 600＝470 450(元)

行次 8＝4 260＋25 000＋18 021－19 308＝27 973(元)

行次 10＝77 750＋147 320＋15 710＋18 120－4 800－34 200－5 820－2 710－9 660－3 000－14 910－1 000＋47 240＋7 650－6 470＝231 220(元)

行次 26＝51 000＋14 910＝65 910(元)

行次 30＝137 505－83 400－40 910＝13 195(元)

行次 41＝88 100＋9 000＋6 120－93 200－10 500－7 300－1 000＝－8 780(元)

行次 42＝67 700＋12 800＋11 130＋19 308＋12 827－65 900－9 900－10 770－18 021－6 799＝12 375(元)

第五节 所有者权益变动表

一、所有者权益变动表的意义和作用

所有者权益变动表是指反映企业在一定会计期间构成所有者权益的各组成部分增减变动情况的报表。它反映了企业所有者权益的结构及其增减变动情况。

通过对所有者权益变动表的分析,可以了解企业实收资本、资本公积、盈余公积和未分配利润增减变动的详细情况,了解企业增资扩股的能力及其资金的来源。

二、所有者权益变动表的内容和结构

所有者权益变动表的结构由表头和正表两个部分组成。

所有者权益变动表的正表分为三个部分,第一部分是上年年末余额。第二部分是本年增减变动金额,它主要由净利润、所有者投入和减少资本、利润分配和所有者权益内部结转四小部分组成。第三部分是本年年末余额,它是上年年末余额,加上或减去本年变动金额后的数额。

所有者权益变动表"本年金额"栏采用多栏式,主要划分为实收资本、资本公积、盈余公积、未分配利润和所有者权益合计五栏。

所有者权益变动表的格式及其具体内容如图表 9-5 所示。

三、所有者权益变动表的编制方法

所有者权益变动表各项目的金额主要根据所有者权益类账户的余额和发生额分析填列,这些项目的金额在资产负债表和利润分配表中也有反映,现将各具体项目的填列方法说明如下。

1. "上年年末余额"项目　　该项目分别根据"实收资本""资本公积""盈余公积""利润分配——未分配利润"账户上年的年末余额填列。

2. "净利润"项目　　该项目根据"本年利润"账户的净发生额填列,其应与利润分配表中的"净利润"项目的数额相符。

3. "所有者投入和减少资本"中的两个明细项目　　这两个明细项目分别为"所有者投入资本"和"其他",分别根据"实收资本""资本公积"账户的发生额分析填列。

4. "利润分配"中的三个明细项目　　这三个明细项目分别为"提取盈余公积""对所有者的分配"和"其他",分别根据"利润分配"相关明细账户的净发生额填列。

5. "所有者权益内部结转"中的四个明细项目　　这四个明细项目分别为"资本公积转增资本""盈余公积转增资本""盈余公积弥补亏损"和"其他",分别根据

“实收资本”“资本公积”“盈余公积”和“利润分配——盈余公积补亏”账户的净发生额填列。

6. “本年年末余额”项目　　该项目根据本表的“上年年末余额”项目的金额，加上“净利润”项目的金额，加上或减去“利润分配”中各明细项目和“所有者权益内部结转”中各明细项目的金额后的数额填列。

现将所有者权益变动表的具体编制方法举例说明如下：

【例4】 长宁工厂2019年根据图表9-2资产负债表、图表9-3利润表及下列有关资料编制所有者权益变动表如图表9-5所示。

(1) 本年将60 000元资本公积转增资本。

(2) 本年“利润分配”各明细分类账户的净发生额分别为提取盈余公积15 000元，应付股利56 250元，未分配利润3 750元。

图表9-5

所有者权益变动表

会企：04表

编制单位：长宁工厂　　　　2019年度　　　　单位：元

项目	本年金额				
	实收资本	资本公积	盈余公积	未分配利润	所有者权益合计
一、上年年末余额	480 000	64 475	43 125	8 650	596 250
二、本年增减变动金额（减少以“－”号填列）					
（一）净利润					75 000
（二）所有者投入和减少资本					
1. 所有者投入资本					
2. 其他					
（三）利润分配					
1. 提取盈余公积			15 000		
2. 对所有者的分配					56 250
3. 其他				3 750	
（四）所有者权益内部结转					
1. 资本公积转增资本	60 000	－60 000			
2. 盈余公积转增资本					
3. 盈余公积弥补亏损					
4. 其他					
三、本年年末余额	540 000	4 475	58 125	12 400	615 000

思考题

一、简答题

1. 为什么要编制财务报告？它有哪些作用？

2. 试述财务报表的分类。

3. 资产负债表有哪些作用？谈谈它的结构。

4. 什么是利润分配表？谈谈它的结构。

5. 什么是现金流量表？它有哪些作用？

6. 试述现金流量表的结构。

二、名词解释题

1. 财务报告	2. 个别财务报表
3. 资产负债表	4. 利润表
5. 直接法	6. 间接法
7. 经营活动	8. 投资活动
9. 筹资活动	10. 所有者权益变动表

三、是非题

1. 会计凭证和会计账簿的记录是编制财务报告的依据。 ( )

2. 财务报表按照编制的时期不同，可分为月度财务报表、季度财务报表和年度财务报表。 ( )

3. 静态报表是指反映企业在一定时点经济指标处于相对静止状态的报表，如现金流量表。 ( )

4. 资产负债表中“未分配利润”项目应根据“利润分配”账户期末余额填制，若为“一”号，则表示未弥补的亏损。 ( )

5. 利润表采用的是多步式结构，它主要是根据损益类总分类账户的期末余额填列的报表。 ( )

6. 利润表分为营业收入、营业利润、利润总额和净利润四个部分。 ( )

7. 现金流量表中“收到其他与经营活动有关的现金”项目根据“营业外收入”“其他应付款”等有关账户的发生额分析填列。 ( )

8. 现金流量表中“支付其他与经营活动有关的现金”项目根据“营业外支出”

“其他应收款”等有关账户的发生额分析填列。（　　）

四、单项选择题

1. 个别财务报表与合并财务报表是按照________分类。

A. 反映的经济内容　　B. 编制的时期

C. 母子公司的关系　　D. 反映的资金运动形态

2. 设计资产负债表的理论依据是________。

A. 资产＝权益　　B. 资产－负债＝所有者权益

C. 收入－费用＝利润　　D. 资产＝负债＋所有者权益

3. 应收账款所属明细分类账户的期末贷方余额合计数应填入资产负债表中________项目内。

A. 应付账款　　B. 应收账款　　C. 预付账款　　D. 预收账款

4. 利润表中反映企业经营成果的项目是________。

A. 营业收入　　B. 营业利润　　C. 利润总额　　D. 净利润

5. 采用账户式结构的财务报表是________。

A. 资产负债表　　B. 利润表

C. 现金流量表　　D. 所有者权益变动

6. 资产负债表与利润分配表中金额相等的项目是________。

A. 盈余公积　　B. 应付股利　　C. 净利润　　D. 未分配利润

7. “偿还债务支付的现金”项目应属于________。

A. 经营活动产生的现金流出量

B. 投资活动产生的现金流出量

C. 筹资活动产生的现金流出量

D. 现金净流出量

五、多项选择题

1. 编制财务报表应遵循________要求。

A. 数字真实　　B. 计算准确

C. 内容完整　　D. 报送及时

2. 资产负债表中“存货”项目根据原材料、________等账户的期末余额合计数填制。

A. 在途物资　　B. 库存商品

C. 生产成本　　D. 制造费用

3. 资产负债表中需要根据有关账户的期末余额计算后填列的项目有________。

A. 货币资金　　B. 应付账款

C. 未分配利润　　D. 累计折旧

4. 利润表中的"营业利润"项目根据营业收入项目的金额减去营业成本、税金及附加、________等项目金额后的差额填列。

A. 销售费用　　B. 资产减值损失

C. 管理费用　　D. 财务费用

5. 经营活动产生的现金流出量由购买商品、接受劳务支付的现金、________支付的其他与经营活动有关的现金等项目组成。

A. 分配股利、利润或偿付利息支付的现金

B. 购建固定资产所支付的现金

C. 支付的各项税款

D. 支付给职工以及为职工支付的现金

6. 现金流量表中"销售商品、提供劳务收到的现金"项目反映企业________。

A. 本期销售商品和提供劳务收到的现金

B. 前期销售商品和提供劳务本期收到的现金

C. 本期销售商品和提供劳务下期收到的现金

D. 本期预收的账款

7. 所有者权益变动表第二部分"本年增减变动金额"项目由所有者投入和减少资本、________等几小部分组成。

A. 盈余公积弥补亏损　　B. 利润分配

C. 所有者权益内部结转　　D. 净利润

练　习　题

习　题　一

一、目的　练习资产负债表的编制。

二、资料　天龙工厂2019年12月31日有关资料。

1. 年末结账后总分类账户余额如图表9-6所示。

图表 9-6

总分类账户余额表

单位：元

账户名称	年末余额	年初余额	账户名称	年末余额	年初余额
库存现金	1 220	1 080	短期借款	175 000	165 000
银行存款	133 410	112 210	应付账款	78 600	77 100
应收账款	91 840	85 500	预收账款	3 000	2 700
预付账款	6 000	5 400	应付职工薪酬	12 250	17 840
其他应收款	5 500	4 600	应付股利	67 500	60 750
在途物资	29 800	22 720	应交税费	12 500	11 900
原材料	127 600	126 900	其他应付款	13 870	8 570
生产成本	88 400	81 200	累计折旧	105 600	81 500
库存商品	99 600	96 100	累计摊销	35 000	32 500
待摊费用	50 100	48 300	长期借款	120 000	110 000
固定资产	578 000	549 500	实收资本	572 000	492 000
无形资产	75 000	75 000	资本公积	8 000	88 000
利润分配	73 590	69 090	盈余公积	66 740	48 740
			本年利润	90 000	81 000
合　计	1 360 060	1 277 600	合　计	1 360 060	1 277 600

2. 有关明细分类账户余额(单位：元)如下所列。

	年末余额	年初余额
(1) 应收账款明细分类账借方余额	104 340	97 100
应收账款明细分类账贷方余额	12 500	11 600
(2) 应付账款明细分类账借方余额	8 900	7 800
应付账款明细分类账贷方余额	87 500	84 900

三、要求 根据上列资料编制资产负债表。

习 题 二

一、目的 练习利润表的编制。

二、资料 天龙工厂2019年度损益类账户净发生额(单位：元)如下：

账户名称	12月数	1～11月数
营业收入	110 000	1 200 000
营业成本	77 500	864 500
税金及附加	420	4 560
销售费用	5 780	68 340
管理费用	12 345	133 555
财务费用	1 365	14 825
资产减值损失	1 200	
营业外收入	1 060	10 820
营业外支出	1 450	16 040
所得税费用	2 750	27 250

三、要求 根据上列资料编制利润表。

习 题 三

一、目的 练习现金流量表的编制。

二、资料 天龙工厂2019年度的有关资料。

1. 有关账户的借贷方发生额(单位：元)如下所列。

账户名称	借 方	贷 方
其他应收款	8 330	7 430
待摊费用	50 100	48 300
固定资产	96 900	68 400
累计折旧	39 500	63 600
累计摊销		2 500
短期借款	165 000	175 000
应付职工薪酬	433 090	427 500
应付股利	60 750	67 500
其他应付款	9 220	14 520
长期借款		10 000

2. 其他有关资料如下所列。

(1) 固定资产折旧费为63 600元,其中:计入制造费用57 800元,计入管理费用5 800元。

(2) 职工薪酬为427 500元,其中:计入生产成本及制造费用389 880元,计入管理费用37 620元。

(3) 保险费摊销为48 300元,其中:计入制造费用41 880元,计入管理费用6 420元。

(4) 计入销售费用耗用的材料为2 820元。

(5) 计入管理费用耗用的材料为15 950元。

(6) 计入管理费用的无形资产摊销为2 500元。

(7) 计入财务费用的利息为15 540元。

(8) "固定资产"账户借方发生额为96 900元,均以现金支付;毁损的固定资产原值为68 400元,已提折旧39 500元;保险公司赔偿27 000元,已付来现金;其余1 900元作为固定资产毁损净损失。

(9) 营业外收入11 880元系罚款现金收入。

(10) 营业外支出中1 900元系固定资产毁损净损失,12 500元系捐赠现金支出,3 090元系罚款现金支出。

三、要求 根据上列资料及根据习题一编制的资产负债表,根据习题二编制的利润表,编制现金流量表。

习题四

一、目的 练习所有者权益变动表的编制。

二、资料 天龙工厂本年将80 000元资本公积转增资本,本年利润分配明细分类账户的净发生额分别为提取盈余公积18 000元,应付股利67 500元,未分配利润4 500元。

三、要求 根据上列资料及根据习题一编制的资产负债表和根据习题二编制的利润表,编制所有者权益变动表。

第十章　会计核算程序

第一节　会计核算程序概述

一、会计核算程序的意义

会计核算程序又称账务处理程序，是指会计凭证和账簿组织、记账程序和方法相互结合的组织形式。它是记账和产生会计信息的步骤和方法。

会计凭证和账簿组织是指会计核算所应用的会计凭证和会计账簿的种类、格式，以及各种会计凭证之间、会计凭证与会计账簿之间、各种会计账簿之间的相互关系。记账程序和方法是指会计凭证的填制、审核和传递，会计账簿的登记直至编制财务报告的程序和方法。

会计核算程序的核心是账簿组织，因为不仅会计凭证的种类、格式和填制方法要取决于账簿组织，而且记账程序和方法也要适应账簿组织的情况。不同的凭证和账簿组织、记账程序和方法相互结合在一起，就形成了不同的会计核算程序。

在实际工作中，由于各单位的规模大小不同，业务繁简各异，因此需要设置的凭证和账簿的格式与种类是不同的。为了使会计工作有条不紊地进行，提高会计工作的质量和效率，确保能正确、及时、完整地提供各种会计信息，各单位应根据各自的实际情况，组织适应本单位生产经营活动特点的会计核算程序。

二、组织会计核算程序的要求

组织会计核算程序通常有以下三个要求。

首先，会计核算程序要与本单位经济活动的特点、规模的大小和业务繁简的实际情况相适应，并要有利于会计核算工作的分工协作和建立岗位责任制。

其次，会计核算程序应能正确、及时、完整地提供本单位各方面的会计信息，以满足企业外部的投资者和债权人以及企业内部的管理当局的信息需要，并满足国家宏观经济管理的需要。

最后,会计核算程序在保证会计工作质量的前提下,要讲求经济效益,应尽量简化核算手续,提高会计工作效率,节约核算成本。

三、会计核算程序的种类

我国的会计核算工作在长期的会计实践中,形成了多种不同的会计核算程序,目前常被采用的有记账凭证核算程序、科目汇总表核算程序和多栏式日记账核算程序等三种,此外还有汇总记账凭证核算程序和日记总账核算程序等。

第二节　记账凭证核算程序

一、记账凭证核算程序的特点及凭证与账簿的设置

记账凭证核算程序的特点是直接根据记账凭证逐笔登记总分类账。记账凭证核算程序是一种最基本的核算程序,其他各种会计核算程序均是在此基础上发展和演变而产生的。

在记账凭证核算程序下,记账凭证可以采用收款凭证、付款凭证和转账凭证三种格式,也可以采用一种通用格式。日记账通常采用三栏式,总分类账通常采用账户对应式,明细分类账可根据管理的需要分别采用三栏式、数量金额三栏式、多栏式和两栏式等。

二、记账凭证核算程序的具体操作步骤

记账凭证核算程序的具体操作步骤有以下六步。

第一,根据原始凭证编制记账凭证。

第二,根据收款凭证和付款凭证分别登记现金日记账和银行存款日记账。

第三,根据记账凭证及其所附的原始凭证登记各种明细分类账。

第四,根据记账凭证登记总分类账。

第五,定期将现金日记账、银行存款日记账和各种明细分类账的余额分别与总分类账的余额进行核对。

第六,期末根据总分类账和明细分类账的记录,编制财务报告。

记账凭证核算程序的具体操作步骤列示如图表 10-1 所示。

图表 10-1

记账凭证核算程序

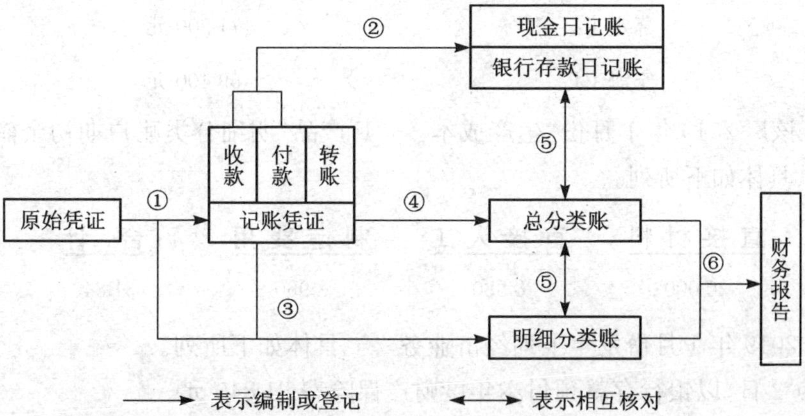

三、记账凭证核算程序的应用

现将记账凭证核算程序下，记账凭证的编制、各种账簿的登记和核对予以举例说明。

【例 1】　1. 静安工厂采用记账凭证核算程序，该厂 2019 年 1 月份各总分类账户的期初余额(单位:元)如下所列。

账户名称	借方余额	账户名称	贷方余额
库存现金	1 500	短期借款	200 000
银行存款	278 500	应付账款	131 200
应收账款	31 4007	应付职工薪酬	14 270
其他应收款	5 610	应交税费	8 830
原材料	110 450	应付股利	18 000
生产成本	31 840	其他应付款	9 300
库存商品	135 000	累计折旧	127 000
固定资产	516 000	实收资本	538 000
		盈余公积	45 500
		利润分配	18 200
合　　计	1 110 300	合　　计	1 110 300

2. 该厂 2019 年 1 月份原材料明细分类账户的期初余额　　具体如下所列。

A 材料	1 250 千克	每千克 25 元	计 31 250 元
B 材料	3 600 千克	每千克 22 元	计 79 200 元

3. 该厂2019年1月份应付账款明细账户的期初余额(单位:元)　具体如下所列。

嘉定工厂	71 800元
宁海工厂	59 400元

4. 该厂2019年1月份“生产成本——E产品”明细分类账户期初余额(单位:元)　具体如下所列。

直接材料	直接人工	制造费用	合　计
20 000	8 880	2 960	31 840

5. 2019年1月份发生下列经济业务　具体如下所列。

(1) 2日,以银行存款预付本年度财产保险费21 840元。

(2) 3日,向嘉定工厂购进A材料3 500千克,每千克24元。A材料已验收入库,款项尚未支付。

(3) 4日,以银行存款支付3 500千克A材料运输费3 000元,支付装卸费500元。

(4) 4日,上项A材料已采购完毕,结转其实际采购成本。

(5) 5日,以银行存款偿还前欠嘉定工厂材料款71 800元。

(6) 5日,采购员王飞预支差旅费1 100元,以现金付讫。

(7) 6日,销售给延中公司F产品800箱,每箱150元,货款尚未收到。

(8) 6日,以银行存款交纳城市维护建设税1 510元,交纳所得税7 320元。

(9) 7日,以银行存款支付分配给投资者利润18 000元。

(10) 8日,向银行提取现金2 000元,备用。

(11) 9日,收到延中公司付来部分前欠货款72 000元,存入银行。

(12) 10日,生产E产品领用A材料2 500千克,每千克25元;生产F产品领用B材料2 080千克,每千克22元;生产车间一般耗用A材料100千克,每千克25元,予以转账。

(13) 11日,采购员王飞出差回来报销差旅费1 180元,扣除已预付的1 100元,今又补付其现金80元,以结清其预支款。

(14) 12日,以银行存款支付办公费4 800元,其中,生产车间负担600元,行政管理部门负担4 200元。

(15) 13日,向宁海工厂购进B材料4 000千克,每千克20.80元。B材料已验收入库，货款尚未支付。

(16) 14 日，以银行存款支付 4 000 千克 B 材料运输费 4 000 元，装卸费 800 元。

(17) 14 日，上项 B 材料已采购完毕，结转其实际采购成本。

(18) 15 日，收到延中公司付来其余前欠货款 48 000 元，存入银行。

(19) 16 日，提取现金 131 000 元，备发工资。

(20) 16 日，以现金 131 000 元发放本月份职工工资。

(21) 18 日，分配本月份职工工资，其中，生产 E 产品工人工资54 000元，生产 F 产品工人工资 42 000 元，车间管理人员工资 8 000 元，销售人员工资 7 500 元，行政管理人员工资19 500 元。

(22) 19 日，以本月份职工工资总额的 14%提取职工福利费。

(23) 20 日，以银行存款 6 000 元捐赠希望工程。

(24) 21 日，以银行存款支付前欠宁海工厂货款 59 400 元。

(25) 21 日，向嘉定工厂购进 A 材料 3 300 千克，每千克 24 元。A 材料已验收入库，货款尚未支付。

(26) 22 日，以银行存款支付 3 300 千克 A 材料运输费 2 850 元，装卸费 450 元。A 材料已采购完毕，结转其采购成本。

(27) 23 日，销售给大通公司 E 产品 750 箱，每箱 224 元，货款尚未收到。

(28) 24 日，以银行存款支付推销产品的广告费 8 500 元。

(29) 25 日，生产 E 产品领用 A 材料 2 800 千克，每千克 25 元；生产 F 产品领用 B 材料 3 000 千克，每千克 22 元；生产车间一般耗用 B 材料 300 千克，每千克 22 元；行政管理部门领用 A 材料 200 千克，每千克 25 元，予以转账。

(30) 25 日，收到大通公司前欠货款 168 000 元。

(31) 25 日，以银行存款支付销售产品的运输费 4 000 元。

(32) 26 日，以银行存款偿还前欠嘉定工厂货款 84 000 元。

(33) 26 日，销售给南汇公司 E 产品 450 箱，每箱 224 元，货款尚未收到。

(34) 27 日，提取本月份固定资产折旧费 20 780 元，其中，生产车间18 780元，行政管理部门 2 000 元。

(35) 28 日，经盘点发现盘亏 B 材料 20 千克，每千克 22 元；盘亏 E 产品 5 箱，每箱 150 元，予以转账。

(36) 29 日，经查明盘亏 B 材料 20 千克属于超定额损耗，经批准予以转账，盘亏E产品系管理员周全工作中的差错，经批准60%作为企业损失，40%由周全负责赔偿，并收到其付来的赔偿现金。

(37) 30日，收到长安公司违约罚金2 200元，存入银行。

(38) 30日，摊销应由本月份负担的财产保险费1 820元，其中生产车间负担1 500元，行政管理部门负担320元。

(39) 31日，按生产工时分配制造费用，其中，生产E产品耗用5 400工时，生产F产品耗用3 800工时。

(40) 31日，本月份生产的1 500箱E产品已全部完工，验收入库，结转其生产成本。

(41) 31日，本月份销售E产品1 200箱，每箱成本165.90元；销售F产品800箱，每箱成本112.50元，结转其销售成本。

(42) 31日，按税法的规定计提应由本月份负担的城市维护建设税1 512元，教育费附加648元。

(43) 31日，提取本月份短期借款利息1 890元。

(44) 31日，将损益类账户结转"本年利润"账户。

(45) 31日，按25%税率计提所得税，并将所得税结转"本年利润"账户。

(46) 31日，按净利润的20%提取盈余公积。

(47) 31日，按净利润的70%提取应分配给投资者的利润。

6. 记账凭证核算程序的操作步骤　具体如下所述。

(1) 根据反映上列经济业务的原始凭证，编制收款凭证①、付款凭证①和转账凭证①分别如图表10-2、图表10-3、图表10-4、图表10-5、图表10-6所示。

图表10-2

收款凭证

借方科目：库存现金　　　　　　　　　　　　　　单位：元

2019年		凭证号数	摘　　要	贷方科目	明细科目	账页	金　额
月	日						
1	29	现收1	收到周全赔偿款	待处理财产损溢		✓	300

① 由于篇幅关系，收款凭证、付款凭证和转账凭证全部采用简化格式。

图表 10-3

收款凭证

借方科目：银行存款 单位：元

2019 年		凭证号数	摘 要	贷方科目	明细科目	账页	金 额
月	日						
1	9	银收 1	收到延中公司部分前欠货款	应收账款	延中公司	✓	72 000
	15	银收 2	收到延中公司其余前欠货款	应收账款	延中公司	✓	48 000
	25	银收 3	收到大通公司前欠货款	应收账款	大通公司	✓	168 000
	30	银收 4	收到长安公司违约罚金	营业外收入		✓	2 200

图表 10-4

付款凭证

贷方科目：库存现金 单位：元

2019 年		凭证号数	摘 要	借方科目	明细科目	账页	金 额
月	日						
1	5	现付 1	采购员王飞预支差旅费	其他应收款	王飞	✓	1 100
	11	现付 2	补付采购员王飞差旅费	管理费用		✓	80
	16	现付 3	发放本月份工资	应付职工薪酬		✓	131 000

图表 10-5

付款凭证

贷方科目：银行存款 单位：元

2019年		凭证号数	摘 要	借方科目	明细科目	账页	金 额
月	日						
1	2	银付 1	预付本年度财产保险费	待摊费用		✓	21 840
	4	银付 2	支付 A 材料运输费和装卸费	在途物资	A 材料	✓	3 500

（续表）

2019年		凭证号数	摘　　要	借方科目	明细科目	账页	金　额
月	日						
1	5	银付3	偿还前欠款项	应付账款	嘉定工厂	√	71 800
	6	银付4	交纳城市维护建设税	应交税费	应交城市维护建设税	√	1 510
	6	银付4	交纳所得税	应交税费	应交所得税	√	7 320
	7	银付5	支付投资者利润	应付股利		√	18 000
	8	银付6	提现备用	库存现金		√	2 000
	12	银付7	支付办公费	制造费用		√	600
	12	银付7	支付办公费	管理费用		√	4 200
	14	银付8	支付B材料运输费和装卸费	在途物资	B材料	√	4 800
	16	银付9	提现备发工资	库存现金		√	131 000
	20	银付10	捐赠希望工程	营业外支出		√	6 000
	21	银付11	偿还前欠货款	应付账款	宁海工厂	√	59 400
	22	银付12	支付A材料运输费和装卸费	在途物资	A材料	√	3 300
	24	银付13	支付推销产品广告费	销售费用		√	8 500
	25	银付14	支付销售产品运输费	销售费用		√	4 000
	26	银付15	偿还前欠货款	应付账款	嘉定工厂	√	84 000

图表 10-6

转 账 凭 证

单位：元

2019年		凭证号数	摘　　要	会计科目	明细科目	账页	借方金额	贷方金额
月	日							
1	3	转1	购进A材料3 500千克，@24元	在途物资 应付账款	A材料 嘉定工厂	√ √	84 000	 84 000
	4	转2	结转3 500千克A材料采购成本	原材料 在途物资	A材料 A材料	√ √	87 500	 87 500

（续表）

2019年 月	日	凭证号数	摘要	会计科目	明细科目	账页	借方金额	贷方金额
1	6	转3	销售F产品600箱，@150元	应收账款	延中公司	√	120 000	
				营业收入		√		120 000
	10	转4	领用材料	生产成本	E产品	√	62 500	
				生产成本	F产品	√	45 760	
				制造费用		√	2 500	
				原材料	A材料	√		65 000
				原材料	B材料	√		45 760
	11	转5	采购员王飞报销差旅费	管理费用		√	1 100	
				其他应收款	王飞	√		1 100
	13	转6	购进B材料4 000千克，@20.80元	在途物资	B材料	√	83 200	
				应付账款	宁海工厂	√		83 200
	14	转7	结转4 000千克B材料采购成本	原材料	B材料	√	88 000	
				在途物资	B材料	√		88 000
	18	转8	分配本月份工资	生产成本	E产品	√	54 000	
				生产成本	F产品	√	42 000	
				制造费用		√	8 000	
				销售费用		√	7 500	
				管理费用		√	19 500	
				应付职工薪酬				131 000
	19	转9	提取职工福利费	生产成本	E产品	√	7 560	
				生产成本	F产品	√	5 880	
				制造费用		√	1 120	
				销售费用		√	1 050	
				管理费用		√	2 730	
				应付职工薪酬		√		18 340
	21	转10	购进A材料3 300千克，@24元	在途物资	A材料	√	79 200	
				应付账款	嘉定工厂	√		79 200
	22	转11	结转A材料采购成本	原材料	A材料	√	82 500	
				在途物资	A材料	√		82 500

（续表）

2019年		凭证号数	摘　　要	会计科目	明细科目	账页	借方金额	贷方金额
月	日							
1	23	转12	销售E产品750箱，@224元	应收账款	大通公司	√	168 000	
				营业收入		√		168 000
	25	转13	领用材料	生产成本	E产品	√	70 000	
				生产成本	F产品	√	66 000	
				制造费用		√	6 600	
				管理费用		√	5 000	
				原材料	A材料			75 000
				原材料	B材料	√		72 600
	26	转14	销售E产品450箱，@224元	应收账款	南汇公司	√	100 800	
				营业收入		√		100 800
	27	转15	提取固定资产折旧费	制造费用		√	18 780	
				管理费用		√	2 000	
				累计折旧		√		20 780
	28	转16	盘亏B材料20千克、E产品5箱，予以转账	待处理财产损溢		√	1 190	
				原材料	B材料	√		440
				库存商品	E产品	√		750
	29	转17	盘亏B材料转作企业损失，盘亏E产品60%转作企业损失	营业外支出		√	890	
				待处理财产损溢		√		890
	30	转18	摊销财产保险费	制造费用		√	1 500	
				管理费用		√	320	
				待摊费用		√		1 820
	31	转19	分配制造费用	生产成本	E产品	√	22 950	
				生产成本	F产品	√	16 150	
				制造费用		√		39 100
		转20	结转完工1 500箱E产品成本	库存商品	E产品	√	248 850	
				生产成本	E产品	√		248 850

（续表）

2019年		凭证号数	摘　要	会计科目	明细科目	账页	借方金额	贷方金额
月	日							
1	31	转21	结转本月份产品销售成本	营业成本 库存商品 库存商品	 E产品 F产品	✓ ✓ ✓	289 080	 199 080 90 000
		转22	提取城建税和教育费附加	税金及附加 应交税费 应交税费	 应交城市维护建设税 应交教育费附加	✓ ✓ ✓	2 160	 1 512 648
		转23	提取本月份短期借款利息	财务费用 应付利息		✓ ✓	1 890	 1 890
		转24	将收入类账户结转本年利润账户	营业收入 营业外收入 本年利润		✓ ✓ ✓	388 800 2 200	 391 000
		转25	将费用类账户结转本年利润账户	本年利润 营业成本 税金及附加 销售费用 管理费用 财务费用 营业外支出		✓ ✓ ✓ ✓ ✓ ✓ ✓	356 000	 289 080 2 160 21 050 34 930 1 890 6 890
		转26	提取所得税费用	所得税费用 应交税费	 应交所得税	✓ ✓	8 750	 8 750
		转27	结转所得税费用	本年利润 所得税费用		✓ ✓	8 750	 8 750
		转28	提取盈余公积	利润分配 盈余公积	提取盈余公积	✓ ✓	5 250	 5 250
		转29	提取应分配给投资者的利润	利润分配 应付股利	应付股利	✓ ✓	18 375	 18 375

（2）根据收款凭证和付款凭证分别登记现金日记账和银行存款日记账如图表10-7、图表10-8所示。

图表 10-7

现 金 日 记 账

单位：元

2019年 月	日	凭证号数	摘要	对方科目	收入金额	付出金额	结存金额
1	1		上年结转				1 500
	5	现付 1	采购员王飞预支差旅费	其他应收款		1 100	400
	7	银付 6	提现备用	银行存款	2 000		2 400
	11	现付 2	补付采购员王飞差旅费	管理费用		80	2 320
	15	银付 9	提现备发工资	银行存款	131 000		133 320
	16	现付 3	发放工资	应付职工薪酬		131 000	2 320
	29	现收 1	收到周全赔偿款	待处理财产损溢	300		2 620
1	31		本期发生额及余额		118 300	117 180	2 620

图表 10-8

银行存款日记账

单位：元

2019年 月	日	凭证号数	摘要	对方科目	收入金额	付出金额	结存金额
1	1		上年结转				278 500
	2	银付 1	预付全年财产保险费	待摊费用		21 840	256 660
	4	银付 2	支付 A 材料运输费和装卸费	在途物资		3 500	253 160
	5	银付 3	偿还前欠嘉定工厂款项	应付账款		71 800	181 360
	6	银付 4	交纳消费税和所得税	应交税费		8 830	172 530
	7	银付 5	支付投资者利润	应付股利		18 000	154 530
	8	银付 6	提现备用	库存现金		2 000	152 530
	9	银收 1	收到延中公司部分前欠账款	应收账款	72 000		224 530
	12	银付 7	支付办公费	制造费用		600	223 930
	12	银付 7	支付办公费	管理费用		4 200	219 730

（续表）

2019年		凭证号数	摘　　要	对方科目	收入金额	付出金额	结存金额
月	日						
1	14	银付 8	支付 B 材料运输费和装卸费	在途物资		4 800	214 930
	15	银收 2	收到延中公司其余前欠货款	应收账款	48 000		262 930
	16	银付 9	提现备发工资	库存现金		131 000	131 930
	20	银付 10	捐赠希望工程	营业外支出		6 000	125 930
	21	银付 11	偿还前欠宁海工厂货款	应付账款		59 400	66 530
	22	银付 12	支付 A 材料运输费和装卸费	在途物资		3 300	63 230
	24	银付 13	支付推销产品广告费	销售费用		8 500	54 730
	25	银收 3	收到大通公司前欠货款	应收账款	168 000		222 730
	25	银付 14	支付销售产品运输费	销售费用		4 000	218 730
	26	银付 15	偿还前欠嘉定工厂货款	应付账款		84 000	134 730
	30	银收 4	收到长安公司违约罚金	营业外收入	2 200		136 930
1	31		本期发生额及余额		290 200	431 770	136 930

（3）根据有关的收款凭证、付款凭证和转账凭证分别登记原材料、生产成本和应付账款明细分类账如图表 10-9(a)、图表 10-9(b)、图表 10-10(a)、图表 10-10(b)、图表 10-11(a)、图表 10-11(b)所示。

图表 10-9(a)

原材料明细分类账(一)

账户名称：A 材料　　　　　　计量单位：千克　　　　　　金额单位：元

2019年		凭证号数	摘　要	收　入			发　出			结　存		
月	日			数量	单价	金额	数量	单价	金额	数量	单价	金额
1	1		上年结转							1 250	25	31 250
	4	转 2	购进	3 500	25	87 500				4 750	25	118 750
	10	转 4	领用				2 600	25	65 000	2 150	25	53 750
	22	转 11	购进	3 300	25	82 500				5 450	25	136 250
	25	转 13	领用				3 000	25	75 000	2 450	25	61 250
1	31		本期发生额及余额	6 800	25	170 000	5 600	25	140 000	2 450	25	61 250

图表 10-9(b)

原材料明细分类账(二)

账户名称：B材料　　计量单位：千克　　金额单位：元

2019年		凭证号数	摘要	收入			发出			结存		
月	日			数量	单价	金额	数量	单价	金额	数量	单价	金额
1	1		上年结转							3 600	22	79 200
	10	转 4	领用				2 080	22	45 760	1 520	22	33 440
	14	转 7	购进	4 000	22	88 000				5 520	22	121 440
	25	转 13	领用				3 300	22	72 600	2 220	22	48 840
	28	转 16	盘亏				20	22	440	2 200	22	48 400
1	31		本期发生额及余额	4 000	22	88 000	5 400	22	118 800	2 200	22	48 400

图表 10-10(a)

生产成本明细账(一)

账户名称：E产品　　单位：元

2019年		凭证号数	摘要	借方				贷方	余额
月	日			直接材料	直接人工	制造费用	合计		
1	1		上年结转	20 000	8 880	2 960	31 840		31 840
	10	转 4	领用材料	62 500			62 500		94 340
	18	转 8	分配工资		54 000		54 000		148 340
	19	转 9	计提福利费		7 560		7 560		155 900
	25	转 14	领用材料	70 000			70 000		225 900
	31	转 19	分配制造费用			22 950	22 950		248 850
	31	转 20	结转完工产品成本					248 850	-0-
1	31		本期发生额及余额	132 500	61 560	22 950	217 010	248 850	-0-

图表 10-10(b)

生产成本明细账(二)

账户名称：F产品　　　　　　　　　　　　　　　　　　单位：元

2019年 月	日	凭证号数	摘要	借方 直接材料	直接人工	制造费用	合计	贷方	余额
1	10	转 4	领用材料	45 760			45 760		45 760
	18	转 8	分配工资		42 000		42 000		87 760
	19	转 9	计提福利费		5 880		5 880		93 640
	25	转 14	领用材料	66 000			66 000		159 640
	31	转 19	分配制造费用			16 150	16 150		175 790
1	31		本期发生额及余额	111 760	47 880	16 150	175 790		175 790

图表 10-11(a)

应付账款明细分类账(一)

账户名称：嘉定工厂　　　　　　　　　　　　　　　　单位：元

2019年 月	日	凭证号数	摘要	借方金额	贷方金额	借或贷	余额
1	1		上年结转			贷	71 800
	3	转 1	购进A材料3 500千克款		84 000	贷	155 800
	5	银付 3	偿还前欠货款	71 800		贷	84 000
	21	转 10	购进A材料3 300千克款		79 200	贷	163 200
	26	银付 15	偿还前欠货款	84 000		贷	79 200
1	31		本期发生额及余额	155 800	163 200	贷	79 200

图表 10-11(b)

应付账款明细分类账(二)

账户名称：宁海工厂　　　　　　　　　　　　　　　　单位：元

2019年 月	日	凭证号数	摘要	借方金额	贷方金额	借或贷	余额
1	1		上年结转			贷	59 400
	13	转 6	购进B材料4 000千克款		83 200	贷	142 600
	21	银付 11	偿还前欠货款	59 400		贷	83 200
1	31		本期发生额及余额	59 400	83 200	贷	83 200

(4)根据前列的总分类账户余额和收款凭证、付款凭证、转账凭证逐笔登记总分类账户①如图表 10-12 所示。

① 由于篇幅关系，采用T形账户，在实际工作应采用账户对应式账页，分别登记日期、凭证号数、摘要、对方科目、借方金额、贷方金额及余额等。

图表 10-12

总分类账

借 **库存现金** 贷

期初余额	1 500	现付 1	1 100
银付 6	2 000	现付 2	80
银付 9	131 000	现付 3	131 000
现收 1	300		
本期发生额	133 300	本期发生额	132 180
期末余额	2 620		

借 **应收账款** 贷

期初余额	31 400	银收 1	72 000
转 3	120 000	银收 2	48 000
转 12	168 000	银收 3	168 000
转 14	100 800		
本期发生额	388 800	本期发生额	288 000
期末余额	132 200		

借 **其他应收款** 贷

期初余额	5 610	转 5	1 100
现付 1	1 100		
本期发生额	1 100	本期发生额	1 100
期末余额	5 610		

借 **原材料** 贷

期初余额	110 450	转 4	110 760
转 2	87 500	转 13	147 600
转 7	88 000	转 16	440
转 11	82 500		
本期发生额	258 000	本期发生额	258 800
期末余额	109 650		

借 **银行存款** 贷

期初余额	278 500	银付 1	21 840
银收 1	72 000	银付 2	3 500
银收 2	48 000	银付 3	71 800
银收 3	168 000	银付 4	8 830
银收 4	2 200	银付 5	18 000
		银付 6	2 000
		银付 7	4 800
		银付 8	4 800
		银付 9	131 000
		银付 10	6 000
		银付 11	59 400
		银付 12	3 300
		银付 13	8 500
		银付 14	4 000
		银付 15	84 000
本期发生额	290 200	本期发生额	431 770
期末余额	136 930		

借 **在途物资** 贷

转 1	84 000	转 2	87 500
银付 2	3 500	转 7	88 000
转 6	83 200	转 11	82 500
银付 8	4 800		
转 10	79 200		
银付 12	3 300		
本期发生额	258 000	本期发生额	258 000

借 **生产成本** 贷

期初余额	31 840	转 20	248 850
转 4	108 260		
转 8	96 000		
转 9	13 440		
转 13	136 000		
转 19	39 100		
本期发生额	392 800	本期发生额	248 850
期末余额	175 790		

（续表）

借　　制造费用　　贷

转4	2 500	转19	39 100
银付7	600		
转8	8 000		
转9	1 120		
转13	6 600		
转15	18 780		
转18	1 500		
本期发生额	39 100	本期发生额	39 100

借　　待摊费用　　贷

银付1	21 840	转18	1 820
本期发生额	21 840	本期发生额	1 820
期末余额	20 020		

借　　固定资产　　贷

期初余额	516 000		

借　　短期借款　　贷

		期初余额	200 000

借　　应付职工薪酬　　贷

现付3	131 000	期初余额	14 270
		转8	131 000
		转9	18 340
本期发生额	131 000	本期发生额	149 340
		期末余额	32 610

借　　应付股利　　贷

银付5	18 000	期初余额	18 000
		转29	18 375
本期发生额	18 000	本期发生额	18 375
		期末余额	18 375

借　　库存商品　　贷

期初余额	135 000	转16	750
转20	248 850	转21	289 080
本期发生额	248 850	本期发生额	289 830
期末余额	94 020		

借　　待处理财产损溢　　贷

转16	1 190	转17	890
		现收1	300
本期发生额	1 190	本期发生额	1 190
期末余额	-0-		

借　　利润分配　　贷

转28	5 250	期初余额	18 200
转29	18 375		
本期发生额	23 625		
期末余额	5 425		

借　　应付账款　　贷

银付3	71 800	期初余额	131 200
银付11	59 400	转1	84 000
银付15	84 000	转6	83 200
		转10	79 200
本期发生额	215 200	本期发生额	246 400
		期末余额	162 400

借　　应交税费　　贷

银付4	8 830	期初余额	8 830
		转22	2 160
		转26	8 750
本期发生额	8 830	本期发生额	10 910
		期末余额	10 910

借　　应付利息　　贷

		转23	1 890
本期发生额	—	本期发生额	1 890
		期末余额	1 890

借　　其他应付款　　贷

		期初余额	9 300

（续表）

借	累计折旧		贷
		期初余额	127 000
		转 15	20 780
		本期发生额	20 780
		期末余额	147 780

借	盈余公积		贷
		期初余额	45 500
		转 28	5 250
		本期发生额	5 250
		期末余额	50 750

借	营业收入		贷
转 24	388 800	转 3	120 000
		转 12	168 000
		转 14	100 800
本期发生额	388 800	本期发生额	388 800

借	营业成本		贷
转 21	289 080	转 25	289 080
本期发生额	289 080	本期发生额	289 080

借	销售费用		贷
转 8	7 500	转 25	21 050
转 9	1 050		
银付 13	8 500		
银付 14	4 000		
本期发生额	21 050	本期发生额	21 050

借	财务费用		贷
转 23	1 890	转 25	1 890
本期发生额	1 890	本期发生额	1 890

借	实收资本		贷
		期初余额	538 000

借	本年利润		贷
转 25	356 000	转 24	391 000
转 27	8 750		
本期发生额	364 750	本期发生额	391 000
		期末余额	26 250

借	营业外收入		贷
转 24	2 200	银收 4	2 200
本期发生额	2 200	本期发生额	2 200

借	税金及附加		贷
转 22	2 160	转 25	2 160
本期发生额	2 160	本期发生额	2 160

借	管理费用		贷
转 5	1 100	转 25	34 930
现付 2	80		
银付 7	4 200		
转 8	19 500		
转 9	2 730		
转 13	5 000		
转 15	2 000		
转 18	320		
本期发生额	34 930	本期发生额	34 930

借	营业外支出		贷
银付 10	6 000	转 25	6 890
转 17	890		
本期发生额	6 890	本期发生额	6 890

借	所得税费用		贷
转 26	8 750	转 27	8 750
本期发生额	8 750	本期发生额	8 750

（5）根据总分类账结账的结果，编制“本期发生额及余额试算表”如图表10-13所示。

图表10-13

本期发生额及余额试算表

2019年1月31日　　　　单位：元

项　目	期初余额		本期发生额		期末余额	
	借　方	贷　方	借　方	贷　方	借　方	贷　方
库存现金	1 500		133 300	132 180	2 620	
银行存款	278 500		290 200	431 770	136 930	
应收账款	31 400		388 800	288 000	132 200	
其他应收款	5 610		1 100	1 100	5 610	
在途物资			258 000	258 000		
原材料	110 450		258 000	258 800	109 650	
生产成本	31 840		392 800	248 850	175 790	
制造费用			39 100	39 100		
库存商品	135 000		248 850	289 830	94 020	
待摊费用			21 840	1 820	20 020	
待处理财产损溢			1 190	1 190		
固定资产	516 000				516 000	
利润分配		18 200	23 625		5 425	
短期借款		200 000				200 000
应付账款		131 200	215 200	246 400		162 400
应付职工薪酬		14 270	131 000	149 340		32 610
应交税费		8 830	8 830	10 910		10 910
应付股利		18 000	18 000	18 375		18 375
应付利息				1 890		1 890
其他应付款		9 300				9 300
累计折旧		127 000		20 780		147 780
实收资本		538 000				538 000

（续表）

项目	期初余额		本期发生额		期末余额	
	借方	贷方	借方	贷方	借方	贷方
盈余公积		45 500		5 250		50 750
本年利润			364 750	391 000		26 250
营业收入			388 800	388 800		
营业外收入			2 200	2 200		
营业成本			289 080	289 080		
税金及附加			2 160	2 160		
销售费用			21 050	21 050		
管理费用			34 930	34 930		
财务费用			1 890	1 890		
营业外支出			6 890	6 890		
所得税费用			8 750	8 750		
合计	1 110 300	1 110 300	3 550 335	3 550 335	1 198 265	1 198 265

（6）根据原材料和应付账款（生产成本从略）明细分类账户结账的结果，分别编制“原材料明细分类账户本期发生额及余额试算表”和“应付账款明细分类账户本期发生额及余额试算表”，如图表10-14、图表10-15所示。

图表10-14

原材料明细分类账户本期发生额及余额试算表

2019年1月31日　　单位：元

明细分类账户	计量单位	单价	期初余额		本期发生额				期末余额	
					收入		发出			
			数量	金额	数量	金额	数量	金额	数量	金额
A材料	千克	25	1 250	31 250	6 800	170 000	5 600	140 000	2 450	61 250
B材料	千克	22	3 600	79 200	4 000	88 000	5 400	118 800	2 200	48 400
合计	—	—	—	110 450	—	258 000	—	258 800	—	109 650

图表 10-15

应付账款明细分类账户本期发生额及余额试算表

2019 年 1 月 31 日　　单位：元

明细分类账户	期初余额		本期发生额		期末余额	
	借　方	贷　方	借　方	贷　方	借　方	贷　方
嘉定工厂		71 800	155 800	163 200		79 200
宁海工厂		59 400	59 400	83 200		83 200
合　计		131 200	215 200	246 400		162 400

四、记账凭证核算程序的优缺点和适用性

记账凭证核算程序的优点是根据记账凭证逐笔登记总分类账，容易理解，也便于掌握；总分类账能详细反映各类经济业务的发生和完成情况，便于会计核对和查账。其缺点是登记总分类账的工作量很大，因此适用于规模较小、经济业务简单的企业或单位。

第三节　科目汇总表核算程序

一、科目汇总表核算程序的特点及凭证与账簿的设置

科目汇总表核算程序的特点是定期将记账凭证按会计科目汇总，编制科目汇总表，然后再根据科目汇总表登记总分类账。

在科目汇总表核算程序下，记账凭证可以采用收款凭证、付款凭证和转账凭证三种形式，也可以采用通用格式，还要设置科目汇总表。总分类账也采用三栏式，但不设对应科目栏。日记账和明细分类账的种类和格式与记账凭证核算程序相同，不再重述。

二、科目汇总表的编制方法

科目汇总表各单位可根据实际情况的需要每日、每3日、每5日或每旬编制一次。在定期编制科目汇总表时，应按照相同的会计科目进行归类，将一定时期内每一科目所有借方发生额相加，其合计数填入科目汇总表的借方栏内；所有的贷方发生额相加，其合计数填入科目汇总表的贷方栏内。在分别汇总了所有科目的借贷方发生额后，加计本期发生额合计数，当借方发生额合计数等于贷方发生额合计数时，表明一定期间内编制的记账凭证基本正确，科目汇总表编制无误，可据以登记

总分类账。

三、科目汇总表核算程序的具体操作步骤

科目汇总表核算程序的具体操作步骤有以下七个。

第一，根据原始凭证编制记账凭证。

第二，根据收款凭证和付款凭证分别登记现金日记账和银行存款日记账。

第三，根据记账凭证及其所附的原始凭证登记各种明细分类账。

第四，根据记账凭证定期编制科目汇总表。

第五，根据科目汇总表登记总分类账。

第六，定期将现金日记账、银行存款日记账和各种明细分类账的余额分别与总分类账的余额进行核对。

第七，期末根据总分类账和明细分类账的记录编制财务报告。

科目汇总表核算程序的具体操作步骤如图表 10-16 所示。

图表 10-16

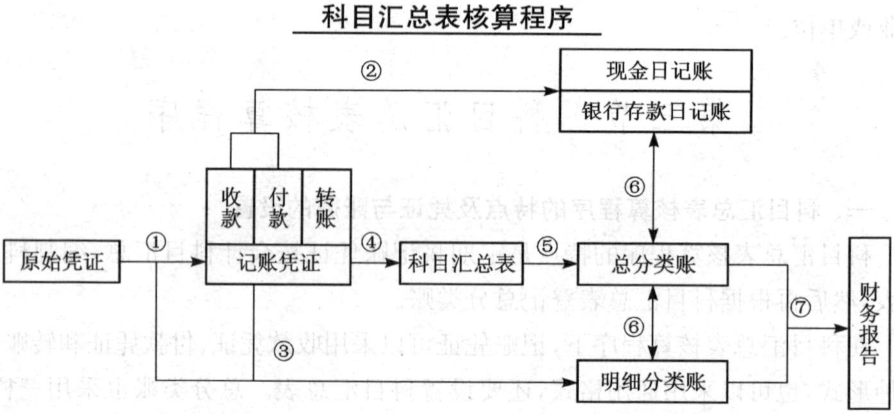

四、科目汇总表核算程序的应用

在科目汇总表核算程序下，记账凭证的编制，现金日记账和银行存款日记账，以及明细分类账的登记与记账凭证核算程序相同，不再重述。现就科目汇总表的编制和总分类账的登记予以举例说明。

【例 2】 静安工厂采用科目汇总表核算程序，该厂每 10 日编制科目汇总表一张，并据以登记总分类账。

1. 根据[例 1]编制的收款凭证、付款凭证和转账凭证分别编制上旬、中旬和下旬的科目汇总表如图表 10-17、图表 10-18、图表 10-19 所示。

图表 10-17

编号 1

科目汇总表

附记账凭证 12 张

2019 年 1 月 1 日至 10 日

单位：元

会计科目	本期发生额		账页	记账凭证起讫号数
	借　方	贷　方		
库存现金	2 000	1 100	√	银收 1
银行存款	72 000	125 970	√	现付 1
应收账款	120 000	72 000	√	银付 1～6
其他应收款	1 100		√	转 1～4
在途物资	87 500	87 500	√	
原材料	87 500	110 760	√	
生产成本	108 260		√	
制造费用	2 500		√	
待摊费用	21 840		√	
应付账款	71 800	84 000	√	
应交税费	8 830		√	
应付股利	18 000		√	
营业收入		120 000	√	
合　计	601 330	601 330		

图表 10-18

编号 2

科目汇总表

附记账凭证 12 张

2019 年 1 月 11 日至 20 日

单位：元

会计科目	本期发生额		账页	记账凭证起讫号数
	借　方	贷　方		
库存现金	131 000	131 080	√	银收 2
银行存款	48 000	146 600	√	现付 2～3
应收账款		48 000	√	银付 7～10

（续表）

会计科目	本期发生额		账页	记账凭证起讫号数
	借方	贷方		
其他应收款		1 100	✓	转 5～9
在途物资	88 000	88 000	✓	
原材料	88 000		✓	
生产成本	109 440		✓	
制造费用	9 720		✓	
应付账款		83 200	✓	
应付职工薪酬	131 000	149 340	✓	
销售费用	8 550		✓	
管理费用	27 610		✓	
营业外支出	6 000		✓	
合　计	647 320	647 320		

图表 10-19

编号 3

科目汇总表

附记账凭证 28 张

2019 年 1 月 21 日至 31 日　　单位：元

会计科目	本期发生额		账页	记账凭证起讫号数
	借方	贷方		
库存现金	300		✓	现收 1
银行存款	170 200	159 200	✓	银收 3～4
应收账款	268 800	168 000	✓	银付 11～15
在途物资	82 500	82 500	✓	转 10～29
原材料	82 500	148 040	✓	
生产成本	175 100	248 850	✓	
制造费用	26 880	39 100	✓	
库存商品	248 850	289 830	✓	
待摊费用		1 820	✓	

（续表）

会计科目	本期发生额		账页	记账凭证起讫号数
	借方	贷方		
待处理财产损溢	1 190	1 190	√	
利润分配	23 625		√	
应付账款	143 400	79 200	√	
应交税费		10 910	√	
应付股利		18 375	√	
应付利息		1 890	√	
累计折旧		20 780	√	
盈余公积		5 250	√	
本年利润	364 750	391 000	√	
营业收入	388 800	268 800	√	
营业外收入	2 200	2 200	√	
营业成本	289 080	289 080	√	
税金及附加	2 160	2 160	√	
销售费用	12 500	21 050	√	
管理费用	7 320	34 930	√	
财务费用	1 890	1 890	√	
营业外支出	890	6 890	√	
所得税费用	8 750	8 750	√	
合计	2 301 685	2 301 685		

2. 在2019年1月1日，根据期初余额开设总分类账。在1月10日、20日、31日分别根据编号为1、2、3的3张科目汇总表（见图表10-17、图表10-18、图表10-19）登记总分类账①如图表10-20所示。

① 由于篇幅关系，采用T形账户，但在实际工作中应采用三栏式，分别登记日期、凭证号数、借方金额、贷方金额及余额。

图表 10-20

总分类账

借	库存现金		贷
期初余额	1 500	汇 1	1 100
汇 1	2 000	汇 2	131 080
汇 2	131 000		
汇 3	300		
本期发生额	133 300	本期发生额	132 180
期末余额	2 620		

借	应收账款		贷
期初余额	31 400	汇 1	72 000
汇 1	120 000	汇 2	48 000
汇 3	268 800	汇 3	168 000
本期发生额	388 800	本期发生额	288 000
期末余额	132 200		

借	在途物资		贷
汇 1	87 500	汇 1	87 500
汇 2	88 000	汇 2	88 000
汇 3	82 500	汇 3	82 500
本期发生额	258 000	本期发生额	258 000

借	生产成本		贷
期初余额	31 840	汇 3	248 850
汇 1	108 260		
汇 2	109 440		
汇 3	175 100		
本期发生额	392 800	本期发生额	248 850
期末余额	175 790		

借	银行存款		贷
期初余额	278 500	汇 1	125 970
汇 1	72 000	汇 2	146 600
汇 2	48 000	汇 3	159 200
汇 3	170 200		
本期发生额	290 200	本期发生额	431 770
期末余额	136 930		

借	其他应收款		贷
期初余额	5 610	汇 2	1 100
汇 1	1 100		
本期发生额	1 100	本期发生额	1 100
期末余额	5 610		

借	原材料		贷
期初余额	110 450	汇 1	110 760
汇 1	87 500	汇 3	148 040
汇 2	88 000		
汇 3	82 500		
本期发生额	258 000	本期发生额	258 800
期末余额	109 650		

借	制造费用		贷
汇 1	2 500	汇 3	39 100
汇 2	9 720		
汇 3	26 880		
本期发生额	39 100	本期发生额	39 100

（续表）

借　　**库存商品**　　贷

期初余额	135 000	汇 3	289 830
汇 3	248 850		
本期发生额	248 850	本期发生额	289 830
期末余额	94 020		

借　　**待处理财产损溢**　　贷

汇 3	1 190	汇 3	1 190
本期发生额	1 190	本期发生额	1 190

借　　**利润分配**　　贷

汇 3	23 625	期初余额	18 200
本期发生额	23 625	本期发生额	—
期末余额	5 435		

借　　**应付职工薪酬**　　贷

汇 2	131 000	期初余额	14 270
		汇 2	149 340
本期发生额	131 000	本期发生额	149 340
		期末余额	32 610

借　　**应付股利**　　贷

汇 1	18 000	期初余额	18 000
		汇 3	18 375
本期发生额	18 000	本期发生额	18 375
		期末余额	18 375

借　　**累计折旧**　　贷

		期初余额	127 000
		汇 3	20 780
本期发生额	—	本期发生额	20 780
		期末余额	147 780

借　　**待摊费用**　　贷

汇 1	21 840	汇 3	1 820
本期发生额	21 840	本期发生额	1 820
期末余额	20 020		

借　　**固定资产**　　贷

期初余额	516 000		

借　　**短期借款**　　贷

		期初余额	200 000

借　　**应付账款**　　贷

汇 1	71 800	期初余额	131 200
汇 3	143 400	汇 1	84 000
		汇 2	83 200
		汇 3	79 200
本期发生额	215 200	本期发生额	246 400
		期末余额	162 400

借　　**应交税费**　　贷

汇 1	8 830	期初余额	8 830
		汇 3	10 910
本期发生额	8 830	本期发生额	10 910
		期末余额	10 910

借　　**应付利息**　　贷

		汇 3	1 890
本期发生额	—	本期发生额	1 890
		期末余额	1 890

借　　**其他应付款**　　贷

		期初余额	9 300

借　　**实收资本**　　贷

		期初余额	538 000

（续表）

借　　盈余公积　　贷

		期初余额	45 500
		汇 3	5 250
本期发生额	—	本期发生额	5 250
		期末余额	50 750

借　　营业收入　　贷

汇 3	388 800	汇 1	120 000
		汇 3	268 800
本期发生额	388 800	本期发生额	388 800

借　　营业成本　　贷

汇 3	289 080	汇 3	289 080
本期发生额	289 080	本期发生额	289 080

借　　销售费用　　贷

汇 2	8 550	汇 3	21 050
汇 3	12 500		
本期发生额	21 050	本期发生额	21 050

借　　财务费用　　贷

汇 3	1 890	汇 3	1 890
本期发生额	1 890	本期发生额	1 890

借　　所得税费用　　贷

汇 3	8 750	汇 3	8 750
本期发生额	8 750	本期发生额	8 750

借　　本年利润　　贷

汇 3	364 750	汇 3	391 000
本期发生额	364 750	本期发生额	391 000
		期末余额	26 250

借　　营业外收入　　贷

汇 3	2 200	汇 3	2 200
本期发生额	2 200	本期发生额	2 200

借　　税金及附加　　贷

汇 3	2 160	汇 3	2 160
本期发生额	2 160	本期发生额	2 160

借　　管理费用　　贷

汇 2	27 610	汇 3	34 930
汇 3	7 320		
本期发生额	34 930	本期发生额	34 930

借　　营业外支出　　贷

汇 2	6 000	汇 3	6 890
汇 3	890		
本期发生额	6 890	本期发生额	6 890

五、科目汇总表核算程序的优缺点和适用性

科目汇总表核算程序的优点是采用科目汇总表登记总分类账，简化了总分类账的登记工作；科目汇总表编制方便，并可根据科目汇总表上本期借、贷方发生额合计数之间的相等关系进行试算平衡，以确保账簿记录的正确性。其缺点是科目汇总表以及据以登记的总分类账不能反映各个账户的对应关系以及经济业务的来龙去脉；不便于对经济活动进行分析检查。这种核算程序适用于经济业务繁多的企业和单位。

第四节　多栏式日记账核算程序

一、多栏式日记账核算程序的特点及凭证与账簿的设置

多栏式日记账核算程序的特点是：设置多栏式现金日记账和银行存款日记账，对于收付款业务，期末根据各多栏式日记账的本期发生额和各对应账户的发生额合计数登记总分类账。对于转账业务可以根据转账凭证编制转账凭证科目汇总表；然后根据转账凭证科目汇总表登记总分类账。倘若转账凭证不多的企业单位，也可以根据转账凭证直接登记总分类账。在多栏式日记账核算程序下，除了要设置多栏式现金日记账和多栏式银行存款日记账外，其采用的记账凭证、总分类账和明细分类账的种类和格式与科目汇总表核算程序相同，在此不再重述。

二、多栏式日记账核算程序的具体操作步骤

多栏式日记账核算程序的具体操作步骤有以下七个。

第一，根据原始凭证编制记账凭证。

第二，根据收款凭证和付款凭证分别登记多栏式现金日记账和多栏式银行存款日记账。

第三，根据记账凭证及其所附的原始凭证登记各种明细分类账。

第四，根据转账凭证定期编制转账凭证科目汇总表。

第五，期末根据多栏式现金日记账、多栏式银行存款日记账和转账凭证科目汇总表登记总分类账。

第六，期末将各种明细分类账的余额与总分类账的余额进行核对。

第七，期末根据总分类账和明细分类账的记录编制财务报告。

多栏式日记账核算程序的具体步骤如图表 10-21 所示。

图表 10-21

多栏式日记账核算程序

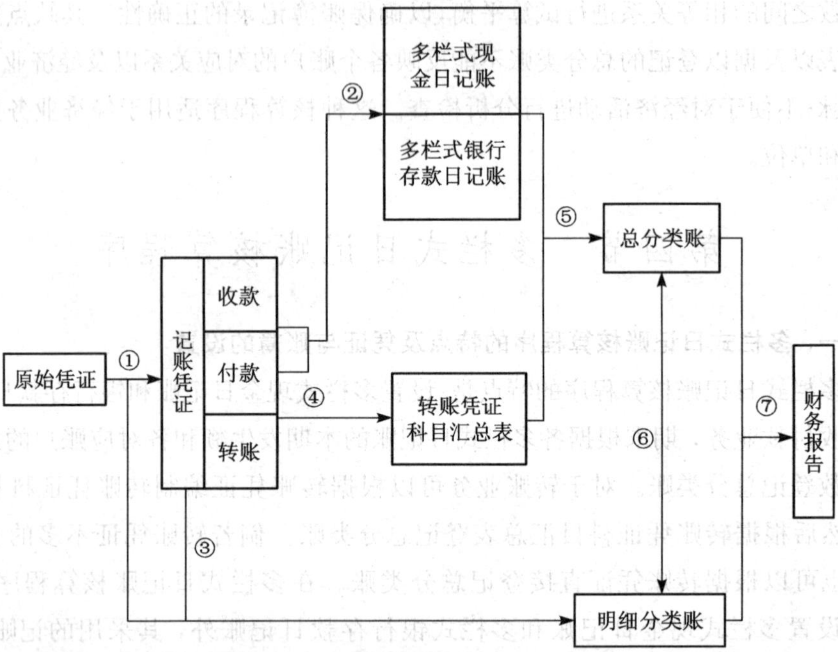

三、多栏式日记账核算程序的应用

在多栏式日记账核算程序下，记账凭证和转账凭证科目汇总表的编制、明细分类账的登记与科目汇总表核算程序相同，不再重述。现就多栏式日记账和总分类账的登记举例予以说明。

【例 3】 静安工厂采用多栏式日记账核算程序，该厂每月根据转账凭证编制转账凭证科目汇总表一张，月末结算出多栏式现金日记账和多栏式银行存款日记账中现金和银行存款收入、付出的本期发生额以及各对方科目的本期发生额，并据以登记总分类账，然后再将转账凭证科目汇总表汇总的各科目借、贷方的发生额登记总分类账。

(1) 根据[例 1]编制的收款凭证和付款凭证登记多栏式现金日记账、多栏式银行存款收入日记账和多栏式银行存款付出日记账如图表 10-22、图表 10-23、图表 10-24 所示。

(2) 根据转账凭证编制转账凭证科目汇总表如图表 10-25 所示。

图表 10-22

现金日记账

单位：元

2019年		凭证号数	摘要	收入金额			付出金额				结存金额
				应贷对方科目			应借对方科目				
月	日			银行存款	待处理财产损溢	合计	其他应收款	应付职工薪酬	管理费用	合计	
1	1		上年结转								1 500
	5	现付 1	采购员王飞预支差旅费				1 100			1 100	400
	8	银付 6	提现备用	2 000		2 000					2 400
	11	现付 2	补付采购员王飞差旅费						80	80	2 320
	16	银付 9	提现备发工资	131 000		131 000					133 320
	16	现付 3	发放工资					131 000		131 000	2 320
	29	现收 1	收到周全赔偿款		300	300					2 620
1	31		本期发生额及余额	133 000	300	133 300	1 100	131 000	80	132 180	2 620

图表 10-23

银行存款收入日记账

单位：元

2019年		凭证号数	摘要	应贷对方科目			收入合计	付出合计	结存金额
月	日			库存现金	应收账款	营业外收入			
1	1		上年结转						278 500
	8	银收 1	收到延中公司前欠货款		72 000		72 000		
	15	银收 2	收到宁海公司前欠货款		48 000		48 000		
	25	银收 3	收到大通公司前欠货款		168 000		168 000		
	30	银收 4	收到长安公司违约金			2 200	2 200		
1	31		本期发生额及余额		288 000	2 200	290 200	431 770	136 930

图表 10-24

银行存款付出日记账

单位：元

2019年		凭证号数	摘要	应借对方科目										付出合计
月	日			库存现金	在途物资	制造费用	待摊费用	应付账款	应交税费	应付股利	销售费用	管理费用	营业外支出	
1	2	银付 1	预付全年财产保险费				21 840							21 840
	4	银付 2	支付 A 材料运输费和装卸费		3 500									3 500
	5	银付 3	支付前欠嘉定工厂货款					71 800						71 800
	6	银付 4	交纳城市维护建设税和所得税						8 830					8 830
	7	银付 5	支付投资者利润							18 000				18 000
	8	银付 6	提现备用	2 000										2 000
	12	银付 7	支付办公费			600								600
	12	银付 7	支付办公费									4 200		4 200
	14	银付 8	支付 B 材料运输费和装卸费		4 800									4 800
	16	银付 9	提现备发工资	131 000										131 000
	20	银付 10	捐赠希望小学工程										6 000	6 000
	21	银付 11	偿还前欠宁海工厂货款					59 400						59 400
	22	银付 12	支付 A 材料运输费和装卸费		3 300									3 300
	24	银付 13	支付推销产品广告费								8 500			8 500
	25	银付 14	支付销售产品运输费								4 000			4 000
	26	银付 15	偿还前欠嘉定工厂货款					84 000						84 000
1	31		本月合计	133 000	11 600	600	21 840	215 200	8 830	18 000	12 500	4 200	6 000	431 770

图表 10-25

编号 1

转账凭证科目汇总表

2019 年 1 月 1～31 日　　　　单位：元

会计科目	本期发生额		账页	记账凭证起讫号数
	借　方	贷　方		
应收账款	388 800		✓	转 1～29
其他应收款		1 100	✓	
在途物资	246 400	258 000	✓	
原材料	258 000	258 800	✓	
生产成本	392 800	248 850	✓	
制造费用	38 500	39 100	✓	
库存商品	248 850	289 830	✓	
待摊费用		1 820	✓	
待处理财产损溢	1 190	890	✓	
利润分配	23 625		✓	
应付账款		246 400	✓	
应付职工薪酬		149 340	✓	
应交税费		10 910	✓	
应付股利		18 375	✓	
应付利息		1 890	✓	
累计折旧		20 780	✓	
盈余公积		5 250	✓	
本年利润	364 750	391 000	✓	
营业收入	388 800	388 800	✓	
营业外收入	2 200		✓	
营业成本	289 080	289 080	✓	
税金及附加	2 160	2 160	✓	
销售费用	8 550	21 050	✓	
管理费用	30 650	34 930	✓	
财务费用	1 890	1 890	✓	
营业外支出	890	6 890	✓	
所得税费用	8 750	8 750	✓	
合　　计	2 695 885	2 695 885		

（3）分别根据多栏式现金日记账、多栏式银行存款收入日记账、多栏式银行存款付出日记账以及转账凭证科目汇总表（见图表10-22、图表10-23、图表10-24和图表10-25）登记总分类账[①]如图表10-26所示。

图表10-26

总分类账

借　库存现金　贷

期初余额	1 500	现金日记账	132 180
现金日记账	133 300		
本期发生额	133 300	本期发生额	132 180
期末余额	2 620		

借　应收账款　贷

期初余额	31 400	银收日记账	288 000
转汇1	388 800		
本期发生额	388 800	本期发生额	288 000
期末余额	132 200		

借　在途物资　贷

银付日记账	11 600	转汇1	258 000
转汇1	246 400		
本期发生额	258 000	本期发生额	258 000
期末余额	-0-		

借　生产成本　贷

期初余额	31 840	转汇1	248 850
转汇1	392 800		
本期发生额	392 800	本期发生额	248 850
期末余额	175 790		

借　银行存款　贷

期初余额	278 500	银付日记账	431 770
银收日记账	290 200		
本期发生额	290 200	本期发生额	431 770
期末余额	136 930		

借　其他应收款　贷

期初余额	5 610	转汇1	1 100
现金日记账	1 100		
本期发生额	1 100	本期发生额	1 100
期末余额	5 610		

借　原材料　贷

期初余额	110 450	转汇1	258 800
转汇1	258 000		
本期发生额	258 000	本期发生额	258 800
期末余额	109 650		

借　制造费用　贷

银付日记账	600	转汇1	39 100
转汇1	38 500		
本期发生额	39 100	本期发生额	39 100

① 由于篇幅关系，采用T形账户，但在实际工作中采用三栏式账页，分别登记日期、记账依据（多栏式日记账名称或转账凭证科目汇总表号数）、借方金额、贷方金额及余额。

（续表）

借	库存商品		贷
期初余额	135 000	转汇 1	289 830
转汇 1	248 850		
本期发生额	248 850	本期发生额	289 830
期末余额	94 020		

借	待处理财产损溢		贷
转汇 1	1 190	现金日记账	300
		转汇 1	890
本期发生额	1 190	本期发生额	1 190
期末余额	-0-		

借	短期借款		贷
		期初余额	200 000

借	应付账款		贷
银付日记账	215 200	期初余额	131 200
		转汇 1	246 400
本期发生额	215 200	本期发生额	246 400
		期末余额	162 400

借	应付职工薪酬		贷
现金日记账	131 000	期初余额	14 270
		转汇 1	149 340
本期发生额	131 000	本期发生额	149 340
		期末余额	32 610

借	应付股利		贷
银付日记账	18 000	期初余额	18 000
		转汇 1	18 375
本期发生额	18 000	本期发生额	18 375
		期末余额	18 375

借	待摊费用		贷
银付日记账	21 840	转汇 1	1 820
本期发生额	21 840	本期发生额	1 820
期末余额	13 200		

借	固定资产		贷
期初余额	516 000		

借	利润分配		贷
转汇 1	23 625	期初余额	18 200
本期发生额	23 625		
期末余额	5 425		

借	应交税费		贷
银付日记账	8 830	期初余额	8 830
		转汇 1	10 910
本期发生额	8 830	本期发生额	10 910
		期末余额	10 910

借	其他应付款		贷
		期初余额	9 300

借	应付利息		贷
		转汇 1	1 890
		本期发生额	1 890
		期末余额	1 890

（续表）

累计折旧

借		贷	
		期初余额	127 000
		转汇1	20 780
		本期发生额	20 780
		期末余额	147 780

本年利润

借		贷	
转汇1	364 750	转汇1	391 000
本期发生额	364 750	本期发生额	391 000
		期末余额	26 250

营业收入

借		贷	
转汇1	388 800	转汇1	388 800
本期发生额	388 800	本期发生额	388 800

营业成本

借		贷	
转汇1	289 080	转汇1	289 080
本期发生额	289 080	本期发生额	289 080

销售费用

借		贷	
银付日记账	12 500	转汇1	21 050
转汇1	8 550		
本期发生额	21 050	本期发生额	21 050

财务费用

借		贷	
转汇1	1 890	转汇1	1 890
本期发生额	1 890	本期发生额	1 890

所得税费用

借		贷	
转汇1	8 750	转汇1	8 750
本期发生额	8 750	本期发生额	8 750

实收资本

借		贷	
		期初余额	538 000

盈余公积

借		贷	
		期初余额	45 500
		转汇1	5 250
		本期发生额	5 250
		期末余额	50 750

营业外收入

借		贷	
转汇1	2 200	银收日记账	2 200
本期发生额	2 200	本期发生额	2 200

税金及附加

借		贷	
转汇1	2 160	转汇1	2 160
本期发生额	2 160	本期发生额	2 160

管理费用

借		贷	
现金日记账	80	转汇1	34 930
银付日记账	4 200		
转汇1	30 650		
本期发生额	34 930	本期发生额	34 930

营业外支出

借		贷	
银付日记账	6 000	转汇1	6 890
汇转1	890		
本期发生额	6 890	本期发生额	6 890

四、多栏式日记账核算程序的优缺点和适用性

多栏式日记账核算程序的优点是将多栏式日记账与转账凭证汇总表结合起来登记总分类账，简化了总分类账的登记手续。由于多栏式日记按账户对应关系设置专栏，根据各对应账户的本期发生额登记总分类账，从而简化了编制收款凭证汇总表和付款凭证汇总表的手续。其缺点是在经济业务复杂，账户设置多的企业、单位，日记账因专栏的栏次过多而造成账页较长，不便于登记和查阅。这种核算程序适用于规模较大，业务量多，但现金和银行存款收付的业务简单，涉及的账户不多的企业或单位。

思 考 题

一、简答题

1. 会计核算程序的核心是什么？为什么？

2. 组织会计核算程序有哪些要求？

3. 试述记账凭证核算程序的具体操作步骤、优缺点及适用性。

4. 试述科目汇总表的编制方法。

5. 试述科目汇总表核算程序的具体操作步骤、优缺点及适用性。

6. 试述多栏式日记账核算程序的具体操作步骤、优缺点及适用性。

二、名词解释题

1. 会计核算程序　　2. 凭证和账簿组织

3. 记账程序和方法

三、是非题

1. 会计核算程序是记账和产生会计信息的步骤与方法。（　）

2. 在记账凭证核算程序下，记账凭证可以选用收款凭证、付款凭证和转账凭证三种格式，也可以选用通用式一种格式。（　）

3. 记账凭证核算程序是最基本的核算程序，它适用于各种类型的企业。

（　）

4. 科目汇总表核算程序的优点是采用科目汇总表登记总分类账，简化了总分类账的登记工作，并且能反映账户之间的对应关系。（　）

5. 采用多栏式日记账核算程序时，多栏式现金日记账应贷对方科目中“银行存款”专栏的本期发生额，不应登记银行存款总分类账户，以免重复记账。（　）

6. 多栏式日记账核算程序能够简化日记账的登记工作。（ ）

四、单项选择题

1. 会计核算程序的核心是________。

A. 凭证组织　B. 账簿组织　C. 记账程序　D. 记账方法

2. ________是一种最基本的核算程序。

A. 记账凭证核算程序　B. 科目汇总表核算程序

C. 多栏式日记账核算程序　D. 汇总记账凭证核算程序

3. ________适用于规模较小、经济业务简单的企业或单位。

A. 记账凭证核算程序　B. 汇总记账凭证核算程序

C. 科目汇总表核算程序　D. 多栏式日记账核算程序

4. 在定期编制科目汇总表时，应________进行归类。

A. 按照不同的会计科目　B. 按照相同的会计科目

C. 按照借方的会计科目　D. 按照贷方的会计科目

五、多项选择题

1. 我国目前常被采用的有________等。

A. 记账凭证核算程序　B. 汇总记账凭证核算程序

C. 多栏式日记账核算程序　D. 科目汇总表核算程序

2. 科目汇总表各单位可根据实际情况的需要，每日或________编制一次。

A. 每3日　B. 每5日　C. 每旬　D. 每月

3. 在不同的会计核算程序中，登记总分类账的依据有________。

A. 记账凭证　B. 转账凭证汇总表

C. 科目汇总表　D. 多栏式日记账

4. 在不同的会计核算程序中，登记明细分类账的依据有________。

A. 记账凭证　B. 原始凭证　C. 转账凭证　D. 科目汇总表

练习题

习题一

一、目的　练习记账凭证核算程序。

二、资料　申江工厂2019年1月份有关资料列示如下。

1. 各总分类账户的期初余额(单位：元)如下所列。

账户名称	借方余额	账户名称	贷方余额
库存现金	1 800	短期借款	300 000
银行存款	232 400	应付账款	127 000
应收账款	127 950	应付职工薪酬	15 560
其他应收款	7 150	应交税费	10 930
原材料	102 600	应付股利	12 500
生产成本	84 700	其他应付款	8 410
库存商品	141 000	累计折旧	131 200
固定资产	527 600	实收资本	552 000
		盈余公积	50 100
		利润分配	17 500
合　　计	1 225 200	合　　计	1 225 200

2. 有关明细分类账户的期初余额如下所列。

(1) 原材料明细分类账。其中：

A材料	2 600千克	单价21元	金额54 600元
B材料	2 000千克	单价24元	金额48 000元

(2) 生产成本——P产品明细分类账户期初余额为84 700元。其中：直接材料57 600元，直接人工22 000元，制造费用5 100元。

(3) 应付账款明细分类账。其中：

闸北工厂	67 200元
虹口工厂	59 800元

3. 1月份发生下列经济业务。

(1) 2日，采购员赵亮预支差旅费1 500元，以现金付讫。

(2) 3日，以银行存款预付本年度财产保险费21 960元。

(3) 4日，向闸北工厂购进甲材料3 000千克，每千克19.50元，甲材料已验收入库，货款尚未支付。

(4) 4日，以银行存款支付3 000千克甲材料的运输费3 750元，装卸费

750 元。

(5) 5 日,上项甲材料已采购完毕,结转其实际采购成本。

(6) 5 日,以银行存款偿还前欠闸北工厂材料款 67 200 元。

(7) 6 日,向银行提取现金 1 800 元,备用。

(8) 7 日,采购员赵亮出差回来报销差旅费 1 350 元,退回多余现金 150 元,以结清其预支款。

(9) 8 日, 以银行存款交纳城市维护建设税 1 580 元, 所得税 9 350 元。

(10) 8 日,向虹口工厂购进乙材料 3 800 千克,每千克 23 元。乙材料已验收入库,货款尚未支付。

(11) 9 日,以银行存款支付 3 800 千克乙材料运输费 3 200 元,装卸费 600 元。乙材料已采购完毕,结转其实际采购成本。

(12) 9 日,销售给新光公司 Q 产品 600 件,每件 160 元,货款尚未收到。

(13) 9 日,收到奉贤公司付来前欠货款 78 200 元。

(14) 10 日,各部门领用甲材料 2 800 千克,每千克 21 元,其中:生产 P 产品耗用 2 600 千克;生产车间一般耗用 200 千克。领用乙材料2 300千克,每千克 24 元,其中:生产 Q 产品耗用 2 200 千克;行政管理部门耗用 100 千克。

(15) 10 日,以银行存款支付推销产品的广告费 6 700 元。

(16) 11 日,以银行存款支付分配给投资者利润 12 500 元。

(17) 12 日,以银行存款支付办公费 4 500 元,其中,生产车间负担 600 元,行政管理部门负担 3 900 元。

(18) 13 日,车间主任刘钢出差预支差旅费 1 000 元,以现金付讫。

(19) 14 日,收到新光公司付来前欠货款 96 000 元,存入银行。

(20) 14 日,以银行存款偿还前欠虹口工厂材料款 59 800 元。

(21) 15 日,提取现金 121 300 元,备发工资。

(22) 15 日,以现金 121 300 元发放本月份职工工资。

(23) 16 日,分配本月份职工工资,其中,生产 P 产品工人工资55 000元;生产 Q 产品工人工资 40 000 元;车间管理人员工资 8 500 元;销售人员工资 6 800 元,行政管理部门人员工资13 500 元。

(24) 17 日,以本月份职工工资总额的 14%提取职工福利费。

(25) 18 日,向闸北工厂购进甲材料 2 800 千克,每千克 19.50 元,甲材料已验收入库,货款尚未支付。

(26) 19 日，以银行存款支付 2 800 千克甲材料的运输费 3 480 元，装卸费 720 元，甲材料已采购完毕，结转其实际采购成本。

(27) 20 日，各部门领用甲材料 2 460 千克，每千克 21 元，其中，生产 P 产品耗用 2 400 千克；行政管理部门耗用 60 千克。领用乙材料1 650千克，每千克 24 元，其中：生产 Q 产品耗用 1 500 千克；生产车间一般耗用 150 千克。

(28) 20 日，车间主任刘钢出差回来报销差旅费 1 220 元，当即以现金补付其 220 元，以结清其暂支款。

(29) 20 日，销售给永安公司 P 产品 750 件，每件 232 元，货款尚未收到。

(30) 22 日，以银行存款偿还前欠闸北工厂材料款 58 500 元。

(31) 23 日，以银行存款 9 600 元捐赠希望工程。

(32) 24 日，经盘点发现盘盈甲材料 20 千克，每千克 21 元；盘亏乙材料 25 千克，每千克 24 元；盘亏 Q 产品 10 件，每件 120 元，予以转账。

(33) 25 日，销售给光明公司 P 产品 650 件，每件 232 元，当即收到货款，存入银行。

(34) 26 日，提取本月份固定资产折旧费 19 880 元，其中：生产车间18 220元；行政管理部门 1 660 元。

(35) 27 日，以银行存款支付销售产品的运输费 7 600 元。

(36) 28 日，经查明盘盈甲材料系收发过程中的正常盈余；盘亏的乙材料系定额损耗，经批准予以转账；盘亏的 Q 产品系管理人员罗云错发产品，经批准 60%作为企业损失，40%由罗云负责赔偿，并收到其付来的赔偿现金。

(37) 29 日，摊销应由本月份负担的财产保险费，其中：生产车间负担 1 530 元，行政管理部门负担 300 元。

(38) 30 日，提取本月份短期借款利息 1 976 元。

(39) 31 日，按生产工时分配制造费用，其中生产 P 产品耗用 6 000 工时，Q 产品耗用 3 300 工时。

(40) 31 日，本月份生产的 1 600 件 P 产品已全部验收入库，结转其生产成本。

(41) 31 日，本月份销售 P 产品 1 400 件，每件成本 173.50 元；Q 产品 600 件，每件成本 120 元，结转其生产成本。

(42) 31 日，按税法的规定计提城市维护建设税 1 694 元，教育费附加 726 元。

(43) 31 日，收到康乐公司付来现金 100 元，系合同违约的罚金。

(44) 31 日，应收南桥工厂货款 3 990 元，因该企业已破产无法收回，经批准转作坏账损失。

(45) 31日,将损益类账户结转"本年利润"账户。

(46) 31日,按25%税率计提所得税,并将其结转"本年利润"账户。

(47) 31日,按净利润的20%提取盈余公积。

(48) 31日,按净利润的70%提取应分配给投资者的利润。

三、要求

1. 根据"资料1",设置总分类账户、现金日记账和银行存款日记账。

2. 根据"资料2",设置明细分类账户。

3. 根据"资料3",编制收款凭证、付款凭证和转账凭证。

4. 根据编制的记账凭证登记日记账、总分类账和明细分类账,并进行结账。

5. 根据总分类账户编制本期发生额及余额试算表。

6. 根据明细分类账编制原材料明细分类账本期发生额及余额试算表和应付账款明细分类账户本期发生额及余额试算表,并与总分类账进行核对。

7. 根据总分类账和明细分类账,编制资产负债表和利润表。

习 题 二

一、目的 练习科目汇总表核算程序。

二、资料

1. 本章习题一的"资料1"。

2. 本章习题一,编制的收款凭证、付款凭证和转账凭证。

三、要求

1. 根据"资料1",设置总分类账。

2. 根据"资料2",编制科目汇总表。

3. 根据科目汇总表登记总分类账,并进行结账。

习 题 三

一、目的 练习多栏式日记账核算程序。

二、资料

1. 本章习题一中的"资料1"。

2. 本章习题一编制的收款凭证、付款凭证和转账凭证。

三、要求

1. 根据“资料 1”，设置总分类账。

2. 根据“资料 2”，编制的收款凭证和付款凭证登记多栏式现金日记账和多栏式银行存款日记账，并进行结账。

3. 根据转账凭证编制转账凭证汇总表。

4. 根据多栏式日记账和转账凭证汇总表登记总分类账，并进行结账。

第十一章　会计工作的组织

第一节　组织会计工作概述

一、组织会计工作的意义

会计工作组织是指按照《会计法》的规定，联系本单位的生产经营情况，组织好会计工作，以确保与其他经济管理工作分工协调，相互配合，共同完成各项经济任务。它包括会计机构的设置、会计人员的配备、会计法规的制定与执行和会计档案的保管。科学合理地组织会计工作对于完成会计的职能，实现会计的目标，发挥会计在经济管理中的作用，具有十分重要的意义，其具体表现在以下三个方面。

（一）有利于提高会计工作的质量和效率

会计工作是一项严密细致的经济管理工作，其运用一系列专门方法，对反映经济业务的各种数据进行记录、计算、分类、汇总、分析和检查，从而为经营管理和与单位有经济利益关系的各方提供会计信息。在实际工作中，往往由于一个数字的差错，一个手续的遗漏或一道工作的脱节而造成会计信息不真实、不完整、不正确、不及时，从而贻误工作。科学地组织会计工作，可以使会计工作按照事先规定的手续和处理程序有条不紊地进行，可以有效地防止差错和遗漏。一旦发生差错和遗漏，也能及时发现，予以纠正，以提高会计工作的质量和效率，保证提供的会计信息真实可靠。

（二）有利于协调与其他经济管理工作的关系

会计工作是一项综合性的经济管理工作，各单位所发生的各项经济业务，都必须通过会计工作加以核算和监督，这就使会计工作同各种经济管理工作发生密切的联系，这就需要相互配合，相互促进。科学地组织会计工作，能使会计工作协调好同其他经济管理工作的关系，有利于监督财政政策和财务制度的贯彻执行，共同完成经济管理的任务。

（三）有利于加强经济责任制

经济责任制是各企业、单位实行内部经济管理的重要手段，科学地组织会计工作可以促使各企业、单位内部各职能部门和个人更好地履行自己的经济责任，管好、用好资金，增收节支，提高经营管理水平，追求最佳的经济效益。

二、组织会计工作的要求

组织好会计工作应遵循以下四个要求。

（一）按照国家统一的要求组织会计工作

由于会计所提供的会计信息既要满足与企业、单位有经济利益关系的各方和企业、单位内部经营管理的需要；又要满足国家加强国民经济宏观调控的需要。因此，各企业单位必须贯彻执行全国人民代表大会常务委员会通过的《会计法》，遵循财政部颁发的《企业会计准则》《企业会计准则——应用指南》和《企业财务通则》的要求，组织会计工作。

（二）根据各自经营管理的特点组织会计工作

各企业、单位在遵循国家统一要求的组织会计工作的前提下，应根据自身业务经营的特点和经营规模的大小，确定本企业、单位的会计制度，对会计机构的设置、会计人员的配备和会计核算程序的确定等方面作出切合实际的安排。

（三）加强内部控制制度

为了维护与企业、单位有经济利益关系的各方的利益，在组织会计工作中，应实行内部控制制度。要建立和完善会计工作的岗位责任制，对经济活动中牵涉到财产物资和现金的收付、债权债务的结算及其登记、记账凭证和财务报告的编制等工作时，均应由 2 人以上分工负责，加强会计人员之间的相互核对和相互牵制，以防差错和弊端。

（四）在保证会计工作质量的前提下，提高工作效率

企业、单位在组织会计工作时，在保证会计工作质量的前提下，对会计机构的设置和会计人员的配备，力求精简、合理；对会计核算程序和手续制度的规定，应切合实际需要，避免繁琐，以提高工作效率，节约核算费用。

第二节 会计机构和会计人员

一、会计机构

（一）会计机构的设置

会计机构是指各单位内部直接从事和组织领导会计工作的职能部门。建立和健全会计机构，是加强会计工作、保证会计工作顺利进行的重要条件。

我国《会计法》第七条规定："国务院财政部门主管全国的会计工作。县级以上地方各级人民政府的财政部门管理本行政区域内的会计工作"。因此，中央政府和地方政府均设立了会计管理机构。我国《会计法》第三十六条还规定："各单位应当根据会计业务的需要设置会计机构或者在有关机构中配备会计人员并指定会计主管人员；不具备设置条件的，可以委托经批准设立从事代理记账业务的中介机构代理记账。"

1. 设置专职的会计机构　我国的大中型企业、具有一定规模的行政事业单位和其他经济组织均要设置专职的会计机构。我国由于会计工作和财务工作之间关系密切，因此各个企业、行政事业单位和其他经济组织通常设置财务会计科（或处、组）。在会计机构内部再根据具体的条件，进行合理的分工。会计机构要接受上级管理机构、国家财政、税务和审计部门的指导与监督，并按规定向其报送财务报告。

2. 在有关机构中配备会计人员并指定会计主管人员　小型的企业、行政事业单位和其他经济组织，规模小、经济活动也比较简单，可以在企业或单位内部与财务会计工作比较接近的有关机构或综合部门，如计划、统计、办公室等部门，配备专职会计人员，并指定对财务会计工作负责的会计主管人员。

3. 委托代理记账　特小型的企业和其他经济组织，不具有配备会计人员条件的，可以委托经批准设立的、从事咨询、服务的会计中介机构代理记账。

（二）会计机构的工作组织形式

会计机构的工作组织形式通常有独立核算和非独立核算两种。

1. 独立核算　它是指具有完整的会计凭证、会计账簿和会计报表体系，全面地记录所发生的经济业务，并定期编制财务报表的单位所进行的会计核算。

实行独立核算的单位称为独立核算单位，它拥有一定数额的资金，有独立经济的自主权，独立开设银行账户，办理各项收支结算业务；设置独立的会计机构进行全面的会计核算；单独编制预算和计算盈亏。

实行独立核算单位的会计工作组织形式又分为集中核算和非集中核算两种。

(1) 集中核算　它是指将整个单位的会计工作全部集中在会计部门进行。采用集中核算的组织形式，单位内部各部门对其本身发生的经济业务，只办理编制原始凭证手续，并定期将各种原始凭证送交会计部门，由会计部门审核无误后，据以进行会计核算。

集中核算的组织形式便于会计人员进行合理的分工，减少了核算层次，加速了核算工作，有利于提高工作效率，节约核算费用。但该种形式不便于各部门随时利用核算资料分析和考核其各项工作的完成情况。

(2) 非集中核算　它又称分散核算，是指单位内部各部门对其本身发生的经济业务进行较全面的核算。采用非集中核算的组织形式，单位内部各部门要填制和审核会计凭证，设置和登记会计账簿，独立计算盈亏，并定期编制内部财务报表，报送会计部门。非集中核算的组织形式便于各部门经常利用核算资料分析和考核其各项工作的完成情况。但该种形式下，会计人员难以进行合理分工，核算的工作量大，核算成本也高。

在实际工作中，各单位可以根据其经营的特点和管理的需要采用集中核算或非集中核算；也可以对有些部门采用集中核算，对有些部门采用非集中核算。无论采用哪种形式，单位同银行的往来以及债权、债务的结算，都必须通过会计部门办理。

2. 非独立核算　它是指没有完整的会计凭证和会计账簿体系，只记录部分经济业务的单位所进行的会计核算。

实行非独立核算的单位称为非独立核算单位，又称报账单位，它本身没有资本，其财产物资均由上级单位拨付；也没有独立的银行账户，其一切收入均存入上级单位账户，一切支出也由上级单位审核支付。非独立核算单位通常不设置会计机构，仅配备会计人员，只进行原始凭证的填制、审核、整理和汇总以及实物明细账的登记工作，不单独编制预算和计算盈亏。

二、会计人员

会计人员是指从事会计工作，处理会计业务的专业技术人员。

(一) 会计人员的从业资格

根据《会计法》第三十八条规定，从事会计工作的人员，必须取得会计从业资格证书。会计人员从业资格管理办法由国务院财政部门规定。我国会计人员从业资格证书为会计证。会计证是进入会计岗位的“通行证”，未取得会计证的人员，不得从事会计工作。

根据我国财政部公布的《会计从业资格管理办法》中有关取得会计从业资格的规定，会计从业资格的取得实行考试制度，考试大纲由财政部统一制定并公布。考试科目为《财经法规与会计职业道德》《会计基础》和《初级会计电算化》。会计从业资格考试工作由各省、自治区、直辖市财政厅(局)按照规定的管理范围负责组织实施。

《会计从业资格管理办法》还规定，申请参加会计从业资格考试的人员，应当符合：① 遵守会计和财经法律、法规。② 具备良好的道德品质。③ 具备会计专业基础知识和技能的基本条件。会计证申请人符合基本条件，且具备国家教育行政主管部门认可的中等职业学校以上（含中等职业学校）会计类专业学历的，自毕业之日起 2 年内（含 2 年）免试《会计基础》《初级会计电算化》考试科目。

《会计法》还规定，会计人员应当遵守职业道德，提高业务素质，对会计人员的教育和培训工作应当加强。由于社会经济发展很快，会计工作不断面临新的情况，会计人员必须不断地更新知识，才能适应日益复杂的工作局面。因此，要求会计人员每年必须完成规定的培训计划，连续 2 年未参加会计业务培训、接受继续教育的，不办理会计证年检；连续 3 年未接受继续教育的，取消会计证及会计专业技术职务资格。

（二）会计人员职业道德

财政部印发的《会计基础工作规范》的通知中，要求会计人员在会计工作中应当遵守职业道德，树立良好的职业品质，严谨的工作作风；严守工作纪律，努力提高工作效率和工作质量。会计人员职业道德包括以下六个方面。

1. 爱岗敬业　会计人员应当热爱本职工作，努力钻研业务，使自己的知识和技能适应所从事的工作要求。

2. 熟悉法规　会计人员应当熟悉财经法律、法规和《企业会计准则》，并结合会计工作进行广泛的宣传。

3. 依法办事　会计人员应当按照会计法律、法规和《企业会计准则》规定的程序和要求进行会计工作，保证所提供的会计信息合法、真实、准确、及时和完整。

4. 客观公正　会计人员办理会计事务应当实事求是，客观公正。

5. 搞好服务　会计人员应当熟悉本单位的生产经营和业务管理情况，运用掌握的会计信息和会计方法，为改善单位内部管理，提高经济效益服务。

6. 保守秘密　会计人员应当保守本单位的商业秘密。除法律规定和单位领导人同意外，不能私自向外界提供或者泄露本单位的会计信息。

（三）会计机构负责人的任职资格

《会计法》第 38 条还规定，担任单位会计机构负责人（会计主管人员）的，除取得会计从业资格证书外，还应当具备会计师以上专业技术职务资格或者具有从事会计工作 3 年以上的经历。

（四）会计人员的职责

1. 进行会计核算　　会计人员要严格遵守职业道德，提高业务素质，要以实际发生的经济业务为依据，按照《企业会计准则》《企业会计准则——应用指南》和《企业财务通则》的规定，做好记账、算账和报账工作。及时、真实地反映企业的财务状况、经营成果和现金流量。

2. 实行会计监督　　会计人员要以政府法令、《企业会计准则》《企业会计准则——应用指南》和《企业财务通则》以及企业内部会计制度为依据，对发生的各项经济业务及其会计处理的合法性、合理性进行监督。对不真实、不合法的原始凭证有权不予接受，并向单位负责人报告。对记载不准确、不完整的原始凭证予以退回，并要求更正、补充。发现会计账簿记录与实物、款项及有关资料不相符的，应当按照有关的规定及时进行处理；无权自行处理的，应当立即向单位负责人报告，请求查明原因，作出处理。对违反《会计法》《企业会计准则》和《企业财务通则》的行为，有权检举。

3. 拟定本单位办理会计事务的具体办法和制度　　各单位的会计机构要根据国家颁发的《会计法》《企业会计准则》和《企业财务通则》，结合本单位的特点和需要，制定本企业的内部会计制度，其主要内容包括会计机构的设置、会计人员的配备、会计人员岗位责任制、内部牵制和稽核制度、财产清查制度、成本计算方法和费用开支报销手续办法等。

4. 编制各项财务预算，考核和分析其执行情况　　各单位的会计机构要编制筹资、投资、成本、费用、收入和利润等各项财务预算，并根据会计核算资料考核和分析各项财务预算的执行情况，查明筹资与投资的效果，成本、费用、收入和利润升降的原因，揭露经营管理中存在的问题，并提出改进的措施。

（五）会计人员的工作权限

为了保障会计人员能够顺利地履行自己的职责，国家赋予他们以下三个工作权限。

1. 有权要求本单位各部门、人员遵守会计法规　　会计人员对于违反会计法、企业会计准则、财务制度和会计制度等会计法规的情况，如账实不符、弄虚作假、营私舞弊、贪污盗窃等，会计人员有权拒绝付款或拒绝执行，并向本单位领导人报告或有权检举。

2. 有权参与本单位的重要经济决策　　会计人员有权参与本单位编制预算、制定定额、签订经济合同、参加生产经营管理会议，并有权向单位领导人提出财务开支和经济效益方面的问题和意见。

3. 有权监督本单位的经济活动　会计人员有权检查和监督本单位各部门的财务收支,资金使用和财产保管、收发、计量、检验等情况。有关部门要提供资料,如实地反映情况。

（六）会计人员的专业技术职务

我国会计专业职务名称有会计员、助理会计师、会计师和高级会计师。会计员和助理会计师为初级职务,会计师为中级职务,高级会计师为高级职务。我国对会计专业技术资格实行统一考试制度,考试工作由财政部、人事部共同负责。初级、中级会计资格考试实行全国统一组织、统一考试时间、统一考试大纲,统一考试命题和统一合格标准的考试制度。初级会计资格考试科目为《初级会计实务》和《经济法基础》,考试实行1年内1次通过全部科目考试的方法。中级会计资格考试科目为《中级会计实务》《财务管理》和《经济法》,考试成绩以2年为一个周期。单科成绩采取滚动计算的方法。高级会计师资格考试实行考试与评审相结合的制度,考试科目为《高级会计实务》,采取开卷笔答方式。参加考试并达到国家合格标准的人员,由全国会计专业技术资格考试办公室核发高级会计师资格考试成绩合格证。获得会计专业技术资格的会计人员,表明其已具备担任相应级别会计专业技术职务的任职资格,用人单位可根据工作的需要,从获得会计专业技术资格的会计人员中择优聘任。

第三节　会计法规

一、会计法规体系

会计法规是指组织会计工作、处理会计事务应遵循的各种法律、法规、准则和制度等规范性文件的总称。会计法规以一定的会计理论为基础,根据国家的财经方针和政策,将会计工作所应遵循的各项原则和方法用法规的形式肯定下来。它既是人们在长期会计实践中评价会计质量标准的历史总结,又是对目前会计工作进行约束的现行标准。

会计法规体系是指由调整会计活动中所发生的社会关系的各种法律规范所形成的有机联系的统一整体。我国的会计法规体系由会计法、企业会计准则和企业会计制度三个部分组成。

二、会计法

我国《会计法》是规范会计行为,保证会计资料真实、完整,加强经济管理和财务管理，提高经济效益，维护社会主义市场经济秩序的根本大法。

《会计法》在1985年1月21日第六届全国人民代表大会常务委员会第九次会议通过，于1985年5月1日起施行。1993年12月29日第八届全国人民代表大会常务委员会第五次会议对其进行了修正，1999年10月31日第九届全国人民代表大会常务委员会第十二次会议又进行了修订，于2000年7月1日起施行。通过两次修订后，我国的《会计法》更为完善。《会计法》明确规定财政部主管全国的会计工作。

现行的《会计法》共分七章五十二条。严格规定了单位负责人对本单位的会计工作和会计资料的真实性、完整性所负的责任；要求会计机构、会计人员依《会计法》的规定进行会计核算；实行会计监督；对会计机构的设置、会计人员的任职资格和工作提出了要求；并明确了单位负责人和会计人员应负的法律责任。

三、企业会计准则

《企业会计准则》是指导企业会计工作的行为规范。可分为基本准则和具体准则。

《企业会计准则——基本准则》。1992年11月30日由财政部颁发，于1993年7月1日起施行。

具体会计准则是按照基本会计准则的内容要求，针对各种经济业务或财务报告作出的各种具体规定。具体会计准则的特点是操作性强，可以根据其直接组织该项业务的核算或编制财务报告。财政部自从1997年5月22日颁发的《企业会计准则——关联方关系及其交易的披露》具体会计准则起，已先后颁发了15个具体会计准则。

2006年2月15日，财政部又新颁发了《企业会计准则——基本准则》和《企业会计准则第1号——存货》等38个具体准则，对原有的《企业会计准则》进行了修订。《企业会计准则——基本准则》分为十一章四十八条。其主要说明了制定《企业会计准则》的目的、《企业会计准则》的适用范围；规定了会计核算的基本假设、会计信息质量要求，进行会计确认、计量和报告的基础，应当采用的记账方法；还规定了会计要素包括的内容、会计计量，以及财务报告所包括的报表的种类及其反映的内容和附则等。

2006年10月30日，财政部还颁发了《企业会计准则——应用指南》，从而形成了一套完整、全新的企业会计准则体系，这是我国财政部为适应新形势下国内外经济发展的需要而作出的重大会计改革决策，以适应市场经济条件下对会计信息多元化的需要。这套新企业会计准则体系自2007年1月1日起施行。

2014年财政部对《企业会计准则——基本准则》及部分具体准则和《企业会计准则——应用指南》进行了修订，2017年和2018年又对部分具体企业会计准则和《企业会计准则——应用指南》进行了修订，通过多次修订后，具体企业会计准则由原来的38个增加到目前的42个。

四、企业会计制度

企业会计制度是指进行会计工作所应遵循的规则、方法和程序的总称。为了规范企业的会计工作，保证各企业的财务报告能够逐级汇总，满足国家宏观调控的需要，财政部于2000年12月制定了《企业会计制度》，从2001年起可以在除金融企业以外的企业施行，从而取代了我国长期以来各企业所采用的分行业会计制度。2001年11月财政部制定了《金融企业会计制度》，从2002年起施行。2004年4月，财政部又制定了《小企业会计制度》，从2005年起施行。这些制度的出台，进一步规范企业的会计核算工作，提高会计信息的质量。

这些会计制度通常由总说明、会计科目和财务报告三部分组成。各企业可以根据财政部颁发的《企业会计准则》或者《企业会计制度》，并结合本企业的具体情况和实际需要，制定适用于本企业的内部会计制度。

第四节　会 计 档 案

一、会计档案的意义和内容

（一）会计档案的意义

会计档案是指单位在进行会计核算等过程中接收或形成的，记录和反映单位经济业务事项的，具有保存价值的文字、图表等各种形式的会计资料，包括通过计算机等电子设备形成、传输和存储的会计档案。因此，会计档案是各单位的重要档案之一，也是国家档案的重要组成部分。

会计档案是经济业务的历史记录，它是总结生产经营管理的经验、教训和进行决策的重要资料，也是进行会计财务检查和审计的重要资料，因此，各单位必须加强对会计档案管理工作的领导，建立会计档案的立卷、归档、保管和销毁等管理制度，保证会计档案妥善保管、有序存放、方便查阅，严防其毁损、散失和泄密。

（二）会计档案的内容

根据《会计档案管理办法》的规定，会计档案由会计凭证、会计账簿、财务会计报告和其他会计资料四个部分组成。

1. 会计凭证　　它有原始凭证、记账凭证。

2. 会计账簿　　它有总分类账、明细分类账、日记账、固定资产卡片及其他辅助性账簿。

3. 财务会计报告　　它有月度、季度、半年度和年度财务会计报告。

4. 其他会计资料　　它有银行存款余额调节表、银行对账单、纳税申报表、会计档案移交清册、会计档案保管清册、会计档案销毁清册、会计档案鉴定意见书及其他具有保存价值的会计资料。

二、会计档案的归档和保管

各单位每年形成的会计档案应当由会计机构按照归档要求，负责整理立卷，装订成册，编制会计档案保管清册。当年形成的会计档案，在会计年度终了后，可由会计管理机构临时保管一年，再移交给本单位档案管理机构保管。因工作需要确需推迟移交，应当经单位档案管理机构同意。单位会计管理机构临时保管会计档案最长不得超过三年。临时保管期间，会计档案的保管应当符合国家档案管理的有关规定，且出纳人员不得兼管会计档案。

单位会计管理机构在办理会计档案移交时，应当编制会计档案移交清册，并按照国家档案管理的有关规定办理移交手续。纸质会计档案移交时，应当保持原卷的封装。电子会计档案移交时，应当将电子会计档案及其原数据一并移交，且文件格式应当符合国家档案管理的有关规定。

单位应当严格按照相关制度利用会计档案，在进行会计档案查阅、复制、借出时履行登记手续，严禁篡改和损坏。单位保存的会计档案一般不得对外借出。确因工作需要且根据国家有关规定必须借出的，应当严格按照规定办理相关手续。

会计档案的保管期限，根据《会计档案管理办法》的规定分为永久和定期两类。对于定期保管的会计档案，根据其重要程度，保管期限又分为10年和30年。会计档案的保管期限，从会计年度终了后的第一天算起。会计档案的保管期限如图表11-1所示。

图表11-1

会计档案保管期限表

序号	档案名称	保管期限	备注
一	会计凭证		
1	原始凭证	30年	
2	记账凭证	30年	

（续表）

序号	档案名称	保管期限	备注
二	会计账簿		
3	总分类账	30年	
4	明细分类账	30年	
5	日记账	30年	
6	固定资产卡片		固定资产报废清理后保管5年
7	其他辅助性账簿	30年	
三	财务会计报告		
8	月度、半年度、季度财务会计报告	10年	
9	年度财务会计报告(决算)	永久	
四	其他会计资料		
10	银行存款余额调节表	10年	
11	银行对账单	10年	
12	纳税申报表	10年	
13	会计档案移交清册	30年	
14	会计档案保管清册	永久	
15	会计档案销毁清册	永久	
16	会计档案鉴定意见书	永久	

单位应当定期对已到保管期限的会计档案进行鉴定，并形成会计档案鉴定意见书。经鉴定仍需继续保存的会计档案，应当重新划定保管期限；对保管期满，确无保存价值的会计档案，可以销毁。

会计档案鉴定工作应当由单位档案管理机构牵头，组织单位会计、审计、纪检、监察等机构或人员共同进行。

经鉴定可以销毁的会计档案，应当按照以下程序销毁：①单位档案管理机构编制会计档案销毁清册，列明拟销毁会计档案的名称、卷号、册数、起止年度和档案编号、应保管期限、已保管期限和销毁时间等内容。②单位负责人、档案管理机构负责人、会计管理机构负责人及上述两机构经办人在会计档案销毁清册上签署意见。③单位档案管理机构负责组织会计档案销毁工作并与会计管理机构共同派员监销。监销人员在销毁会计档案前，应当按照会计档案销毁清册所列的内容进行清点核对;在会计档案销毁后,应当在会计档案销毁清册上签名或盖章。电子会计档案的销毁还应当符合国家有关电子档案的规定,并由单位档案管理机构、会计管理机构和信息系统管理机构共同派员监销。

保管期满但未结清的债权债务会计凭证和涉及其他未了事项的会计凭证不得销毁,纸质会计档案应当单独抽出立卷,电子会计档案单独转存,保管到未了事项完结时为止。单独抽出立卷或转存的会计档案,应当在会计档案鉴定意见书、会计档案销毁清册和会计档案保管清册中列明。

思 考 题

一、简答题

1. 什么是会计工作组织?它包括哪些内容?
2. 试述组织会计工作的要求。
3. 会计机构有哪两种工作组织形式?分述它们的定义。
4. 试述会计人员的职业道德。
5. 试述会计人员的职责和权限。
6. 试述我国的会计法规体系。
7. 会计档案的归档、保管和销毁有哪些规定?

二、名词解释题

1. 会计机构	2. 独立核算
3. 集中核算	4. 非集中核算
5. 会计法规	6. 会计档案

三、是非题

1. 会计工作组织包括会计机构的设置、会计人员的配备和会计法规的制定与执行。 (   )

2. 加强内部控制制度是组织会计工作应遵循的要求之一。 (   )

3. 集中核算的组织形式便于会计人员进行合理的分工,减少了核算层次,加速了核算工作,有利于提高工作效率,节约核算费用。 (   )

4. 采用非集中核算的组织形式,单位内部各部门对其本身发生的经济业务,只办理原始凭证手续,定期将各种原始凭证送交会计部门,则会计部门审核无误后,据以进行会计核算。 (   )

5. 会计从业资格考试科目为财经法规与会计职业道德、会计基础和初级会计电算化。（　　）

6. 我国对初级、中级和高级会计资格考试实行全国统一组织、统一考试时间、统一考试大纲、统一考试命题和统一合格标准的考试制度。（　　）

7. 我国的第一部《会计法》于 1985 年 5 月 1 日起施行，第三部《会计法》于 2000 年 7 月 1 日起施行。（　　）

8. 各企业可以参照财政部颁发的《企业会计准则》或者《企业会计制度》，并结合本企业的具体情况和实际需要，制定适用于本企业的内部会计制度。（　　）

9. 会计档案由会计凭证类、会计账簿类、财务报告类和其他类组成。（　　）

10. 会计档案不得出借，如有特殊需要，经本单位负责人批准，可以提供查阅或复制。（　　）

11. 现金日记账和银行存款日记账的保管期限为 15 年。（　　）

四、单项选择题

1. ________拥有一定数额的资金、有独立经营的自主权，独立开设银行账户，办理各项收支结算业务；设置独立的会计机构进行全面的会计核算；单独编制预算和计算盈亏。

A. 独立核算单位　　B. 集中核算单位

C. 非集中核算单位　　D. 非独立核算单位

2. 会计人员连续________年未接受继续教育的，取消会计证及会计专业技术职务资格。

A. 2　　B. 3　　C. 4　　D. 5

3. 我国会计专业职务中的中级职务为________。

A. 会计员　　B. 助理会计师　　C. 会计师　　D. 高级会计师

4. 我国《会计法》规定由________主管全国的会计工作。

A. 全国人民代表大会　　B. 国务院

C. 财政部　　D. 审计署

5. 总分类账的保管期限为________年。

A. 25　　B. 20　　C. 15　　D. 10

五、多项选择题

1. 科学合理地组织会计工作的意义有________。

A. 有利于提高会计工作的质量和效率

B. 有利于协调与其他经济管理工作的关系

C. 有利于加强内部控制制度

D. 有利于加强经济责任制

2. 爱岗敬业、熟悉法规、依法办事、________是会计人员的职业道德。

A. 克己奉公　B. 客观公正　C. 搞好服务　D. 保守秘密

3. 担任会计机构负责人(会计主管人员)必须同时具备的条件是________。

A. 取得大学本科学历

B. 取得会计从业资格证书

C. 具备会计师以上专业技术职务资格或者从事会计工作5年以上的经历

D. 具备会计师以上专业技术职务资格或者从事会计工作3年以上的经历

4. 会计人员的职责有________。

A. 进行会计核算

B. 实行会计监督

C. 拟定本单位办理会计事项的具体办法和制度

D. 编制各项财务预算,考核和分析其执行情况

5. 我国的会计法规体系由会计档案鉴定意见书、________组成。

A. 会计信息质量要求　B. 企业会计制度

C. 会计法　D. 企业会计准则

6. 需要永久保存的会计档案有________。

A. 年度财务报表　B. 会计档案移交清册

C. 会计档案保管清册　D. 会计档案销毁清册

7. 会计档案的保管期限有永久保管、________年和3年。

A. 25　B. 15

C. 10　D. 5

第十二章　会计基本假设和会计信息质量要求

第一节　会计基本假设

一、会计基本假设概述

会计基本假设是指对会计核算所处的时间、空间环境等所作出的合理设定。

在市场经济的条件下，会计工作所处的社会经济环境极为复杂，人们通过长期的会计实践，逐渐地认识和掌握了经济活动的规律，对各种变化不定的经济现象作出了合乎客观规律的科学判断，形成了会计基本假设，以保证会计核算正确地进行。

二、会计基本假设的内容

我国会计基本假设包括会计主体、持续经营、会计分期和货币计量等四项。

（一）会计主体

会计主体是指企业会计确认、计量和报告的空间范围。在会计主体假设下，企业应当对其本身发生的交易或者事项进行会计确认、计量和报告，反映企业本身所从事的各项生产经营活动。明确界定会计主体是开展会计确认、计量和报告工作的重要前提。

首先，明确会计主体，才能划定会计所要处理的各项交易或事项的空间范围。在会计工作中，只有那些影响企业本身经济利益的各项交易或事项才能加以确认、计量和报告。会计核算中涉及的资产、负债的确认，收入的实现、费用的发生等，都是针对特定会计主体的。

其次，明确会计主体，才能将会计主体的交易或者事项与会计主体所有者的交易或者事项以及其他会计主体的交易或者事项区分开来。例如，企业所有者的经济交易或者事项是属于企业所有者主体所发生的，不应纳入企业会计核算的范围，但是企业所有者投入到企业的资本或者企业向所有者分配的利润，则属于企业主体所发生的交易或者事项，应当纳入企业会计核算的范围。

需要说明的是会计主体不同于法律主体。法律主体又称法人，是指在政府部门注册登记、有独立的财产、能够承担民事责任的法律实体。通常法律主体必然是会计主体。例如，一个企业作为法律主体，应当建立财务会计系统，独立反映其财务状况、经营成果和现金流量。但是会计主体却不一定是法律主体。例如，在企业集团中，一个母公司若拥有若干个子公司，母、子公司虽然是不同的法律主体，但是母公司对子公司拥有控制权。为了全面反映企业集团的财务状况、经营成果和现金流量，就有必要将企业集团作为一个会计主体，编制合并财务报表。

（二）持续经营

持续经营是指在可以预见的将来，企业将会按当前的规模和状态继续经营下去，不会停业，也不会大规模削减业务。在持续经营假设下，企业进行会计确认、计量和报告应当以持续经营为前提。明确这一基本假设，就意味着会计主体将按照既定的用途使用资产，按照既定的合约条件清偿债务，会计人员就可以在此基础上选择会计政策和估计方法。例如，企业经营中可供长期使用的固定资产和无形资产的价值，按使用寿命或受益期限分期进行折旧或摊销，从而转化为企业各期的成本或费用，并从各期的收益中得到补偿，就是以持续经营假设为前提的。

然而，在市场经济环境下，任何企业都存在破产、清算的风险，因此企业不能持续经营的可能性总是存在的。如果可以判断企业不能持续经营，就应当改变会计核算的原则和方法，并在企业财务报告中作相应披露。

（三）会计分期

会计分期是指将一个企业持续经营的生产经营活动期间划分为若干连续的、长短相同的期间。根据持续经营假设，一个企业将按当前的规模和状态持续经营下去。要想最终确定企业的生产经营成果，只能等到企业在若干年后歇业时核算一次盈亏。但是，无论是企业的生产经营决策还是投资者、债权人等的决策都需要及时的信息，不能等到歇业时。因此，通过会计分期，将持续经营的生产经营活动期间划分成连续、相同的期间，据以结算盈亏，按期编报财务报告，从而及时向财务报告使用者提供有关企业财务状况、经营成果和现金流量的信息。

在会计分期假设下，企业应当划分会计期间，分期结算账目和编制财务报告。会计期间分为年度和中期。年度和中期均按公历起讫日期确定。会计中期是指短于一个完整和会计年度的报告期间。它又可分为半年度、季度和月度。

会计年度是指以 1 年为标准的会计期间。我国的会计年度采用日历年度，其起讫日期为公历 1 月 1 日至 12 月 31 日，每一会计年度还可以具体划分为半年度、季度和月度,从而明确了会计核算的时间范围。半年度、季度和月度均称会计中期。由于采取了会计分期就产生了当期与其他期间的差别,从而出现了权责发生制和收付实现制的区别,才使不同类型的会计主体有了记账的基准,进而出现了待摊、预提、预付、预收、递延等各种会计处理方法。

(四)货币计量

货币计量是指会计主体在进行会计确认、计量和报告时以货币计量,反映会计主体的财务状况、经营成果和现金流量。在会计的确认、计量和报告过程中选择货币作为基础进行计量,是由货币本身的属性决定的。

货币是商品的一般等价物,是衡量一般商品价值的共同尺度,具有价值尺度、流通手段、贮藏手段和支付手段等特点。其他计量单位,如重量、长度、容积、台、件等。都只能从一个侧面反映企业的生产经营情况,无法在量上进行汇总和比较,不便于会计计量和经营管理。因此,为全面反映企业的生产经营活动和有关交易或者事项、会计确认、计量和报告,必须以货币作为计量单位。

在我国,由于人民币是国家法定的货币,因此规定以人民币为记账本位币。外商投资企业以及业务收支以外币为主的企业,也可以选定某种外币为记账本位币,但编制和提供的财务报告应当将其折算为人民币反映。

第二节　会计信息质量要求

一、会计信息质量要求概述

会计信息质量要求是指在会计假设制约下,会计主体在会计核算中对会计对象进行确认、计量和报告的科学规范。会计信息质量要求是人们从会计实践中总结出来的经验,这些经验在得到会计界公认以后,就成为各个会计主体进行会计核算的共同依据。会计信息质量要求能保证会计信息的质量和可比性,更好地为投资者、债权人作出正确的决策服务,并能为国家进行宏观调控服务。

二、会计信息质量要求的内容

我国的会计信息质量要求包括可靠性、相关性、可理解性、可比性、实质重于形式、重要性、谨慎性和及时性。

(一)可靠性

可靠性又称真实性,是指企业应当以实际发生的交易或事项为依据进行会计确认、计量和报告,如实反映符合确认和计量要求的各项会计要素及其他相关信息，保证会计信息真实可靠、内容完整。

可靠性是会计核算最重要的会计信息质量要求。会计作为一个信息系统，其提供的会计信息是投资者、债权人、企业内部管理当局和国家宏观经济管理部门进行决策的重要依据。如果会计信息不能真实、客观地反映企业经济活动的实际情况，将无法满足有关各方进行决策的需要，甚至导致决策失误。

因此可靠性要求会计核算必须以实际发生交易或事项时所取得的合法的书面凭证为依据，不得弄虚作假，伪造、篡改凭证，以保证所提供的会计信息与会计反映对象的客观事实相一致。

（二）相关性

相关性是指企业提供的会计信息应当与财务报告使用者的经济决策需要相关，有助于财务报告使用者对企业过去、现在或者未来的情况作出评价或者预测。

会计信息的价值在于其与决策的需要是否相关，是否有助于决策或者提高决策水平。企业提供的会计信息应当有助于会计信息使用者评价企业过去的决策，证实或者修正过去的有关预测，因而具有反馈价值。相关的会计信息还应当具有预测价值，有助于使用者根据财务报告所提供的会计信息预测企业未来的财务状况、经营成果和现金流量。因此相关性要求企业应当在确认、计量和报告会计信息的过程中，充分考虑使用者的决策模式和对会计信息的需要。

（三）可理解性

可理解性是指企业提供的会计信息应当清晰明了，便于财务报告使用者理解和使用。

企业编制财务报告、提供会计信息的目的在于使用，而要使使用者有效地使用会计信息，应当能让其了解会计信息的内涵，弄懂会计信息的内容，这就要求财务报告所提供的会计信息应当清晰明了，易于理解。只有这样，才能提高会计信息的有用性，实现财务报告的目标，满足向使用者提供决策有用信息的要求。

（四）可比性

可比性是指企业提供的会计信息应当具有可比性。它具体包括下列两个要求。一是同一企业不同时期发生的相同或者相似的交易或事项，应当采用一致的会计政策，不得随意变更。确实需要变更的，应当在附注中说明；二是不同企业发生的相同或者相似的交易或事项，应当采用规定的会计政策，确保会计信息口径一致、相互可比。

可比性要求各企业都采用一致的、规定的会计政策进行核算，使企业不同时期和各企业之间的会计信息建立在相互可比的基础上，使其提供的会计信息便于比较、分析、汇总，这样既能使投资者和债权人对企业的财务状况、经营成果和现金流量以及发展趋势作出准确的判断，又能满足国民经济宏观调控的需要。

（五）实质重于形式

实质重于形式是指企业应当按照交易或事项的经济实质进行会计确认、计量和报告，不应仅以交易或者事项的法律形式为依据。

在实际工作中，交易或事项的外在法律形式并不总能完全真实地反映其实质内容。所以会计信息要想反映其拟反映的交易或事项，就必须根据交易或事项的实质和经济现实来进行判断，而不能仅仅根据它们的法律形式进行核算和反映。例如，融资租入的固定资产，在租赁期未满之前，从法律形式上来看，所有权并没有转移给承租人，但是从经济实质上看，融资租入的固定资产的租赁期限通常接近于该资产的使用寿命，而且到期承租人能以很低的价格购置该项资产，在租赁期内承租人有权支配资产，并从中受益。在这种情况下与该项资产相关的收益和风险已转移给承租人，承租人实际上已控制了该项资产，因此承租人应将其视为自有的固定资产。

（六）重要性

重要性是指企业提供的会计信息应当反映企业财务状况、经营成果和现金流量等有关的所有重要交易或者事项。

重要性与会计信息的成本效益直接相关。因此对于那些对企业资产、负债、损益等有较大影响的，并进而影响财务报告据以作出合理判断的重要的交易或事项，必须按照规定的会计方法和程序进行处理，并在财务报告中予以充分、准确的披露，对于次要的交易或事项，在不影响会计信息真实性和不至于误导财务报告使用者作出正确判断的前提下，则可适当简化处理。这样，有利于抓住那些对企业经济发展和制定经营决策有重大影响作用的关键性内容，达到事半功倍的效果，有助于企业简化核算工作和提高工作效率。

（七）谨慎性

谨慎性是指企业对交易或者事项进行会计确认、计量和报告时，应当保持应有的谨慎，不应高估资产或者收益、低估负债或者费用。

在市场经济环境下，企业的生产经营活动面临着许多风险和不确定性，如应收款项的可收回性、固定资产的使用寿命、无形资产的使用寿命、售出存货可能发生的退货或者返修等。谨慎性要求企业在面临不确定性因素的情况下作出职业判断时，保持应有的谨慎，充分估计到各种风险和损失。这样就能在风险实际发生之前化解风险，并防范风险，有利于企业作出正确的决策和提高其在市场上的竞争力，也有利于保护债权人的利益。

（八）及时性

及时性是指企业对于已经发生的交易或者事项，应当及时进行会计确认、计量和报告，不得提前或者延后。

会计信息的价值在于帮助使用者作出经济决策，因此具有时效性。在会计确认、计量和报告过程中贯彻及时性，一是要求及时收集会计信息；二是要求及时处理会计信息；三是要求及时传递会计信息，以便于财务报告的使用者及时利用会计信息进行决策和调控。

思 考 题

一、简答题

1. 什么是会计主体假设？它有什么作用？

2. 什么是会计分期假设？它有什么作用？

3. 什么是会计信息质量要求？它包括哪些内容？

4. 什么是可靠性会计信息质量要求？企业为何要遵循这一可靠性会计信息质量要求？

5. 什么是谨慎性会计信息质量要求？企业为何要遵循这一谨慎性会计信息质量要求？

二、名词解释题

1. 会计基本假设

2. 持续经营

3. 实质重于形式会计信息质量要求

4. 重要性会计信息质量要求

三、是非题

1. 会计主体必然是法律主体，而法律主体却不一定是会计主体。（　　）

2. 固定资产提取折旧、无形资产进行摊销是以持续经营假设为前提的。（　　）

3. 由于会计分期假设，在会计核算中出现了待摊、预提、预付、预收和递延等

各种处理方法。 ( )

4. 会计主体确定了会计核算和监督的空间范围，会计分期则确定了会计核算的时间范围。 ( )

5. 在我国，企业的会计核算都必须以人民币为记账本位币。 ( )

6. 可比性是指企业提供的会计核算资料应当具有可比性。 ( )

四、单项选择题

1. ________假设是指企业会计确认，计量和报告的空间范围。

A. 会计主体　B. 持续经营　C. 会计分期　D. 货币计量

2. 会计分期假设是以________假设为基础的。

A. 会计主体　B. 持续经营　C. 会计分期　D. 货币计量

3. ________是指企业提供的会计信息应当与财务报告使用者的经济决策需要相关，有助于财务报告使用者对企业过去、现在或者未来的情况作出评价或者预测。

A. 可比性　B. 可理解性　C. 相关性　D. 可靠性

4. 可理解性要求企业提供的________应当清晰明了。

A. 会计记录　B. 会计信息

C. 财务报告　D. 内部会计制度

5. 遵循________会计信息质量要求，企业可以将未取得所有权，但能够实际控制的资产确认为企业自有的资产。

A. 重要性　B. 谨慎性

C. 可比性　D. 实质重于形式

五、多项选择题

1. 会计中期有________。

A. 年度　B. 半年度　C. 季度　D. 月度

2. 会计基本假设包括________。

A. 会计主体　B. 持续经营　C. 会计分期　D. 货币计量

3. 谨慎性是指企业对交易或者事项进行会计确认、计量和报告应当保持应有的谨慎，________。

A. 不应高估资产或者收益　B. 不应低估资产或者收益

C. 不应高估负债或者费用　D. 不应低估负债或者费用

钢笔字练习帖

2020年		凭证号数	摘要	金额									
月	日			千	百	十	万	千	百	十	元	角	分
1	2	1	预付全年财产保险费				1	9	2	0	0	0	0
	3	2	购进甲材料3000千克，@25.60元				7	6	8	0	0	0	0
	5	3	支付甲材料运输费					4	2	0	0	0	0
	6	4	结转3000千克甲材料实际采购成本				8	1	0	0	0	0	0
	8	5	售给长宁公司B产品400件，@182元				7	2	8	0	0	0	0
	9	6	车间主任蔡明预支差旅费					1	5	0	0	0	0
	10	7	向希望工程捐款					2	0	0	0	0	0
	12	8	计提本月份固定资产折旧费				1	9	1	6	0	0	0
	13	9	支付推销产品的广告费					2	7	5	0	0	0
	15	10	向银行提取现金				5	7	6	0	0	0	0
		11	发放本月份职工工资				5	7	6	0	0	0	0
	16	12	厂长周强出差回来报销差旅费					1	5	5	0	0	0
	18	13	收到武宁公司投入资金			3	6	0	0	0	0	0	0
	20	14	向银行借入期限一年的款项			1	2	0	0	0	0	0	0
	22	15	购置机器设备一台				2	9	5	0	0	0	0
	24	16	生产B产品领用原材料				3	7	8	6	0	0	0
	25	17	预提本月份短期借款利息					3	0	6	0	0	0
	27	18	分配制造费用				2	9	6	0	0	0	0
	29	19	结转完工800件A产品生产成本			1	4	1	6	8	8	0	0
	31	20	计提应分配给投资者利润				1	3	7	6	0	0	0

钢笔字练习帖

2020年		凭证号数	摘要	金额									
月	日			千	百	十	万	千	百	十	元	角	分
1	2	1	壹万捌仟叁佰贰拾元整				1	8	3	2	0	0	0
	3	2	伍仟玖佰陆拾肆元整					5	9	6	4	0	0
	5	3	壹拾万零柒佰元零陆角			1	0	0	7	0	0	6	0
	7	4	叁万陆仟捌佰伍拾元整				3	6	8	5	0	0	0
	9	5	捌仟柒佰壹拾元零贰角贰分					8	7	1	0	2	2
	11	6	壹万叁仟陆佰伍拾伍元伍角陆分				1	3	6	5	5	5	6
	12	7	肆仟玖佰叁拾陆元玖角					4	9	3	6	9	0
	13	8	贰万贰仟贰佰零壹元壹角陆分				2	2	2	0	1	1	6
	14	9	柒仟陆佰伍拾玖元肆角					7	6	5	9	4	0
	15	10	叁拾壹万零伍元整			3	1	0	0	0	5	0	0
	17	11	玖仟陆佰肆拾叁元贰角					9	6	4	3	2	0
	18	12	贰万肆仟叁佰叁拾叁元整				2	4	3	3	3	0	0
	20	13	壹仟壹佰壹拾陆元玖角捌分					1	1	1	6	9	8
	21	14	伍万伍仟伍佰叁拾玖元整				5	5	5	3	9	0	0
	23	15	叁仟肆佰肆拾陆元柒角柒分					3	4	4	6	7	7
	25	16	陆万陆仟贰佰贰拾元零伍角				6	6	2	2	0	5	0
	27	17	捌仟捌佰陆拾柒元柒角伍分					8	8	6	7	7	5
	29	18	肆仟玖佰壹拾贰元整					4	9	1	2	0	0
	30	19	玖仟叁佰柒拾捌元整					9	3	7	8	0	0
	31	20	贰万伍仟陆佰柒拾捌元玖角捌分				2	5	6	7	8	9	8

丁元霖最新财会系列教材
中等职业教材

基础会计	定价：37.00 元
基础会计习题与解答	定价：25.00 元
财务会计	定价：38.00 元
财务会计习题与解答	定价：25.00 元
成本会计	定价：30.00 元
成本会计习题与解答	定价：25.00 元
财务管理	定价：28.00 元
财务管理习题与解答	定价：20.00 元
税务会计	待出
税务会计习题与解答	待出

全国各地新华书店、经济书店均有销售

本社发行科可以办理邮购

电话:021-64411389　64411367　　传真:021-64411325

地址:上海市中山西路 2230 号　　邮编:200235

邮购汇款额=书款+邮资(书款总额 10%)+邮挂费(3 元)